本书中案例均系虚构，相关人物均为化名

# 婚姻家庭继承

## 100个常见法律问题

图·文·版

陈　明／著

法律出版社 LAW PRESS · CHINA
北京

**图书在版编目(CIP)数据**

婚姻家庭继承100个常见法律问题：图文版 / 陈明著. -- 北京：法律出版社，2022
ISBN 978-7-5197-6096-0

Ⅰ.①婚… Ⅱ.①陈… Ⅲ.①婚姻法—基本知识—中国②继承法—基本知识—中国 Ⅳ.①D923.904

中国版本图书馆CIP数据核字(2021)第214273号

**婚姻家庭继承100个常见法律问题(图文版)**
**HUNYIN JIATING JICHENG 100 GE CHANGJIAN FALÜ WENTI(TUWEN BAN)**

陈 明 著

责任编辑 朱轶佳
装帧设计 鲁 娟
漫画作者 深圳市卓越律商法律文化传播有限公司

**出版发行** 法律出版社
**编辑统筹** 司法实务出版分社
**责任校对** 王 丰
**责任印制** 胡晓雅
**经 销** 新华书店

**开本** A5
**印张** 10.375 **字数** 373千
**版本** 2022年1月第1版
**印次** 2022年1月第1次印刷
**印刷** 天津嘉恒印务有限公司

地址：北京市丰台区莲花池西里7号(100073)
网址：www.lawpress.com.cn
投稿邮箱：info@lawpress.com.cn
举报盗版邮箱：jbwq@lawpress.com.cn

销售电话：010-83938349
客服电话：010-83938350
咨询电话：010-63939796

**书号**：ISBN 978-7-5197-6096-0 **定价**：48.00元
凡购买本社图书，如有印装错误，我社负责退换。电话：010-83938349

CONTENTS

# 目 录

## 婚姻家庭

### 一般规定



### 结婚

夫妻关系



离婚

## 收　养



## 继　承

### 一般规定



### 法定继承

婚姻家庭

# 一般规定

## 问题1:《民法典》废止了计划生育政策?

梓轩和欣怡是一对小夫妻，他们男孩、女孩都喜欢，想做儿女双全、龙凤呈祥的“人生赢家”。2016年，欣怡第一胎就怀上了一对双胞胎，两人十分开心，日夜祈祷生一对龙凤胎。结果，欣怡生了两个男孩……

2021年夏天，欣怡怀上了二胎，居然又是双胞胎！两人有些纠结：要是没盼来“小棉袄”，再生两个男孩，那可真就“压力山大”了！于是两人到处偷偷找人，想鉴别胎儿的性别，但一直未果。

除了纠结是男孩还是女孩的问题，两人还有些担心会不会违反计划生育政策。

梓轩上网搜索、四处打听了一番后，对着肚子日渐隆起的欣怡拍着胸脯说：“没问题，尽管生。我弄明白了，前几年，国家已经放开二胎政策，允许大家生二胎了。今年5月底，中央也放开了三胎政策。更重要的是,《民法典》删除了‘实行计划生育’的内容。这说明什么？说明国家提倡、鼓励生多胎了。《民法典》是非常非常重要的法律，它从今年1月1日起就实施了，什么《婚姻法》《人口与计划生育法》都被废止了。也就是说,《民法典》取消了计划生育政策。咱们也是为国生娃了，光荣！”

欣怡听了梓轩的话，放下了悬着的心，上网搜索起孕妇用品、母婴用品。

请问：梓轩讲得对吗？《民法典》真的废止了计划生育政策吗？

## 律师解答

**梓轩讲错了，《民法典》并没有废止计划生育政策。**

**《民法典》第一千零四十一条** 婚姻家庭受国家保护。
实行婚姻自由、一夫一妻、男女平等的婚姻制度。
保护妇女、未成年人、老年人、残疾人的合法权益。

## 律师评析

《民法典》第 1041 条为【婚姻制度】条款，它脱胎于《婚姻法》（已失效）第 2 条“实行婚姻自由、一夫一妻、男女平等的婚姻制度。保护妇女、儿童和老人的合法权益。实行计划生育”的规定。此条确实删除了原《婚姻法》中“实行计划生育”的字样。但是，据此认定《民法典》废止了计划生育政策，是错误的。

我国从 1971 年开始实行计划生育政策，1980 年开始推行“一胎化”政策。2002 年 9 月 1 日开始实施的《人口与计划生育法》第 18 条规定：“国家稳定现行生育政策，鼓励公民晚婚晚育，提倡一对夫妻生育一个子女；符合法律、法规规定条件的，可以要求安排生育第二个子女。”之后，随着我国出生率的日益降低，性别比例失衡、人口老龄化及后续劳动力不足等问题凸显，计划生育政策开始有所松动。2013 年 11 月，“一方是独生子女的夫妇可生育两个孩子”的政策出台。2015 年 12 月 27 日，《人口与计划生育法》第 18 条的上述内容修正为“国家提倡一对夫妻生育两个子女。符合法律、法规规定条件的，可以要求安排再生育子女。”2021 年 8 月 20 日，最新修订的《人口与计划生育法》第 18 条规定：“国家提倡适龄婚育、优生优育。一对夫妻可以生育三个子女。”也就是说，从 2016 年 1 月 1 日起，“二胎政策”全面放开，2021 年 8 月 20 日起，“三胎政策”全面放开。然而，通常说的“三胎政策”其实是“三孩政策”，也就是说，法律允许生育“三孩”而不是“三胎”。上述案例中，已经生育双胞胎的梓轩和欣怡如果再生育第二对双胞胎，就是四孩了。不过，因为原来超生需要缴纳的“社会抚养费”已经被依法废止，所以，梓轩和欣怡不用再缴纳该费用。

《民法典》删除了原《婚姻法》中的“实行计划生育”字样，一方面是基于计划生育并非民事法律关系，不属于《民法典》调整的内容；另一方面是因为计划生育政策已不能适应客观现实的发展，未来我国可能不再限制生育孩子的数量。所以《民法典》将原来法律规定的“计划生育”相应内容予以删除。

《民法典》实施虽同步废止了《婚姻法》，但并未废止《人口与计划生育法》，目前，关于计划生育的政策仍应适用《人口与计划生育法》。

## 律师提示

1.《民法典》去掉“实行计划生育”的字样，并不意味着完全废止计划生育政策。《人口与计划生育法》也没有被废止，但作了相应修订。

2. 利用超声技术和其他技术手段为他人进行非医学需要的胎儿性别鉴定或者选择性别的人工终止妊娠，都是违法行为。

## 问题2：赠与、彩礼、借婚姻索取财物有何区别？

鸿渐和晓芙是老乡，于2017年11月11日经人介绍相识，两人相见投缘，互生好感，交往不久即确定恋爱关系。

2018年6月26日，鸿渐和晓芙在双方父母的主持下，按照当地风俗举行了订婚仪式。在订婚宴上，鸿渐当众单膝跪地求婚，奉上花3万余元购置的婚戒一枚，晓芙欣然接纳。鸿渐父母也当众以现金形式送给晓芙订婚彩礼8万元，晓芙收下礼金后即存入自己名下账户。订婚后，晓芙母亲提出，鸿渐家需要再支付30万元的“婚姻诚意金”。虽然不情愿，但为了能把晓芙娶进门，鸿渐父母最终还是从自己的存款中取了30万元，交给了晓芙母亲。

2019年5月4日，鸿渐和晓芙登记结婚。婚后，两人意识到彼此都有先前没发现的缺点：鸿渐天真烂漫，爱耍小孩子脾气，志大才疏还无心事业。晓芙要强不服输，凡事都要压人一头。柴米油盐消磨了浪漫，鸡毛蒜皮侵蚀了感情。多次吵闹、冷战后，两人的夫妻关系逐渐走向破裂。

2020年疫情期间，两人只能待在家里，整天相看两厌、吵闹不断，双方都产生了离婚的念头。名存实亡的夫妻关系勉强维系了一年，两人终于决定去民政局办理离婚手续。

这时，鸿渐提出，原来的《婚姻法》也好，刚实施的《民法典》也好，都规定“禁止借婚姻索取财物”，所以，钻戒、8万元彩礼、30万元“婚姻诚意金”都得返还。而晓芙认为，这些都是赠与，不需要返还。

请问：他俩谁讲得对？怎样区分赠与、彩礼、借婚姻索取财物？

## 律师解答

3 万余元的钻戒是赠与，不用返还；8 万元彩礼因不符合返还情形，无须返还；30 万元“婚姻诚意金”是借婚姻索取财物，应予返还。

**《民法典》第一千零四十二条**　禁止包办、买卖婚姻和其他干涉婚姻自由的行为。禁止借婚姻索取财物。

禁止重婚。禁止有配偶者与他人同居。

禁止家庭暴力。禁止家庭成员间的虐待和遗弃。

## 律师评析

《民法典》第 1042 条为【婚姻家庭的禁止性规定】条款，其中的禁止包办、买卖、干涉婚姻自由，禁止重婚及有配偶者与他人同居，禁止家庭暴力，禁止虐待和遗弃家庭成员等规定相对容易理解。“借婚姻索取财物”确实和“赠与”“彩礼”等容易混淆。

赠与，就是赠与人赠送东西给受赠人，一般是自愿的、不附加条件的。赠与别人的东西一般不用返还。彩礼，是我国的一种民间习俗，虽不值得提倡，但目前尚未被法律所明文禁止。给付、收受彩礼其实也是一种特殊的赠与，是一种附条件的法律行为，出赠方（一般是男方）赠送彩礼的目的是与受赠方（一般为女方）结为夫妻，受赠方一旦接受了彩礼，即表示同意与出赠方结婚这一所附条件。如果给付彩礼后出现了双方未办理结婚登记手续、双方办理结婚登记手续但确未共同生活、婚前给付并导致给付人生活困难的情况，则彩礼应予返还，其中后两种情形应当以双方离婚为返还条件。

借婚姻索取财物，是指婚姻当事人一方（或其父母等第三人）向另一方索要一定财物，以此作为婚姻条件的违法行为。该部分财物是收取方强行索要的，给付方一般不情愿给付，数额或价值也超过正常合理的

“彩礼”。“借婚姻索取财物”的，一般应予返还。综上所述，3 万余元的钻戒是鸿渐自愿赠与晓芙的个人专用物品，不用返还；8 万元彩礼因为他们已经登记且共同生活了较长时间，不符合可以要求返还的情形；而 30 万元“婚姻诚意金”属于晓芙母亲借婚姻索取鸿渐父母的财物，应予返还。

## 律师提示

1. 司法实践中，假如被借婚姻索取的财物为一方父母或其家人所有，而不属于该方个人所有，一旦被索取人起诉要求返还财物，法院一般会予以支持。一方借婚姻关系索取另一方的财物，离婚时，如结婚时间不长，或者因索要财物造成另一方生活困难的，可酌情返还。

2. 司法实践中，对取得财物的性质是索取还是赠与难以认定的，可按赠与处理。当一方主张另一方借婚姻索取财物的证据不足，事实模糊时，法院一般会认定为赠与，另一方不需要返还。

3. 结婚双方应将婚姻建立在真实的感情基础之上，不应借婚姻索取财物。若被迫给付财物一方手中有证据（如微信聊天记录、短信、邮件、录音录像、证人证言等）能够证明这些财物是另一方借婚姻索取的，给付方有权要求返还。

# 问题 3：优良家风靠什么树立？

老师要求根据《民法典》里“家庭应当树立优良家风，弘扬家庭美德，重视家庭文明建设”的最新规定，写一篇关于“家风”的作文。上小学的岳平知感觉无处下笔，于是来问正在家里看书的爸爸岳群。

“爸爸，什么是家风啊？”

岳群放下手中的书，说：“‘家风’啊，就是家族或家庭世代相传的生活作风，是一个家庭的风气、风格与风尚。”

小平知摇摇头，表示没听懂。

“这样吧，爸爸给你讲个故事：曾子是孔子的学生。有一次，曾子的妻子准备去赶集，小儿子哭闹着想跟随，曾子妻就许诺回来后杀猪给他吃。曾子妻从集市上回来后，曾子便捉了一头猪来杀，妻子忙说：‘我是逗孩子说着玩的。’曾子正色说：‘和孩子是不可以说着玩的。小孩子不懂事，凡事都跟着父母学，听父母的教导。现在你哄骗他，就是教孩子骗人啊。’于是曾子就把猪杀了。”

“平知啊，爸爸问你，通过这个故事你觉得曾子是个什么样的人？他的儿子会成为一个什么样的人？他家的风气是什么？”

“哦，曾子是个讲话算数、诚实守信的人，他的儿子也会成为一个这样的人，他家的风气就是‘讲话算数’。”

“对的，你讲得很对。你看，曾子他用自己的实际行动来教育孩子要言而有信，诚实待人……”

正说着，岳群的电话响了。

“喂，老王啊，你家里装修要我还跟你借的钱啊？没问题！但我现在正在深圳出差，因为疫情关系被滞留隔离了，等我回来就还你钱啊。”

平知疑惑地看了看声称自己在“出差”的岳群，不由得挠起了头。

请问：岳群通过讲“曾子杀猪”的故事，能树立起优良的家风吗？

**律师解答**

**优良家风主要靠言传身教，“曾子杀猪”的故事用来言传是正确的，但岳群的身教有问题。**

**《民法典》第一千零四十三条** 家庭应当树立优良家风，弘扬家庭美德，重视家庭文明建设。

夫妻应当互相忠实，互相尊重，互相关爱；家庭成员应当敬老爱幼，互相帮助，维护平等、和睦、文明的婚姻家庭关系。

## 律师评析

《民法典》第1043条为【婚姻家庭的倡议性规定】条款，其中“家庭应当树立优良家风，弘扬家庭美德，重视家庭文明建设”，夫妻应当“互相关爱”均为新增内容。

优良家风条款进入《民法典》，是对社会主义核心价值观的具体落实，也体现了对家庭伦理道德的引导与规范，鼓励人们培养优良家风，构建和谐的婚姻家庭关系。

家和万事兴，家和也能提升整个社会的整体风气。那么，家和靠什么呢？就要靠“优良家风”“家庭美德”“家庭文明建设”。优良家风的形成要从自身做起，从娃娃抓起，依靠中国优良传统文化，吸取先进科学知识。优良家风的构建不仅要说、要反复强调，更重要的是要身体力行、言行一致。

只有在具体事务中将“优良家风”予以落地和适用，才能够更好地构建和谐的婚姻家庭关系，从而推动社会文明的发展和进步，让《民法典》的相关原则性、指导性规定具有实践中的积极作用与意义。

## 律师提示

1. 该条为倡议性条款，所谓“倡议性条款”，是鼓励、提倡大家实施某种积极行为规范的法律条款。

2. 司法实践中，仅以倡议性条款（含该条）为依据向法院提起诉讼的，法院不予受理，已经受理的，裁定驳回起诉。

3. 倡议性条款并非无足轻重、违反了也不用承担任何责任。司法实践中，在监护人选任、离婚、孩子抚养权确认、遗产分割等诸多婚姻家事案件的处理上，违反倡议性条款也要承担相应的不利后果。所以，法律条款无戏言，“善恶不能逾法律而为之”！

## 问题 4:姑姑算不算家庭成员?

庆春的爷爷去世早,庆春从没见过他。庆春的爸爸是勘探队员,在外的日子比在家的日子多得多。庆春上初一、庆春妹妹上小学二年级那年,爸爸外出工作时,碰上泥石流,以身殉职了。

庆春奶奶中年丧夫,老年丧子,被打击得精神恍惚,生活都无法自理。庆春妈妈又要工作,又要照顾老人,还要抚养小孩,生活十分艰辛。庆春的姑姑原本一个人在外面买了房住。但看到庆春奶奶的状况和庆春妈妈的难处,姑姑对庆春妈妈说:“弟媳妇,你忙你的,家里交给我吧。”

姑姑把自己的房子出租,搬回来跟庆春一家同住,负责照顾奶奶的日常生活。平常姑姑还在家里教人拉小提琴,靠着固定的租金和不固定的授课费,撑起了庆春家的“半边天”。

看着手脚利落、从不抱怨的姑姑在拉琴教琴、烧菜煮饭、照顾奶奶、辅导她们姐妹功课之间切换自如、举重若轻,还在上学的庆春暗暗发誓:“等我长大了,一定好好报答姑姑。”

终于,庆春工作了。临近新年,庆春的单位赞助了一场新春音乐会,每名员工可以邀请两名家庭成员一起来听音乐会。庆春带着姑姑和妹妹来到了音乐厅。结果,入口处负责登记的公司法务同事却说庆春的姑姑不算家庭成员,不让她进去!庆春又生气又不解,姑姑是自己最亲近的人之一,怎么不是自己的家庭成员?

请问:姑姑在法律上算庆春的家庭成员吗?

## 律师解答

按照《民法典》的规定，姑姑不算庆春的家庭成员。

**《民法典》第一千零四十五条** 亲属包括配偶、血亲和姻亲。

配偶、父母、子女、兄弟姐妹、祖父母、外祖父母、孙子女、外孙子女为近亲属。

配偶、父母、子女和其他共同生活的近亲属为家庭成员。

## 律师评析

《民法典》第 1045 条为【亲属、近亲属及家庭成员】条款。亲属包括配偶、血亲和姻亲，其中，血亲就是因血缘关系产生的亲属，姻亲就是因婚姻关系产生的亲属。姻亲又分为三种：血亲的配偶，如女婿、儿媳等；配偶的血亲，如岳父母、小姨子、小叔子等；配偶血亲的配偶，如连襟、妯娌等。近亲属，顾名思义就是关系近的亲属，《民法典》罗列了近亲属的范围，这个范围外的亲属都不是近亲属。至于家庭成员，《民法典》是首次在民事法律条文中提出了此类概念，并罗列了家庭成员的范围：配偶、父母、子女和其他共同生活的近亲属。

参照如上规定，庆春的姑姑属于她的亲属，但不属于近亲属；不属于近亲属，自然也不属于庆春的家庭成员。但是，无论法律怎么规定，在庆春心中，姑姑就是她重要的家庭成员。

## 律师提示

1.《民法典》第 1045 条中的亲属概念约等于日常生活中所说的“亲戚”；近亲属是关系更为密切的亲属；家庭成员是一起生活的近亲属。家庭成员是个常用名词，但之前并无法律条文对之进行规定，《民法典》进行专门规定，有一定积极意义。

2. 亲属关系在处理抚养权问题、继承问题、委托与代理关系、家族信托等方面均有重要意义。

3. 必须指出，随着人均寿命的提高，四世同堂的家庭也越来越多，将曾祖父母、外曾祖父母与曾孙子女、外曾孙子女排除在家庭成员外，有违社会客观现状和人民群众的朴素认知。后续希望能出台相关规定，予以明确。

# 问题5：和谁结婚，我自己不能做主吗？

流苏是1993年出生的，属鸡，她的男朋友柳原1987年出生，属兔。两人恋爱两年了，准备结婚，于是流苏带柳原回家见长辈。

流苏的父母对柳原挺满意的，但流苏的奶奶一听柳原是属鸡的，马上就沉下脸，把流苏拉到一边说："属鸡的和属兔的千万不能结婚，会相冲的，婚后没有好日子过。"

看着一直很疼爱自己的奶奶一脸关切的样子，流苏又好气又好笑，说："奶奶，这都什么年代了，谁还信这个啊？"

奶奶郑重其事地说："你还小，不听老人言，吃亏在眼前。这都是有讲究的……"

流苏为了不让奶奶生气，假意说："好的，我知道了奶奶，我回头和柳原把话慢慢说清楚。"

回过头，流苏就把这个"小插曲"忘了。谁知道，没过几天，奶奶就给她介绍了自己老同事的孙子——1989年出生的属蛇的文财，说"酉鸡配蛇，天长地久"，非要让流苏和文财结婚。

流苏当然不肯了，于是她奶奶祭出了大招——绝食！扬言如果流苏和文财不结婚，自己就不吃东西。

众人好说歹说，奶奶就是不吃饭。这让流苏十分为难，自己跟谁结婚，真的不能自己做主吗？

请问：奶奶以绝食为手段逼迫干涉流苏结婚，违反了什么法律规定？

## 律师解答

**奶奶通过绝食来逼迫流苏和文财结婚，属于“干涉他人婚姻自由”的违法行为。**

**《民法典》第一千零四十六条** 结婚应当男女双方完全自愿，禁止任何一方对另一方加以强迫，禁止任何组织或者个人加以干涉。

## 律师评析

《民法典》第 1046 条为【结婚自愿】条款，强调结婚双方要完全自愿，禁止任何一方对另一方加以强迫，禁止任何组织或者个人加以干涉。

男女双方登记结婚后，婚姻关系才依法成立。而且婚姻对于一个人来说是“终身大事”，不能不深思熟虑，不能不完全自愿，更不应该受到他人的强迫、干涉。

奶奶基于封建迷信的“属相相冲”的说法，干涉流苏的婚姻，虽是出于对孙女的“好心”，但每个人都应是身体自由、思想独立的单独个体，即便是至亲，也不能强迫别人接受自己的“婚恋观”。

干涉他人婚姻自由主要有两种形式：包办婚姻和买卖婚姻。二者的主要区别在于前者一般是以父母之命、媒妁之言为主的第三者包办他人婚姻的行为；后者在包办之余还伴随有索取钱财、换亲转亲等行为。

干涉他人婚姻自由根据是否使用暴力又可分为暴力形式和非暴力形式两种：暴力形式干涉婚姻自由的手段一般有殴打、捆绑、扣押、禁闭、抢掠等；非暴力形式干涉婚姻自由的手段一般有断绝生活来源，以自身生命权健康权相逼迫，以断绝关系、断绝来往相威胁等。

无论是上述哪一种形式的干涉他人婚姻自由行为，都是违反《民法典》有关规定的违法行为，应予以禁止、批判。

# 律师提示

1. 藏起户口本以阻挠他人结婚是一种常见的干涉婚姻自由的行为。如果遇到这种情况，想登记结婚的一方可以通过好好协商恳求、趁家人不备取出户口本、补办户口本、开具户籍证明、向妇联或居委会等有关单位寻求帮助、向法院提起诉讼要求提供户口本协助登记结婚等多种方式来解决问题。

2. 假如碰到近亲属干涉婚姻自由的情况，最好还是友好协商解决，毕竟即便结婚了，也无法且不应该割断与配偶之外其他近亲属的亲情往来。

3. 严重的干涉婚姻自由的行为甚至可能构成犯罪！如果使用暴力行为干涉婚姻自由，程度严重的会涉嫌构成干涉婚姻自由罪，可处二年以下有期徒刑或拘役；致使被害人死亡的，处二年以上七年以下有期徒刑。

# 婚姻家庭

## 结　　婚

## 问题6：特殊情况下，未达到法定结婚年龄者可以结婚吗？

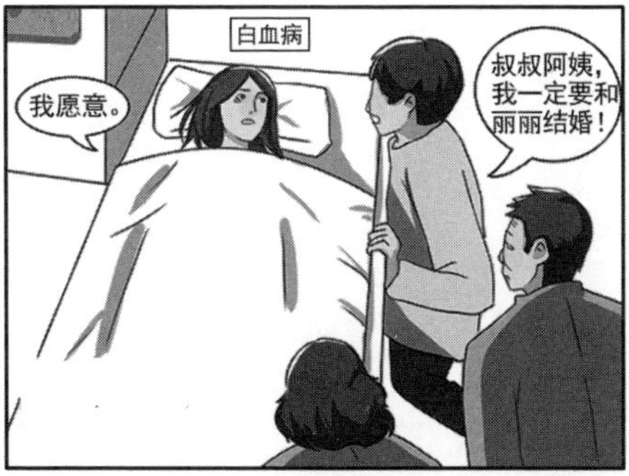


18岁的罗丽在某单位实习的时候，认识了比她大7岁的李华。见习生罗丽虽是“职场菜鸟”，但好学要强且坚韧异常，不因自己是新人而降低对自己的要求，一切工作要求均向业内前辈看齐。

同在一个部门，热心帅气的李华平日对罗丽给予了很多照顾和帮助，经常陪着她加班做项目。工作到很晚很累时，罗丽从办公室的窗户望出去，外面是黑漆漆的夜，办公室里有明亮的灯光和李华，她感觉仿佛整个大楼、整个CBD、整个北京、整个世界都只剩下了自己和李华“相依为命”。

情窦初开的罗丽对李华芳心暗许，李华也对单纯可爱的罗丽颇有好感，两人顺理成章地恋爱了，彼此都认定对方就是自己命中注定的那个人。因为罗丽到2021年6月17日就满20周岁了，两人预备6月18日就去登记结婚。

3月，李华把婚房装修好了。4月初，两人把家具家电都买好了，计划“五一”假期拍婚纱照。可是就在这时，罗丽突然“失联”了，把李华的电话和微信也拉黑了……

一头雾水的李华到处打听，终于得知罗丽患了急性白血病，住院了，病危通知书都发了好几回。罗丽怕李华担心，也怕牵连他，就拉黑了他，主动“失联”。

来到医院的李华心疼极了，他对着已经憔悴不堪的罗丽和罗丽的父母跪下央求，表示自己要和罗丽结婚。罗丽十分感动地同意了。

眼看着罗丽的生命以天为单位开始倒计时了，李华怕来不及，跑到民政局咨询工作人员，他们这种情况能破例登记结婚吗？如果能，工作人员可否到医院帮他们办理登记手续？

## 律师解答

很遗憾，罗丽没有达到法定结婚年龄，不能和李华登记结婚。

**《民法典》第一千零四十七条** 结婚年龄，男不得早于二十二周岁，女不得早于二十周岁。

## 律师评析

《民法典》第1047条为【法定结婚年龄】条款，男方不得早于22周岁结婚，女方不得早于20周岁结婚。

这一条规定是强制性的，没有任何例外情况。只有达到了生理上的结婚年龄，才能登记结婚。无论是17岁老成如老翁，还是30岁天真如稚子，要想结婚，都只看生理年龄，不看心理年龄。

这个结婚年龄是法定的最低结婚年龄，不是说到了这个年龄就必须结婚，而是说到了这个年龄就可以结婚了。

因为罗丽还没有年满20周岁，虽然她和李华的爱情让人唏嘘，令人感动，但法律规定不允许他们没有达到法定结婚年龄就登记结婚。

## 律师提示

1. 法定结婚年龄是周岁，而不是民间常用的“虚岁”，必须实打实地达到这个年龄才可以登记结婚。

2. 如果男女双方或其中一方尚未达到法定婚龄，但通过隐瞒实际年龄等方法取得了婚姻登记，虽已登记但该婚姻关系自始无效。但如果该婚姻关系的其他要件均已具备，当双方年龄均已符合法定婚龄后，不能再宣布其为无效婚姻。

3. 行动不便者登记结婚，民政局工作人员可否上门服务？法律对此并无规定，但部分地区（如北京市）已有类似规定——经申请并审查后，民政机关可安排人员到约定地点，办理上门登记服务。

## 问题 7：贾宝玉和林黛玉能登记结婚吗？

《红楼梦》是我国四大名著之一，无数人为之痴迷。芸芸就是这样一名“红迷”，从小学时候第一次读《红楼梦》，她就被深深地吸引了，反反复复读了许多遍。芸芸感觉自己与大观园里的女孩子们惺惺相惜，时而与她们一同嬉笑，时而又与她们一同流泪。其中，芸芸最喜欢的就是林黛玉。

像很多“红迷”一样，芸芸坚定地认为《红楼梦》的后四十回不是曹雪芹写的，是高鹗续写的，不算“真正的”《红楼梦》。芸芸最气愤的是，在《红楼梦》后四十回中，林黛玉死了，而贾宝玉和薛宝钗结了婚。这是芸芸万万不能接受的。

芸芸觉得，贾宝玉和林黛玉是天造地设的一对璧人，彼此是对方被分割的另一半，是真正匹配的灵魂伴侣。两人本应该缔结美满幸福的婚姻，只可惜造化弄人，两人终究没有结成连理。唏嘘扼腕之余，芸芸想，贾宝玉和林黛玉生活在封建社会，婚姻都是父母之命，媒妁之言，当事人无法自主。但现在好了，婚姻自由不容他人干涉，结婚登记必须完全自愿才行。如果贾宝玉和林黛玉可以穿越到今天，按照他们自己的意愿结为夫妻，那该有多好呀！

请问：假如贾宝玉和林黛玉生活在今天，按照《民法典》有关规定，他们能登记结婚吗？

## 律师解答

很遗憾，贾宝玉和林黛玉是姑舅表兄妹，属于法律禁止结婚的情形。

**《民法典》第一千零四十八条** 直系血亲或者三代以内的旁系血亲禁止结婚。

## 律师评析

《民法典》第 1048 条为【禁止结婚的情形】条款，直系血亲之间禁止结婚；三代以内的旁系血亲之间也禁止结婚。这一规定是强制性的，没有任何例外情况。

直系血亲，是指彼此之间有直接血缘联系的亲属，包括己身所从出的和从己身所出的两部分血亲。己身所从出的血亲，就是生育己身的各代血亲，如父母、祖父母、外祖父母等；从己身所出的血亲，即是己身生育的后代，如子女、孙子女、外孙子女等。包括父母与子女、祖父母与孙子女、外祖父母与外孙子女等直系血亲关系，都是禁止结婚的。

旁系血亲，是指在血缘上和自己同出一源的非直系血亲的亲属。三代以内旁系血亲，指和自己同源于祖父母、外祖父母的各代血亲，具体分为三种情形：

其一，同源于父母的兄弟姐妹，包括同父同母、同父异母、同母异父的兄弟姐妹，之间禁止结婚。

其二，同源于祖父母、外祖父母的上下辈旁系亲属，包括叔叔、伯父、姑母与侄儿、侄女，舅舅、姨妈与外甥、外甥女，之间禁止结婚。

其三，同源于祖父母、外祖父母的平辈旁系亲属，包括堂兄弟姐妹、表兄弟姐妹，之间也禁止结婚。

超出这三种情形的亲属，则不属于三代以内的旁系血亲，是可以结婚的。

贾宝玉和林黛玉即使穿越到现代，他们的血缘关系也决定了他们是没办法办理结婚登记的。因为林黛玉的母亲贾敏是贾宝玉的父亲贾政的妹妹，贾政是林黛玉的舅舅，贾敏是贾宝玉的姑姑。贾宝玉和林黛玉是姑舅表兄妹关系，是三代以内的旁系血亲，按照《民法典》的规定属于禁止结婚的情形。

不过，按照现代法律，因为贾宝玉的妈妈和薛宝钗的妈妈是姐妹关系，所以贾宝玉和薛宝钗是姨表兄妹关系，同样也不能结婚。这样，也许“小心眼儿”的林妹妹能好受一些。

## 律师提示

1. 虽然法律并未禁止岳母与女婿、公公和儿媳、祖母（外祖母）和孙女婿（外孙女婿）、祖父（外祖父）和孙儿媳（外孙儿媳）之间结婚，但这样做有违人伦和公序良俗，不应鼓励提倡。

2. 过继、收养、父母再婚等原因形成的异父异母的兄弟姐妹，实际上并没有血缘关系，所以他们之间是可以结婚的。

3. 违反《民法典》第1048条的规定，即便由于当事人的故意隐瞒，侥幸骗取结婚登记，也因为违反了法律的强制性规定，该婚姻关系自始无效。

# 问题8：现在有没有禁止结婚的疾病？

吕安和晨晨同“病”相怜，他们是恋人也是病友，因为共同对抗某种传染病而因病结缘。因为相仿的年纪、差不多的经历、彼此欣赏的态度，他们很谈得来，谈着谈着，就自然而然地谈起了恋爱。

冬去春来，花开花落，转眼三年过去了。晨晨的传染病已经治好了，但吕安的病情还没有起色。

晨晨说：“吕安，我们结婚吧！”

吕安苦笑着说：“你别逗我了。”

“真的，我不骗你。”晨晨盯着吕安的眼睛说。

“谢谢你这么有眼光，可我这么英俊的王子是不会和你这样平凡的灰姑娘结婚的。”吕安故作洒脱地说。

晨晨继续坚定地说：“吕安，我们结婚吧！这不是疑问句，这是祈使句。这不是求婚，这是通知和命令！”

吕安又感动又心疼：“就算我想娶你，可法律也不允许我这样的传染病人结婚啊。”

晨晨晃了晃手中的《民法典》，又伸了伸手，指向墙上的日历牌：2021年1月23日。

请问：《民法典》禁止吕安和晨晨结婚吗？

## 律师解答

《民法典》并没有禁止吕安这样的病人结婚。

**《民法典》第一千零四十八条** 直系血亲或者三代以内的旁系血亲禁止结婚。

**《民法典》第一千零五十三条** 一方患有重大疾病的，应当在结婚登记前如实告知另一方；不如实告知的，另一方可以向人民法院请求撤销婚姻。

请求撤销婚姻的，应当自知道或者应当知道撤销事由之日起一年内提出。

## 律师评析

《民法典》第 1048 条为【禁止结婚的情形】条款，该条脱胎于《婚姻法》（已失效）第 7 条，但相对于原《婚姻法》第 7 条，删除了“患有医学上认为不应当结婚的疾病”的规定。

原《婚姻法》中虽然规定“患有医学上认为不应当结婚的疾病”是禁止结婚的情形，但并没有相关法律条款或司法解释来明确具体何种疾病属于“医学上认为不应当结婚的疾病”。

之前的司法实践中，一般认为患有以下三类疾病属于“患有医学上认为不应当结婚的疾病”：(1) 患有医学上认为不宜生育的严重遗传性疾病的（但经男女双方同意，长效避孕或实施结扎手术后，可以结婚）。(2) 患有特定的传染病（如艾滋病、梅毒、淋病等），且在传染期内的。(3) 患有严重精神疾病（如精神分裂、躁郁症等），且在发病期内的。

原《婚姻法》规定“患有医学上认为不应当结婚的疾病”禁止结婚，主要是从优生优育、家庭社会稳定的角度考虑的。但是，婚姻并不意味着必然要生育，病人也有恋爱结婚的需要。况且随着科学进步，医学发展迅速，一些过去难以治愈的疾病也已经变得易于治愈或治愈有望。

基于此，《民法典》删除了“患有医学上认为不应当结婚的疾病”这一禁止结婚的情形，将婚前患有重大疾病但未如实告知的情况规定为可撤销婚姻，充分尊重当事人的意思自治，也更利于维护病人的合法权益，有利于家庭生活的稳定。

## 律师提示

1. 患有重大疾病的一方，必须在结婚登记前如实告知另一方自己的病情，否则另一方有权申请撤销婚姻。

2. 患病的人如果治愈有望，建议还是治愈后再结婚，这样对双方的生活都更有保障。

3. 严重的精神疾病患者，在发病期内属于无民事行为能力人或者限制民事行为能力人，虽然法律没有剥夺他们结婚的权利，但因其在发病期间不能充分意思自治，客观上是不能进行结婚登记这样复杂重大的民事行为的。

## 问题9：举办过婚礼就算结婚了吗？

2021年，阿宾在上海打工期间，结识了同为外来务工人员的小桃。由于脾气相投、三观一致，两人很快就成了一对恋人，并开始了同居生活。阿宾多次提出想和小桃结婚，可小桃的态度很奇怪，她明显很开心，不拒绝，但却欲言又止、顾虑重重，一直未答应阿宾的求婚。

后来，经不住阿宾的苦苦询问，小桃讲出了自己的担心。原来，2年前小桃在父母的安排下，已经在家乡按照当地的风俗习惯和家乡一名同族的青年结过婚了。虽然两人没去民政局登记，但双方家里换了婚帖，各自宗族也都认可了他们的婚姻，小桃的名字已经上了男方的族谱。两人还摆了结婚酒席，大宴宾客，两人的亲友及乡亲都行过贺礼，吃过喜酒了。结婚当晚他们也有了夫妻之实。然而婚后，小桃和男方因为没有共同语言，天天吵架，男方还曾动手打她。大半年后，小桃不堪忍受，一个人跑来上海打工，再也没回过家。后来，她就认识了阿宾。

小桃觉得自己已经结过婚，要和阿宾结婚得先和老家的男方离婚才行，否则就是重婚，是违法的。但怎么和家里、宗族里的人讲这件事呢？小桃还没有想好。

阿宾听了小桃的话，十分震惊。他听人说结婚必须要登记，但小桃这样的情况算不算“事实婚姻”，他也吃不准。他决定找律师咨询一下，该怎么处理此事。

请问：小桃这样算是已经结婚了吗？

## 律师解答

**按照《民法典》的规定，小桃还没有结婚。**

**《民法典》第一千零四十九条** 要求结婚的男女双方应当亲自到婚姻登记机关申请结婚登记。符合本法规定的，予以登记，发给结婚证。完成结婚登记，即确立婚姻关系。未办理结婚登记的，应当补办登记。

## 律师评析

《民法典》第1049条为【结婚登记】条款，强调结婚必须登记，男女双方到民政部门进行结婚登记之后，才能建立法律上认可的、受法律保护的婚姻关系。

小桃按照当地风俗举行的婚礼，是民间对缔结婚姻关系的一种仪式、一种强调、一种宣示途径，通过这种结婚仪式来告诉周围的亲朋好友：我们结婚了！但是举办婚礼这种民间约定俗成的习惯，并不能建立受法律保护的婚姻关系。

至于阿宾担心的"事实婚姻"，自1994年2月1日《婚姻登记管理条例》（已失效）公布实施以后，我国法律即不再认可该日期之后的所谓"事实婚姻"了，要建立婚姻关系，必须进行结婚登记。

民间语境下的结婚，有多重含义，可能指婚礼、婚宴、婚约等。但法律层面的结婚，就是指到民政部门进行结婚登记，别无他解。

综上所述，小桃在法律上还是未婚人士，她完全可以和阿宾登记结婚，不会产生"重婚"的法律后果。

## 律师提示

1. 男女双方可以去任意一方户籍所在地的民政机关进行结婚登记。

2. 结婚登记必须本人亲自到场，不能让他人假冒、代替、代理自己进行结婚登记；同样，结婚登记应使用自己的真实身份，不得冒用、借用别人的身份进行结婚登记。

3. 依照《民法典》相关司法解释的规定，1994年2月1日原《婚姻登记管理条例》公布实施以前，男女双方已经符合结婚实质要件的，按“事实婚姻”处理。

## 问题 10：补办结婚登记的，婚姻关系从何时起算？

罗成是名“彩票迷”，每个月光是买彩票就会花掉一半的工资，但最多只中过几百元的奖金。2016 年 7 月，罗成的老婆因为意外去世，罗成没办法兼顾工作和照顾女儿，只能花钱请了一个居家保姆大桃。从那以后，他再也不买彩票了。

大桃为人机灵，做事麻利，把罗成女儿照顾得很好。罗成和大桃日久生情，2018 年 10 月，两人便以夫妻名义同居了。

2019 年 5 月的一天，罗成和大桃外出买菜，罗成看到彩票亭那里有好几个认识的“彩友”在买彩票，一时有些恍惚，就停下来看了一会儿。大桃知道罗成以前是名“彩票迷”，就鼓励他去买几张彩票。没想到，这次罗成居然中了当期的一等奖，奖金到手有 800 多万元。大桃也很得意，连连夸自己“旺夫”。

2019 年 9 月，两人登记结婚了。但好景不长，两人渐生矛盾，经常吵架，感情逐渐破裂。

2021 年 3 月，两人准备协议离婚，但就罗成彩票中奖的 800 多万元是不是夫妻共同财产，两人发生争议。罗成认为，就算两人补办了结婚登记，但这笔钱是补办登记前的收入，和大桃无关；大桃则认为，补办结婚登记后，应该从 2018 年 10 月起算婚姻关系，所以这笔钱她也有份。

请问：补办结婚登记的，婚姻关系从何时起算？

## 律师解答

补办结婚登记的，可以追溯到登记之前符合婚姻实质要件的时间点起算婚姻效力。

**《民法典》第一千零四十九条** 要求结婚的男女双方应当亲自到婚姻登记机关申请结婚登记。符合本法规定的，予以登记，发给结婚证。完成结婚登记，即确立婚姻关系。未办理结婚登记的，应当补办登记。

**《民法典》第一千零六十二条** 夫妻在婚姻关系存续期间所得的下列财产，为夫妻的共同财产，归夫妻共同所有：

（一）工资、奖金、劳务报酬；

（二）生产、经营、投资的收益；

（三）知识产权的收益；

（四）继承或者受赠的财产，但是本法第一千零六十三条第三项规定的除外；

（五）其他应当归共同所有的财产。

夫妻对共同财产，有平等的处理权。

## 律师评析

《民法典》第 1049 条为【结婚登记】条款，此条规定，“未办理结婚登记的，应当补办登记”。所谓补办登记，就是具备了实质的结婚要件，并且以夫妻名义同居生活的男女，事后到民政机关补办结婚登记手续的行为。如果一直没有补办登记，则除了法律认可的 1994 年 2 月 1 日前的事实婚姻之外，男女双方属于同居关系，不构成婚姻关系。如果进行了补办登记，则双方构成婚姻关系。另外，依照《民法典》相关司法解释的规定，男女双方补办结婚登记的，婚姻关系的效力从双方均符合《民法典》所规定的结婚的实质要件时计算。

2018 年 10 月，罗成和大桃开始以夫妻名义同居，且两人都符合法律规定的结婚的实质要件，所以补办结婚登记后，从 2018 年 10 月起算婚姻效力。另外，两人没有做婚姻内财产约定，2019 年 5 月罗成取得的彩票奖金属于《民法典》第 1062 条第 2 项中的“投资的收益”，大桃有权要求分割。

综上所述，大桃和罗成的婚姻关系自 2018 年 10 月起算，2019 年 5 月所得的彩票奖金应该属于夫妻共同财产。

## 律师提示

1. 补办结婚登记也同样需要遵循男女双方完全自愿、亲自到场的原则。

2. 目前，我国法律已经明确规定完成结婚登记即确认婚姻关系，为了得到法律保护，自认“夫妻关系”的同居者应尽早补办结婚登记手续。

3. 夫妻之间可以就婚姻关系存续期间各自取得的财产进行约定；没有约定的，婚姻关系存续期间取得的财产除法律规定的个人财产外，均为夫妻共同财产。

## 问题 11：婚姻无效的情形有哪些？

从王语嫣记事起，就认定自己要嫁给慕容复，她也曾试探表白过，慕容复总是笑着说："你还小，等你长大了就不会这么想了。"

2021 年，王语嫣 18 岁，慕容复 30 岁。王语嫣向慕容复求婚了："表哥，我长大了，我可以嫁给你了。"慕容复刚好第三次创业失败，意志消沉，前所未有地需要抚慰。虽然王语嫣没到 20 周岁，但慕容复用违法手段帮她伪造了身份证，两人登记结婚了。

两人婚后不久，有群众举报王语嫣未到法定婚龄，乌有城法院宣告他们婚姻无效。慕容复一气之下又去港城创业了，临行前他对王语嫣说："等你长发及腰廿岁时，我也应该上了'福布斯'，我回来娶你。"

2023 年，王语嫣年满 20 周岁了，她没等来慕容复，却等来了云南矿业多金多情高颜值的大公子段誉。段公子的一番甜言蜜语打动了王语嫣，两人登记结婚了。

谁承想，王语嫣和段誉的婚礼上，风尘仆仆赶来的慕容复推门而入……于是，王语嫣和慕容复私奔了，两人跑到了偏远的子虚城，再次登记结婚。

两人再婚不久，又有群众举报他们重婚，子虚城法院宣告他们婚姻无效。王语嫣铁了心要嫁给慕容复，她用了三年的时间，两次诉讼，终于，乌有城法院判决她和段誉离婚。

2026 年，重回单身的王语嫣第一时间奔赴港城，和慕容复又一次登记结婚。然而这一次，又有群众举报了他们有亲属关系，港城法院宣告他们婚姻无效。

请问：为什么慕容复与王语嫣的婚姻会被三次宣告无效？

## 律师解答

因为他们的三次婚姻分别存在如下三种《民法典》规定的婚姻无效的情形：未到法定婚龄、重婚、有禁止结婚的亲属关系。

**《民法典》第一千零五十一条** 有下列情形之一的，婚姻无效：

（一）重婚；

（二）有禁止结婚的亲属关系；

（三）未到法定婚龄。

## 律师评析

《民法典》第 1051 条为【婚姻无效的情形】条款，此条规定了三种婚姻无效的情形：重婚、有禁止结婚的亲属关系、未到法定婚龄。无效婚姻，是指欠缺婚姻成立的法定条件，从而不发生法律效力的、不被法律承认和保护的婚姻。

《民法典》规定了前述三种婚姻无效的情形，删除了《婚姻法》（已失效）相应条款规定情形中的“婚前患有医学上认为不应当结婚的疾病，婚后尚未治愈的”。

王语嫣和慕容复第一次在乌有城登记结婚时，因为王语嫣只有 18 周岁，没有达到法律规定的结婚年龄（男性年满 22 周岁，女性年满 20 周岁），所以这次婚姻被宣告无效。

王语嫣和慕容复第二次在子虚城登记结婚时，王语嫣已经年满 20 周岁，但因为她当时已经和段誉登记结婚了，再与慕容复登记结婚属于重婚，所以这次婚姻也被宣告无效。

王语嫣和慕容复第三次在港城登记结婚时，她的年龄达到了法律规定的结婚年龄，她也已经和段誉离婚，但因为她和慕容复是表兄妹关系，属于三代以内旁系血亲，依法禁止结婚，所以他们的这次婚姻还是被宣告无效了。

综上所述，重婚、有禁止结婚的亲属关系、未到法定婚龄等情况，均会导致婚姻无效。

## 律师提示

1. 婚姻当事人及利害关系人有权向法院请求确认婚姻无效。以重婚为由的，当事人的近亲属及基层组织为利害关系人；以未到法定婚龄为由的，未到法定婚龄者的近亲属为利害关系人；以有禁止结婚的亲属关系为由的，当事人的近亲属为利害关系人。

2. 向法院申请宣告婚姻无效时，如法定的无效婚姻的情形已经消失（比如已经达到了法定婚龄），法院对该申请不予支持。

3. 当事人以前述三种无效婚姻以外的理由请求法院确认婚姻无效的，法院会驳回当事人的诉讼请求。当事人以结婚登记程序存在瑕疵主张撤销结婚登记的，应申请行政复议或者提起行政诉讼，不应提起民事诉讼。

# 问题12：受胁迫结婚的一方该如何自救？

医院里，程灵素眼看着父亲程志被拔掉身上的管子，蒙上白布，推向了太平间。她哭了，但脸上却有着解脱的笑容，边哭边笑，怪异得让人心酸。

故事要从四五年前讲起。

程灵素是生活在内陆一座四线小城的一名普通却又不普通的姑娘。她从小到大都生活在这座小城，模样素净，性子淡淡的，所以说她普通。但程灵素又很不普通，因为她的父亲程志和她的丈夫欧阳是这座城市“唯二”拥有“熊猫血”的人，都是Rh阴性A型血。

原来，程灵素大学毕业没几年，她的父亲程志被查出患上了重型再生障碍性贫血，需要定期输血。因此，程灵素认识了同属该稀有血型的欧阳。欧阳对程灵素一见钟情，认识没多久就向她求婚。但程灵素只是淡淡地听，淡淡地笑，很微弱却很坚决地摇了摇头。程灵素虽然看起来柔弱，其实是很有主见的人——她就是对欧阳没有感觉。

欧阳急了，对程灵素说：“你不和我结婚，我就不给你爸爸输血了，我看他能撑多久！”

程灵素定定地看了欧阳好几分钟，就在欧阳以为程灵素会再一次拒绝他时，程灵素却忽然说：“好。”

于是两人结婚了，以爱之名，其实却是欧阳的胁迫和占有。

欧阳定期给程志输血，程灵素在人前与欧阳维持着正常夫妻的模样，但在私下里，她不许欧阳和她同床，除了输血的那几天。

如今，程志终究还是去了，留下边哭边笑的程灵素，和神色古怪的欧阳。

请问：受胁迫的程灵素该如何结束这场婚姻？

## 律师解答

欧阳以是否给程志定期输血（实质上是以程志的生命安危）要挟程灵素，符合胁迫结婚的情形。程灵素可在胁迫行为终止之日起一年内向法院请求撤销婚姻。

**《民法典》第一千零五十二条** 因胁迫结婚的，受胁迫的一方可以向人民法院请求撤销婚姻。

请求撤销婚姻的，应当自胁迫行为终止之日起一年内提出。

被非法限制人身自由的当事人请求撤销婚姻的，应当自恢复人身自由之日起一年内提出。

## 律师评析

《民法典》第 1052 条为【胁迫婚姻】条款，此条规定，受胁迫结婚的一方可以向法院请求撤销婚姻。

婚姻自由是宪法赋予人们的基本权利，也是我国婚姻法律的一个基本原则。结不结婚、和谁结婚，都应该是当事人自己完全自愿的选择。受胁迫的婚姻因为并非出于当事人的本意，违背了婚姻当事人的真实意思表示，也违反了婚姻自由的法律原则，所以《民法典》规定，受胁迫结婚的一方可在胁迫行为终止之日起一年内向法院提出撤销婚姻。

考虑有些当事人是被非法限制人身自由的，没有办法自由行动，所以法律又规定这些当事人可“自恢复人身自由之日起一年内提出”撤销婚姻。

胁迫的手法多种多样，胁迫内容并不拘泥于受胁迫者自身的生命、健康、名誉、财产等，也可以是受胁迫者亲朋好友的生命、健康、名誉、财产等，还可以是无辜无关的第三方的生命、健康、名誉、财产等，甚至是胁迫人自己的生命健康（如威胁不结婚就要自杀、自残的）等。

最高人民法院《关于适用〈中华人民共和国民法典〉婚姻家庭编的解释（一）》第 18 条明确规定，行为人以给另一方当事人或者其近亲属的生命、身体、健康、名誉、财产等方面造成损害为要挟，迫使另一方当事人违背真实意愿结婚的，可认定为“胁迫”。

受胁迫的一方可以向法院请求撤销婚姻。

## 律师提示

1. 婚姻依照效力可分为：有效婚姻、无效婚姻（重婚、有禁止结婚的亲属关系、未到法定婚龄）、可撤销婚姻（胁迫结婚、患有重大疾病婚前未如实告知）。

2. 只有受胁迫一方的婚姻关系当事人本人才能以受胁迫为由请求撤销婚姻，别人无权以“受胁迫”为由请求撤销婚姻。

3. 需要注意的是，因受胁迫撤销婚姻的权利是有一定的时间限制的，即“自胁迫行为终止之日起一年内”“自恢复人身自由之日起一年内”，而且这个“一年”不适用诉讼时效中止、中断或延长的规定。超出这个时间后，撤销权就失效了，受胁迫的一方只能通过离婚来解除婚姻关系。

## 问题13：患有重大疾病婚前隐瞒的，该如何处理？

叶开心和新婚妻子凌仙儿在普吉岛度蜜月时，凌仙儿突然丧失了意识，浑身抽搐，面色发绀，口吐伴着血丝的白沫，还不时发出尖叫。

叶开心企图和凌仙儿对话，询问她，安抚她，但丝毫没用。情急之下，他拿起手机，用微信向岳母发起视频通话。

视频通话接通后，他刚说了两句，晃了下镜头，岳母就开始指挥他：解开凌仙儿的衣领、裙扣、腰带，让她保持呼吸顺畅；搬离周围的椅子、桌子，防止磕碰伤；在她身下关节处垫上毛巾，防止擦伤；把口鼻处的白沫处理一下，以免倒灌引起窒息；最后切记，不要强压她的身体，以免骨折或脱臼；等她平缓后，把她包里没有标签的小瓶子里装的药喂一片给她吃。

叶开心正在手忙脚乱地依言操作，被凌仙儿的尖叫声惊动的酒店工作人员上来了，他们和叶开心一起把凌仙儿送到了 ×× 国际医院。医生告诉叶开心，凌仙儿患有严重的、极难治愈的癫痫，而且很有可能会遗传给下一代。

叶开心又一次拨通了岳母的电话，还没等他说话，岳母就开口了："开心啊，你别怕，仙儿这个是癫痫，很好治的，平常也不怎么发作，可能是蜜月太劳累了吧……"等岳母不说话了，叶开心问道："为什么结婚前不告诉我？你们当我是什么人了？你们如果说了，我也许还会娶仙儿的，但现在，我要离婚！"说完，叶开心挂断了电话，瘫坐在病床边的椅子上。

请问：碰到凌仙儿这样患有重大疾病却婚前隐瞒的，叶开心该如何处理？

## 律师解答

**叶开心可以向法院请求撤销婚姻。**

**《民法典》第一千零五十三条**　一方患有重大疾病的，应当在结婚登记前如实告知另一方；不如实告知的，另一方可以向人民法院请求撤销婚姻。

请求撤销婚姻的，应当自知道或者应当知道撤销事由之日起一年内提出。

## 律师评析

《民法典》第 1053 条为【隐瞒疾病的可撤销婚姻】条款，此条规定，一方患有重大疾病且在登记结婚前未如实告知另一方的，另一方可以自知道或者应当知道撤销事由之日起一年内向法院请求撤销婚姻。

在《婚姻法》(已失效)的相关规定中，“患有医学上认为不应当结婚的疾病”被列为禁止结婚的情形。即便最后登记结婚了，“婚前患有医学上认为不应当结婚的疾病，婚后尚未治愈的”，也属于婚姻无效的情形。《民法典》删除了因疾病禁止结婚及婚姻无效的相关内容，把“一方患有重大疾病的，在结婚登记前不如实告知另一方的”列为可撤销婚姻。此前只有“受胁迫结婚”是可撤销婚姻，《民法典》实施后，可撤销婚姻的情形增加至两种。对于一方患重大疾病的情况，如果患病一方在结婚登记前如实告知另一方，则另一方不可以再以对方患病为由请求法院撤销婚姻。

因为凌仙儿没有在结婚前告知叶开心自己患有严重的癫痫，侵犯了叶开心的知情权和选择权，所以，叶开心可在知道此事之后的一年内向法院请求撤销婚姻。

## 律师提示

1. 诚信原则是民事法律关系中的“帝王原则”，本条规定实际上也是鼓励、提倡患重大疾病的一方在双方登记结婚前开诚布公地告知另一方自己的病情。

2. 因隐瞒重大疾病而撤销婚姻的权利是有一定的时间限制的，即“自知道或者应当知道撤销事由之日起一年内”；超出这个时间后，撤销权就失效了，受胁迫的一方只能通过离婚来解除婚姻关系。

3. 目前，《民法典》及最高人民法院《关于适用〈中华人民共和国民法典〉婚姻家庭编的解释（一）》并未具体规定什么是“重大疾病”，后续应该会有相应司法解释进一步予以明确。所以，本文举例的严重癫痫是否属于《民法典》所称的“重大疾病”，实际上是待定的。

## 问题14：婚姻无效后，当事人所生的子女怎么办？

在成都打工的贵州小伙林全认识了四川姑娘多多，两人虽然来自不同省份，之前也素昧平生，却长得颇有几分相像。情投意合的两个人在多多家乡的民政局登记结婚并举办了婚礼。结婚后，两人仍旧在成都工作生活。两年后，两人生育了一子，取名林多木。

林多木一岁半时，三人一起回林全的老家过年。林全的二姨来林全家走亲戚，意外地发现多多和自己长得很像。问清了多多的年岁后，二姨问多多是不是左胳膊肘内侧有块胎记。多多狐疑地回答，是的，确实有胎记。

二姨如遭雷击，道出了实情：原来，多多是二姨的第二个女儿，但因为二姨夫家重男轻女，多多生下来没几天，就被家人拿小褥子包起来，里面塞上写着她的出生日期，求人收养的纸条，放到了县城的汽车站里。对外，二姨家一直宣称这个丫头"没了"。谁知，多多被辗转带到了四川，又阴差阳错地碰上了自己的姨表哥林全，两人竟然结婚生子了……

林全和多多听得目瞪口呆，不敢相信。于是多多和二姨去做了亲子鉴定，结果二姨真的是多多的生母。因为林全和多多属于三代以内的旁系血亲，依法属于无效婚姻的情形，两人自然没办法继续共同生活了。

财产什么的双方都表示好商量，可是关于林多木的抚养问题，双方发生了争议：林全家称林多木姓林，是自己家的血脉，不肯交给多多抚养；而多多心疼孩子，觉得他还不满2岁，应该由妈妈抚养更好。

请问：婚姻无效后，当事人所生的子女怎么办？

## 律师解答

婚姻无效后，当事人所生的子女适用《民法典》关于父母子女的规定。

**《民法典》第一千零五十四条** 无效的或者被撤销的婚姻自始没有法律约束力，当事人不具有夫妻的权利和义务。同居期间所得的财产，由当事人协议处理；协议不成的，由人民法院根据照顾无过错方的原则判决。对重婚导致的无效婚姻的财产处理，不得侵害合法婚姻当事人的财产权益。当事人所生的子女，适用本法关于父母子女的规定。

婚姻无效或者被撤销的，无过错方有权请求损害赔偿。

## 律师评析

《民法典》第1054条为【婚姻无效和被撤销的法律后果】条款，此条规定，无效或被撤销婚姻自始没有法律约束力，双方没有夫妻的权利义务。此条规定的“自始没有法律约束力”，是指该无效或可撤销婚姻依法被确认无效或撤销，才确定该婚姻自始不受法律保护。

婚姻无效的情形有三种：重婚、有禁止结婚的亲属关系、未到法定婚龄。被撤销的婚姻的情形有两种：受胁迫结婚的、一方患有重大疾病婚前未如实告知另一方的。

需要注意的是，可以申请法院宣告婚姻无效的，除了婚姻当事人，还有利害关系人。但可撤销婚姻只有受胁迫的一方当事人、被隐瞒病情的一方当事人才可以在规定的期限内行使撤销权。

无效的或者被撤销的婚姻自始不发生法律效力，那么当事人所生的子女算婚生子女还是非婚生子女呢？《民法典》对这个问题并未明确规定，但目前实践中的主流观点认为，婚姻无效或被撤销的效力不能及于当事人所生的子女。

主要原因有二：其一，法律规定只强调了“当事人不具有夫妻的权利和义务”，未涉及子女，其后又强调“当事人所生的子女，适用本法关于父母子女的规定”，这可以推定为“当事人所生子女是婚生子女”。其二，子女在妊娠或出生时，其父母的婚姻关系未被宣告无效或被撤销，此时应认为其是婚生子女，符合婚生子女的定义，也有利于保护当事人所生子女的合法权益。

综上所述，林全和多多为了儿子林多木的抚养权发生争执，适用《民法典》关于父母子女关系的规定，林多木应由多多抚养为宜。因为林多木此时年约一岁半，尚处于哺乳期，由多多抚养符合《民法典》第 1084 条“不满两周岁的子女，以由母亲直接抚养为原则”的相关规定。

## 律师提示

1. 其实，无论是婚生子女还是非婚生子女，均享有同等权利，不得危害或歧视非婚生子女。

2. 婚姻无效或被撤销后，子女仍是父母双方的子女，父母对于子女仍然有抚养、教育、保护的权利和义务。

3. 子女抚养问题，如男女双方能协商一致，就按照协商结果处理；如不能协商一致，则由法院按照“最有利于未成年子女”的原则判决。

4. 被确认无效或被撤销的婚姻，当事人同居期间所取得的财产，除有证据证明为一方所有的以外，按双方共同共有处理。

# 问题 15:《民法典》如何保护无效或被撤销婚姻的无过错方?

希凡摸着自己微微隆起的小腹，觉得自己很幸福。她和子祥登记结婚两年多了，两人一直想要个孩子，但直到最近才怀上。他们很珍惜这个得来不易的孩子，子祥也很心疼她，让她辞职在家保胎。

希凡也犹豫过，但还是辞职了。子祥是做生意的，收入挺高，婚房是子祥买的，写的是两个人的名字；一辆价值 50 多万元的宝马汽车，也是子祥买的，只写了希凡一个人的名字；每个月子祥还给希凡 2 万元家用钱，从来不过问希凡是怎么花的。要说子祥有什么不好的地方，那就是他实在太忙了，每个月至少有十几天要出差打理生意，希凡经常一个人在家。

这天，希凡正在网上搜寻母婴用品。突然，门铃响了。

打开门，希凡看到一位长相和自己有点相似、年纪略大一些的女子，而她自称是子祥的妻子!

原来，子祥的妻子因身体原因不能生育，但子祥既不想和妻子离婚，又很想要一个名正言顺属于自己的小孩。于是他隐瞒真相，伪造身份，与希凡登记结婚。

子祥的妻子神色复杂地看着初现孕相的希凡，神色更加复杂的希凡借故叫来了还不知道这一切的子祥……

请问：子祥与希凡的婚姻因为重婚而无效，子祥与希凡的婚房、希凡名下的宝马汽车如何分割呢？不知情的希凡有权向子祥要求损害赔偿吗?

## 律师解答

**婚姻无效或被撤销后，法院在判决分割同居财产时，会照顾无过错方；无过错方有权向过错方请求损害赔偿。**

**《民法典》第一千零五十四条** 无效的或者被撤销的婚姻自始没有法律约束力，当事人不具有夫妻的权利和义务。同居期间所得的财产，由当事人协议处理；协议不成的，由人民法院根据照顾无过错方的原则判决。对重婚导致的无效婚姻的财产处理，不得侵害合法婚姻当事人的财产权益。当事人所生的子女，适用本法关于父母子女的规定。

婚姻无效或者被撤销的，无过错方有权请求损害赔偿。

## 律师评析

《民法典》第 1054 条为【婚姻无效和被撤销的法律后果】条款，此条规定，婚姻无效（重婚、有禁止结婚的亲属关系、未到法定婚龄），或被撤销（受胁迫结婚的、一方患有重大疾病的，在结婚登记前不如实告知另一方的）的，自始没有法律约束力，双方没有夫妻的权利义务，双方之间的关系为同居关系。

同居期间如果有所得财产，由婚姻无效或被撤销婚姻的男女双方协议处理；协议不成的，由法院根据照顾无过错方的原则判决。这里体现了民事法律中“意思自治”的原则，除了法律强制性规定外，绝大多数民事法律关系都允许当事人自己做主，自己协商解决。

但是，子祥和希凡对于财产的协议是有限制的，这个限制就是“不得侵害合法婚姻当事人的财产权益”，也就是不能损害子祥妻子的财产权益。子祥在和希凡同居期间取得的财产实质上是子祥和其妻子的夫妻共同财产，如果允许子祥把这些财产全部“赔偿”或“补偿”给希凡，实质上会损害子祥妻子的权益。所以，子祥只能在自己拥有的财产（子祥的个人财产、夫妻共同财产中属于子祥的份额）范围内和希凡协议解决同居财产分割事宜。

另外，上述案例中，希凡虽然是第三者，但她本人并不知道子祥已经结婚，故她也是子祥重婚行为的受害人之一。《民法典》首次提出对于婚姻无效或者被撤销婚姻的无过错方进行“保护”，一种情况是前面提到的财产分割时“照顾无过错方”；另一种情况就是“无过错方有权请求损害赔偿”。故希凡可以向子祥提出损害赔偿，要求子祥对自己的财产损失、精神损害等进行赔偿。

## 律师提示

1. 被确认无效或被撤销的婚姻，当事人同居期间所取得的财产，除有证据证明为一方所有的以外，按双方共同共有处理。

2. 婚姻无效或被撤销婚姻中的无过错方应是被欺骗、被隐瞒、被胁迫的一方。换言之，就是对相关情况不知道或不应当知道的那一方。法律上的知道指明知，应当知道指通过已知事实、生活常理等推定应该知道的情形。

3. 婚姻无效或被撤销婚姻中，如果双方都明知、都积极参与，就都是过错方；如果双方都不知情（如具备禁止结婚的亲属关系，但双方因故不知的），则都是无过错方。双方是无过错方，或者双方都是过错方时，不应向对方请求损害赔偿。

# 婚姻家庭

## 夫妻关系

## 问题 16：丈夫的爱好很“另类”，妻子可以阻拦他吗？

汪芳和姜子龙是一对新婚的小夫妻。丈夫姜子龙是程序员，平常缺乏运动，体态微胖，在妻子汪芳的精心照顾下，体重更是迅速增长。

汪芳看不下去了，拉着姜子龙去健身房咨询，准备让他健身减脂。谁知道姜子龙指着健身房的一角说：“我要跳那个舞！”汪芳循声看去，差点晕厥，钢—管—舞！姜子龙看着汪芳，异常认真地说：“我要跳钢管舞。你知道吗？我小时候特别喜欢跳舞，还得过奖呢。可是我爸妈觉得跳舞没出路，硬是逼着我放弃了。”

汪芳以为姜子龙只是说说而已，没想到他来真的。为了跳舞，姜子龙每天跳绳以万次为单位，游泳以千米为单位，一有机会就照着教练的视频练习动作。

汪芳当然很喜欢姜子龙运动，但她不喜欢姜子龙为了跳钢管舞而运动。一个大男人，跳钢管舞，像话吗？为了阻止姜子龙跳钢管舞，汪芳劝他，求他，和他吵，减少他的零花钱，反锁房门……无所不用其极，但均告失败。

正在汪芳想着还有什么招数能阻止姜子龙时，有天她回家，发现姜子龙找了一帮人正在书房里安装钢管，想把书房的一半改成练舞房。汪芳气坏了，她抢起随身的小背包，把安装的师傅赶了出去，然后指着姜子龙的鼻子，一字一顿地说：“你休想再去跳那种舞！”

请问：汪芳有权利阻止姜子龙跳钢管舞吗？

## 律师解答

**结婚后，男女双方仍然有参加生产、工作、学习和社会活动的自由，故汪芳无权阻止姜子龙跳钢管舞。**

**《民法典》第一千零五十七条** 夫妻双方都有参加生产、工作、学习和社会活动的自由，一方不得对另一方加以限制或者干涉。

## 律师评析

《民法典》第 1057 条为【夫妻参加各种活动的自由】条款，此条规定，结婚后，夫妻双方都有参加生产、工作、学习和社会活动的自由，一方不得对另一方加以限制或者干涉。

人身自由权是每个人应有的基本权利，是人们正常生产、劳动、学习和从事各种社会活动的先决条件。已婚人士参加社会活动，进行社会交往，从事社会职业的基本权利一样应当得到保障。

夫妻人身自由权的立法本意其实在于，在传统社会与世俗定义里，女性的角色更侧重于从事家务活动，照顾丈夫及一家老小，被排除在社会活动之外。所以法律明确规定，夫妻双方都有参加生产、工作、学习和社会活动的自由，鼓励并保护女性走出家庭，走向社会，真正与男性平等。

当然，已婚男性也有同样的人身自由权。

为了保障夫妻双方都能有平等地参加工作、生产、学习和社会活动的权利和自由，《民法典》特别设置了此条规定。当夫妻一方在行使权利时，另一方便负有相应的义务：不得限制、干涉对方的权利和自由。

上述案例中，姜子龙想要跳的钢管舞虽然比较小众，但也是正常的、符合公序良俗的、受法律保护的活动。汪芳不应该把自己的理念、意愿强加于姜子龙，“为了自己的面子”而阻止姜子龙去跳钢管舞，这是一种自私自利的行为。

这世间，卑微或崇高、平凡或不凡的每一个梦想，都应该被尊重，梦想不容践踏。

## 律师提示

1. 一方的权利，便是另一方的义务，夫妻双方的权利义务相对应、相平等。所以，夫妻之间应用这一条规定时应该一视同仁，不要宽己严人，搞双重标准。

2. 本条所指的工作、生产、学习和社会活动均应为合法的、符合公序良俗的；反之，如售卖假货、邪教聚会、赌博酗酒等不法的、有违公序良俗的行为，均是应予以禁止、限制的。

3. 即便是正常的工作、生产、学习和社会活动，如果夫妻一方对家庭、子女漠不关心，自顾自地、不顾一切地参加各种社会活动，便是打着“人身自由”的幌子滥用权利，必将损害家庭和另一方的权益。

## 问题17：作为“上门女婿”，我无权抚养儿子？

胡可宜是独生女，从小就被娇生惯养。到了谈婚论嫁的年龄，她的父母甚至提出要求：男方婚后要和他们住在一起，做“上门女婿”，有了孩子无论男女都要姓胡。这样的要求吓走了不少“爱慕者”。

直到胡可宜遇见了脾气好、思想开明的刘家贵，他觉得只要和胡可宜在一起，住在哪里都可以，和女方父母住在一起照料起来也方便。小孩姓胡也没关系，姓什么都是自己的孩子。二人结婚后，小日子一直过得甜甜蜜蜜，很顺心。

然而，随着他们的儿子胡斐然出生，矛盾逐渐暴露出来。

刘家贵发现自己完全无法插手儿子的抚养和教育。他要教儿子说话，胡可宜说他有方言口音，不让教。他妈妈给孙子做了小衣服送来，胡可宜说土气，不让穿。他要带孩子出去散步，胡可宜说他粗心、笨手笨脚，不让他带。后来，孩子上学了，他要在作业上、试卷上签字，要去开家长会，胡可宜都说，孩子姓胡，她去才名正言顺。时间一久，刘家贵心里也积攒了不少怨气。

寒假里的一天，一家三口出去吃饭，半路上，胡可宜去上厕所了。胡斐然闲不住，去逗弄路边的一只狗，结果那狗一口咬住了胡斐然的小腿。刘家贵刚准备上前帮忙，胡斐然挥着手说：“走开走开，我要妈妈！”刘家贵听了有点生气，再看看胡斐然腿上穿的加厚牛仔裤，觉得应该没什么大碍。于是他停下来，准备先让胡斐然吃吃苦头，他再出手。正在这时，胡可宜回来了，见状气得跳脚，要和刘家贵离婚。

请问：胡可宜和刘家贵在抚养、教育胡斐然问题上的做法，对吗？

## 律师解答

两人做得都不对，夫妻双方平等享有对未成年子女抚养、教育和保护的权利与义务。

**《民法典》第一千零五十条** 登记结婚后，按照男女双方约定，女方可以成为男方家庭的成员，男方可以成为女方家庭的成员。

**《民法典》第一千零五十八条** 夫妻双方平等享有对未成年子女抚养、教育和保护的权利，共同承担对未成年子女抚养、教育和保护的义务。

## 律师评析

《民法典》第 1058 条为【夫妻抚养、教育和保护子女的权利义务平等】条款，此条规定，夫妻双方既平等享有对未成年子女抚养、教育和保护的权利，又共同承担对未成年子女抚养、教育和保护的义务。

父母对子女的爱是人间至爱，是整个社会和谐稳定、文明进步的最原始的驱动力。父母对子女的爱，是天生的、自然的、本能的爱，犹如江河奔流，沛然而莫之能御。

父母照料子女是一种本能，一种“享受”，所以，父母对未成年子女抚养、教育和保护，是一种权利。而且未成年子女在成年以前，缺乏独自生活、学习和进行社会活动的能力，也需要父母对其进行抚养、教育和保护。

父母照料未成年子女同时也是一种责任，一项必须完成的任务，所以，《民法典》规定父母承担对未成年子女抚养、教育和保护的义务。

男女平等、夫妻同权的原则贯穿整个《民法典》，对未成年子女抚养、教育和保护的权利义务对于夫妻双方而言也是“平等享有”“共同承担”的。至于结婚后，女方可以成为男方家庭的成员，男方可以成为女方家庭的成员，实际上也是男女平等、夫妻同权的原因。

综上所述，刘家贵在婚后在胡家生活，成为家庭一员是完全可行的。但胡可宜不应以孩子姓胡为由剥夺刘家贵对胡斐然抚养、教育和保护的权利。刘家贵也不应因个人意气用事而不去履行对胡斐然抚养、教育和保护的义务。

## 律师提示

1.《民法典》第1058条在之前法律规定的“抚养”“教育”的基础上增加了“保护”的内容，这实际上是加强了对未成年人的保护，有利于未成人的身心安全、健康成长。

2. 夫妻双方在家庭生活，未成年子女抚养、教育和保护方面的地位是平等的，权利义务也是平等的，一方不能肆意剥夺另一方的权利，也不能逃避自己应尽的法定的、强制的义务。

3. 类似夫妻双方对未成年子女抚养、教育和保护这种既是权利又是义务的，还有“劳动”“接受义务教育”等。

## 问题 18：约定了“AA 制”能免除夫妻扶养义务吗？

飞飞和小白是大学同学，也是恋人。经过四年多的恋爱，两人准备结婚了。

因为双方家庭条件差距较大，两个人的消费观念很不相同，为了避免婚后为了“钱”的事情闹矛盾，两人立下了“AA 制”协议：结婚前、结婚后双方的财产均归各自所有，各自的债权债务由各自负责，家庭日常开销两人平摊，各自不得干涉对方的消费，也不得以任何理由向对方索要钱财。

两人登记结婚后，除了房租一人一半，谁也不向对方要钱，谁也不管对方怎么花钱。小日子过得自由自在，飞飞和小白都觉得这种 AA 制的生活还挺不错的。

不知不觉间三四年过去了，小白不幸患上了淋巴癌，需要进行化疗。治疗不仅花光了小白自己的全部积蓄，而且他因无法工作而收入骤降，医疗费用都难以为继。

小白听说夫妻间有互相扶养的义务，但是他觉得既然双方签订了“AA 制”协议，所需医疗费用就应当由他自行承担，而且他还害怕一开口借钱，飞飞会以“AA 制”协议里约定的“各自财产均归各自所有，也不得以任何理由向对方索要钱财”为由拒绝。

请问：假如小白要求飞飞支付自己的医疗费用，飞飞能以双方签订过“AA 制”协议为由，拒绝扶养小白吗？

## 律师解答

**飞飞不能以双方签订过“AA 制”协议为由，拒绝扶养小白。**

**《民法典》第一千零五十九条** 夫妻有相互扶养的义务。

需要扶养的一方，在另一方不履行扶养义务时，有要求其给付扶养费的权利。

**《民法典》第一千零六十五条** 男女双方可以约定婚姻关系存续期间所得的财产以及婚前财产归各自所有、共同所有或者部分各自所有、部分共同所有。约定应当采用书面形式。没有约定或者约定不明确的，适用本法第一千零六十二条、第一千零六十三条的规定。

夫妻对婚姻关系存续期间所得的财产以及婚前财产的约定，对双方具有法律约束力。

夫妻对婚姻关系存续期间所得的财产约定归各自所有，夫或者妻一方对外所负的债务，相对人知道该约定的，以夫或者妻一方的个人财产清偿。

## 律师评析

《民法典》第 1059 条为【夫妻相互扶养义务】条款；第 1065 条为【夫妻约定财产制】条款。

夫妻相互扶养是基于夫妻的特殊身份关系而在夫妻之间依法设定的一种义务。夫妻双方具有在生活上互相照应，在经济上互相供养，在日常生活上互相扶助，在精神上互为支柱的义务。扶养义务是源于夫妻人身关系的特定需要，基于婚姻家庭关系的责任而产生的一种不附任何条件且必须履行的法定义务。

夫妻约定财产制，是法律赋予夫妻双方的对婚前、婚姻关系存续期间取得财产所有权自由处分的权利，民事法律充分尊重当事人之间意思自治的约定，允许夫妻双方在不违反法律的情况下对相应财产作出各自所有、共同所有、部分共同所有等约定，是一种夫妻关系下特殊的财产分割制度。这种约定形成后，对夫妻双方都具有约束力，任何一方都应遵守。

但是，夫妻“AA 制”与扶养义务，是完全不同的两个概念和范畴，无论夫妻就财产归属、家庭支出、债权债务等作出过何种约定，都不能因此免除各自的法定的、具有一定强制性的夫妻之间相互扶养的义务。即使离婚，如果一方生活困难，有经济实力的另一方应给予一定的经济帮助，这是对双方的权利、义务的调整，与双方之间的财产约定无关。

上述案例中，在小白身患重大疾病，自身已经无力承担医疗费用的情况下，飞飞依法应对小白履行扶养义务，须为小白支付医疗费用，而不能以“AA 制”约定作为拒绝扶养的“盾牌”。

## 律师提示

1. 扶养、抚养、赡养要分清：夫妻有互相扶养的义务，父母对子女有抚养教育的义务，成年子女对父母有赡养扶助的义务。这些又都属于广义上的“扶养”。

2. 只有“需要扶养”时，一方才能要求另一方支付扶养费。“需要扶养”一般是指要求扶养的一方年老、病残、丧失劳动能力又无其他经济来源，生活发生困难的情况。司法实践中一般是以一方丧失独立生活能力为条件。

关于扶养费的标准，司法实践中，可结合当地的生活水平，需要扶养一方所需的医疗费、生活费及需要扶养一方的收入状况等综合考虑。

3. 夫妻扶养是法律规定的义务，夫妻之间不可随意选择、抛弃，也不能通过签协议的方式来免除。只要夫妻关系存在，就得履行扶养义务，不受夫妻感情好坏的影响。

## 问题 19：违反夫妻间财务约定购买的商品能退货吗？

艾丽娅与葛兰特是一对“飘”在上海的小夫妻，为了尽快买房，两个人都找了一份能发挥自己特长的兼职：艾丽娅的兼职是某培训类 App 的线上口语课老师，葛兰特则是到别人家里教小提琴。

这是开源。

艾丽娅还把家里的日常开支都做了计划，列了明细表，精准控制、严格执行。因为葛兰特属于冲动型的消费者，两人还特意写了份备忘录，里面约定，葛兰特单笔 1000 元以上的开支，必须提前三天报备，经艾丽娅同意后，方可实施。

这是节流。

上海湿冷的冬天来了，两人最头疼的就是洗衣服和晾晒衣服了。葛兰特提议买一台能洗衣服能烘干的洗衣机，可上网一查，怎么也得好几千元，艾丽娅又舍不得买了。

这一天，葛兰特去学生家教琴，走在路上忽然下起了雨。因为舍不得打车，等他到了学生家，身上穿的大衣都淋湿了。但是等到下课时，学生家长已经用自家带烘干功能的洗衣机帮葛兰特洗干净了大衣。穿着干干净净还带着一丝暖意的大衣，葛兰特一时冲动，直接在网上下单购买了一台和学生家一样型号的洗衣机，花了 7000 多元。到家后，葛兰特吞吞吐吐地告诉了艾丽娅，艾丽娅气得从沙发上跳起来：“这台洗衣机总价超过 1000 元了，你严重违约，必须退货！”

请问：艾丽娅能以葛兰特违反夫妻两人的约定为由退货吗？

## 律师解答

**艾丽娅不能以葛兰特违反夫妻二人的约定为由退货。**

**《民法典》第一千零六十条** 夫妻一方因家庭日常生活需要而实施的民事法律行为，对夫妻双方发生效力，但是夫妻一方与相对人另有约定的除外。

夫妻之间对一方可以实施的民事法律行为范围的限制，不得对抗善意相对人。

## 律师评析

《民法典》第 1060 条为【日常家事代理权】条款。所谓夫妻日常家事代理权，是指夫妻一方因家庭日常生活需要与第三人进行一定法律行为时，夫妻双方均有相互代理的权利。因此，只要是为家庭日常生活需要而实施的民事法律行为，夫妻任何一方都有单独的处理权。而所谓家庭日常生活需要，是指通常情况下必要的家庭日常消费，主要包括正常的衣食消费、日用品购买、子女教育、老人赡养等各项费用，是维系一个家庭正常生活所必需的开支。

夫妻是婚姻生活的共同体，在处理家庭日常事务的范围内，夫妻互为代理人，这是婚姻的当然效力，属于法定代理。夫或妻任意一方就家庭日常生活需要与第三人发生法律行为时，无须得到对方的授权，也不必以对方名义为之，该行为的法律后果直接约束夫妻双方。但是，如果“夫妻一方与相对人另有约定的”，可以从其约定，不对夫妻另一方发生效力。例如，妻子因出席某典礼找好友借珠宝，并且与好友说明，这事与其丈夫无关。那么，丈夫就不用承担妻子借珠宝所产生的权利义务。

《民法典》为了保护善意相对人，规定夫妻对内的约定不能对外对抗善意相对人，也就是说夫妻之间的约定，别人不用遵守。

上述案例中，艾丽娅和葛兰特约定“葛兰特单笔1000元以上的开支，必须提前三天报备，经艾丽娅同意后，方可实施”，这条约定是有效的，对于他们二人是有约束力的。但外人（卖洗衣机的人）并不知道这条约定，当然也就不受这条约定的约束了。

## 律师提示

1. 司法实践中，家庭日常生活需要的范围，可以参考衣食消费、日用品购买、子女教育、老人赡养等家庭消费，根据双方的职业、身份、资产、收入、兴趣、家庭人数等夫妻共同生活的状态，以及当地一般社会生活习惯予以认定。

2. 善意相对人，又称善意第三人，此处的“善意”是民法上的概念，不是善良的意思，主要指该相对人自身没有过错，也没有可归责于其的行为。善意相对人的标准通俗解释就是：不知情、无过错。

3. 其实不仅仅是夫妻之间的约定，所有的约定都只是对内（约定的各方当事人）有效，对外不能对抗善意相对人，不对约定之外的其他人产生约束力。

## 问题 20：为什么我不能继承“老公”的遗产？

宁梦和卜鸿安刚买了新房，宁梦请了闺密安可怡和她老公黄子彬来新家做客。卜鸿安和黄子彬开车出去钓鱼，宁梦和安可怡边做饭边聊天。

安可怡羡慕地说：“梦梦啊，你家这新房子真不错，户型好，还是复式。不过你家原来那老房子也不错，虽然小了一点，但是是学区房，卖了可惜了。”

“哈哈，我家老房子没卖！”宁梦得意地说。

“咱们这样的情况，本市不是限购第二套房屋吗？你们怎么弄的？”安可怡迫不及待地追问。

于是，宁梦把他们的“妙招”告诉了安可怡：离婚，把老房子放到宁梦名下；因为卜鸿安的收入高，好办贷款，以卜鸿安的名义贷款买新房。

安可怡问：“那你们复婚了没？”

宁梦不慌不忙地回答：“急啥，老夫老妻的，那张纸有没有又有什么区别呢？再说，我听说最近要征房产税了，我们想再观望观望。”

天有不测风云，人有旦夕祸福。卜鸿安和黄子彬在钓鱼回来的路上发生了车祸，两人当场死亡。

伤心归伤心，后事还得处理。安可怡顺利地将黄子彬的遗产继承事宜办理完毕了，宁梦这边却遇到了障碍，她被告知，他们夫妻最大的财产——新房子，她无权继承！

请问：宁梦为何不能继承卜鸿安的遗产呢？

## 律师解答

夫妻有相互继承遗产的权利，但宁梦和卜鸿安不是法律认可的“夫妻”，故宁梦无权继承卜鸿安的遗产。

《民法典》第一千零六十一条　夫妻有相互继承遗产的权利。

## 律师评析

《民法典》第1061条为【夫妻相互继承权】条款。夫妻互相享有继承权，是法律对于夫妻是近亲属、家庭成员的确认，是夫妻双方在婚姻关系、家庭关系中地位平等的一个重要标志。

夫妻间的继承权以夫妻的特殊人身关系为前提，是基于婚姻的法律效力而产生的。因此，只有具备合法婚姻关系的夫妻双方，才能以配偶身份继承对方的遗产；没有登记结婚的以夫妻名义同居者，则无权以配偶身份继承对方的遗产。

上述案例中，安可怡和黄子彬是夫妻关系，所以，安可怡有权以配偶身份继承黄子彬的遗产。而宁梦和卜鸿安为了规避当地的房屋限购政策，办理了离婚手续。虽然两人仍旧以夫妻名义生活在一起，但已经不是法律认可、保护的夫妻关系了。因此，宁梦无权继承卜鸿安的遗产。

## 律师提示

1. 我国以夫妻共同财产制为法定财产制，因而当夫妻一方死亡，其遗留的财产状态多为夫妻共同财产，并非全部是死者的遗产。在继承前，必须首先对夫妻共有财产进行认定和分割，确定死者个人遗产的价值和范围。也就是说，要先把死者遗产中的夫妻共同财产中属于配偶的份额剔除，剩余部分才是死者真正的遗产。

2. 夫妻互为第一顺序继承人，享有同等的继承权；第一顺序继承人除配偶外，还有子女、父母。

3. 婚姻关系依法有效缔结之后，合法有效终止之前，配偶一方死亡的，另一方享有继承权。而且夫妻继承权不受婚姻存续时间长短的影响，极端的例子如登记结婚第二天、准备离婚的前一天，夫妻一方死亡的，其配偶也享有继承权。

# 问题 21：个人财产炒股赚的钱是夫妻共同财产吗？

世钧是个理工男，数学专业硕士毕业后，他醉心于炒股，几乎没去上过班。不知世钧是真掌握了炒股的诀窍，还是运气过人，几年下来，赚得盆满钵满。

有一天，世钧在某奢侈品店遇见了一个名叫白莲的女子，在白莲热情主动的攻势下，他们很快就结婚了。

世钧把自己的资产三等分，每一份都有约 3000 万元，一份在结婚登记前赠与了自己的父母；另一份留着继续炒股；最后一份用来买婚房、买汽车，并把他的大额信用卡拿给白莲花，自己从不过问。

好景不长，世钧有次和某位朋友谈起了自己与白莲交往的过程，朋友说他被骗了，并发给他一份电子文档。世钧打开一看，里面描述的套路果然在他身上都能验证。经过调查，世钧惊讶地发现白莲离异且生育过子女，有过前科，整过容，而且在婚后用他的信用卡买了很多东西在网上售卖赚钱……

世钧要和白莲离婚，可白莲不仅提出要婚房、汽车，还要他婚后炒股的盈利约 2000 万元。世钧认为，婚后炒股用的都是他的婚前个人财产，盈利也应是他的个人财产，不是夫妻共同财产，白莲无权分割。

请问：婚姻关系存续期间，使用一方个人财产炒股赚的钱是夫妻共同财产吗？

## 律师解答

**婚姻关系存续期间，个人财产炒股赚的钱一般也是夫妻共同财产。**

**《民法典》第一千零六十二条** 夫妻在婚姻关系存续期间所得的下列财产，为夫妻的共同财产，归夫妻共同所有：

（一）工资、奖金、劳务报酬；

（二）生产、经营、投资的收益；

（三）知识产权的收益；

（四）继承或者受赠的财产，但是本法第一千零六十三条第三项规定的除外；

（五）其他应当归共同所有的财产。

夫妻对共同财产，有平等的处理权。

## 律师评析

《民法典》第 1062 条为【夫妻共同财产】条款。《民法典》以婚后所得共同制为法定财产制，在婚姻关系存续期间，夫妻双方或一方所取得的财产，除法律另有规定或者夫妻另有约定外，均为夫妻共同所有，夫妻对共同所有的财产，平等地享有占有、使用、收益和处分的权利。

《民法典》第 1062 条列举了夫妻共同财产的种类与范围。其中，“劳务报酬”“投资的收益”等为《民法典》新增内容，是对夫妻共同财产范围的扩大。“劳务报酬”和工资、奖金的性质类似，都是婚姻关系存续期间的劳动收入。“投资的收益”则相对复杂一些，既指夫妻一方利用共同财产进行投资所获的收益，也包含一方利用个人财产在婚姻关系存续期间进行投资活动所获得的收益。“其他应当归共同所有的财产”是兜底性的、具备扩容性的条款，方便将来把新出现的、新类型的“夫妻共同财产”纳入夫妻共同财产制内。

上述案例中，如果世钧的个人财产是存在银行里的，因此产生的存款利息在法律上叫孳息，个人财产产生的孳息也是个人财产。但世钧把这些个人资产用来炒股，股票的增值利益是基于投资行为产生的，与孳息有着本质区别，所以股票的增值部分被视为投资收益，即夫妻共同财产。另外，如果世钧在婚前买入股票后一直未加操作管理，因此而产生的股票增值部分应当视为一方个人财产的自然增值，属于夫妻一方的财产；反之，如果是婚后通过股票交易所得的投资收益，属于夫妻共同财产。与"婚后炒股收益"是夫妻共同财产一样的道理，在婚姻存续期间，如双方没有约定，夫妻一方个人财产在婚后产生的收益，除孳息和自然增值外，一般应认定为夫妻共同财产。

虽然从世俗眼光看，白莲不是一个诚实的人，但因为他们没有做过财产约定，适用法定的夫妻共同财产制，所以白莲有权要求分割世钧婚后炒股的盈利。

## 律师提示

1. 夫妻共同财产所有权的主体，只能是具有合法婚姻关系的夫妻。被宣告婚姻无效、被撤销婚姻以及同居关系的男女，都不能成为夫妻共同财产的主体。

2. 结婚并不改变男女双方个人财产的性质，夫妻一方的婚前财产仍然属于夫妻一方所有的个人财产，不因婚姻关系的延续而转化为夫妻共同财产。也就是说，结婚不可能把个人财产变成共同财产。

3. 并非所有的婚后所得财产都是夫妻共同财产。《民法典》第1063条规定的属于夫妻一方的个人财产，及第1065条关于夫妻约定归一方个人所有的个人财产的规定，是《民法典》对夫妻共同财产范围的缩小与限制。

# 问题 22：动拆迁所得是否属于夫妻共同财产？

华格致与海桐结婚五六年后，华格致婚前独立购买的一套房屋要动拆迁了。综合考虑之后，他决定选择货币补偿和产权置换相结合的补偿方式。评估下来，华格致一共可获得动拆迁补偿款 113 万余元。拆迁安置房屋，每一名被安置人可享受最多 50 平方米的申购面积，可按优惠价购置 35 平方米的安置房屋，优惠购置价每平方米比市面价格便宜约 1200 元。华格致和海桐均被视为被安置人，两人合计可按优惠价购置 70 平方米的安置房屋。

华格致用前述的 113 万余元动拆迁补偿款购买了一套面积为 96 平方米、价款为 87 万余元的安置房屋；动拆迁补偿款冲抵安置房屋购房款后，动迁组向华格致支付了 25 万余元。

海桐知晓此事后，认为安置房屋有自己贡献的“申购面积 50 平方米”及“优惠价购置面积 35 平方米”，故安置房屋应该属于夫妻共同财产，遂提出要把自己的名字写到安置房屋的产权证里，并且至少应该占 50% 的份额。

华格致则认为，被动拆迁的房屋是其婚前购买的，依法属于他的个人财产，安置房不过是财产形态的转化，依然属于个人财产。既然安置房不是夫妻共同财产，海桐当然无权去主张份额了。

请问：婚姻关系存续期间，动拆迁所得是否属于夫妻共同财产？

## 律师解答

本案中，华格致所得动拆迁补偿款及安置房屋均属于他的个人财产，但海桐对安置房屋的取得确有贡献，华格致应适当补偿。

**《民法典》第一千零六十二条**　夫妻在婚姻关系存续期间所得的下列财产，为夫妻的共同财产，归夫妻共同所有：

（一）工资、奖金、劳务报酬；

（二）生产、经营、投资的收益；

（三）知识产权的收益；

（四）继承或者受赠的财产，但是本法第一千零六十三条第三项规定的除外；

（五）其他应当归共同所有的财产。

夫妻对共同财产，有平等的处理权。

## 律师评析

《民法典》第 1062 条为【夫妻共同财产】条款。从该条表述看，并没有出现房屋的字样，但其实房屋只是财产的一种形式而已。判断一件财产是否属于夫妻共同财产，不能看其外在的形式，而是要从其取得时间、是否属于夫妻共同财产、夫妻之间有无约定等方面来判定。

因此，如果是属于夫妻共同财产的房屋动拆迁，那么动拆迁所得显而易见也当然是夫妻共同财产。同理，如果是属于夫妻一方个人财产的房屋动拆迁，那么动拆迁所得也应该是个人财产。

但是，动拆迁补偿安置是一个结合法律、政策、习惯的，比较复杂的问题，不仅有财产形态的转化，还有一些特定的政策、福利等。一方婚前的房屋在婚后动拆迁获得的动拆迁补偿利益（补偿款或者是安置房等），有时还包括了对家庭人口的补偿，或者有部分款项是因家庭成员配合动拆迁而给予的奖励，再或动拆迁安置的房屋中考虑了家庭成员的存在，是以家庭为单位给予的补偿，由此获得的该部分补偿款应为夫妻共同财产，配偶方应享有一定的份额。

上述案例中，海桐认为安置房屋有自己贡献的“申购面积 50 平方米”及“优惠价购置面积 35 平方米”，符合客观事实。但海桐的这种贡献并非必然产生，也不是基于法律规定而来。而是华格致根据动拆迁政策作出选择后才产生的。换言之，海桐的这种贡献并不能改变财产性质，她也不能基于这种贡献要求取得安置房屋的所有权。但华格致应该按照安置地房屋的市场价与优惠购置价之间的差额（每平方米 1200 元），给予海桐相应的适当补偿。

因此，动拆迁所得是否属于夫妻共同财产，不能一概而论，要具体情况具体分析。

## 律师提示

1. 在夫妻婚姻关系存续期间购买的房子，夫妻双方没有明确约定的话，房产证上即便只写了其中一方的名字，也是夫妻共同财产。此类房屋因故分割时，以均分为一般原则，动拆迁权益分割也是以均分为一般原则。

2. 如果夫妻双方在房产证上注明了各自的房产份额，那么以后分割该房屋时，就按照约定的份额进行分割，动拆迁权益分割也按约定的份额进行分配。

3. 公房，是指当事人只享有使用权或承租权而没有所有权的房屋，夫妻一方婚前承租的公有房屋，如果没有买下来成为售后公房，其动拆迁所得的分配具有较强的地域性、政策性差别，具体规定以咨询当地相关部门为宜。

# 问题 23：老公有权分我的人身损害赔偿款吗？

晚上 10 点多了，张大伟正在健身房里挥汗如雨地“撸铁”，电话响了，张大伟一看，是自己的老婆刘小美的闺密唐糖打来的。电话里唐糖带着哭腔说：“大伟，你快来医院，小美被人打伤了！”

原来，唐糖她们一行五六人，吃完晚饭后意犹未尽，又跑去 K 歌。其间有人又叫来了一位朋友——钱夫人。这位钱夫人霸气十足，到场后处处颐指气使，对大家呼来喝去。刘小美出声提醒了钱夫人几句，谁知道钱夫人听了竟然恼羞成怒，把手中的水杯朝刘小美扔了过来，正巧打在刘小美的耳朵上，刘小美的耳朵和半边脸颊当时就血肉模糊了。

张大伟到了医院，刘小美、唐糖、钱夫人、唐糖的几个朋友和警察都在。警察说钱夫人的行为可能涉嫌故意伤害罪（具体还要看刘小美的伤势是否构成轻伤），至少也得接受治安管理处罚，钱夫人可能会被拘留几天。如果双方能达成和解，或许能对钱夫人免予处罚。

医生检查完后，说刘小美的耳郭被划伤了，耳垂撕裂，但听力没受损，都是皮肉伤，是否构成轻伤医生也说不准。叫钱夫人来的那个朋友很不好意思，一直在求情，刘小美心一软，就同意和解了。张大伟出去“和谈”之前，问刘小美该要多少赔偿。刘小美伸出了一只手。

在张大伟的坚持下，双方谈妥了 50 万元的赔偿款。张大伟把和解协议拿给刘小美签字时，刘小美面露异色，但也没说什么。

后来，张大伟才知道，刘小美伸出一只手是表示 5 万元，不是 50 万元。张大伟趁机“邀功”：“多亏我出面，谈下了这么多赔偿款，咱们换一辆好一点的汽车吧？”刘小美不悦地反问：“你这是要花我的血汗钱吗？”张大伟说：“别说这么难听嘛，咱们是夫妻，这钱也算夫妻共同财产了，我也有份的。”

请问：张大伟有权分刘小美的人身损害赔偿款吗？

## 律师解答

**刘小美获得的 50 万元人身损害赔偿款属于其个人财产，张大伟无权分割。**

**《民法典》第一千零六十三条** 下列财产为夫妻一方的个人财产：

（一）一方的婚前财产；

（二）一方因受到人身损害获得的赔偿或者补偿；

（三）遗嘱或者赠与合同中确定只归一方的财产；

（四）一方专用的生活用品；

（五）其他应当归一方的财产。

## 律师评析

《民法典》第 1063 条为【夫妻个人财产】条款。我国实行夫妻共同财产制，婚姻关系存续期间取得的财产一般都是夫妻共同财产。但与此同时，夫妻双方依然拥有各自的个人财产，本条款就是界定夫妻一方个人财产的范围的。

“一方的婚前财产”不因结婚而转换成夫妻共同财产，结婚后，一方的婚前财产仍旧是其个人财产。“一方因受到人身损害获得的赔偿或者补偿”也是其个人财产，因为这种赔偿款是对遭受人身损害一方花费的医药费、交通费的弥补，是对受害者劳动能力减弱、收入减少的损失赔偿，是对受害者的精神抚慰。因此，这种依附于人身的损害赔偿补偿有很强的个人属性，应属于一方个人财产才公平合理。如果把这种人身损害赔偿补偿款界定为夫妻共同财产，可能会出现配偶放任或追求受害方的损害结果来获取赔偿谋利的情况，这显然是不道德的。“遗嘱或者赠与合同中确定只归一方的财产”也是个人财产，并非夫妻共同财产。“一方专用的生活用品”，如化妆品、衣物等，另一方也无法使用，因此界定为个人财产为宜。“其他应当归一方的财产”是概括性的、兜底性的、具备扩容性的条款，方便把前款未罗列的、新出现的、新类型的“个人财产”纳入法律保护的范围内。

另外，依照最高人民法院相关司法解释，军人的伤亡保险金、伤残补助金、医药生活补助费属于个人财产。

## 律师提示

1. 补偿一般是法律基于公平原则而作的填补性规定，目的是填补受害人的损失，对承担补偿责任的个体并不进行否定性评价，一般也不会让受补偿人额外受益。赔偿则是法律为了惩罚责任人而作出的惩罚性规定，目的不仅是填补受害人损失，更侧重惩罚责任人，对承担赔偿责任的个体进行否定性评价，受赔偿人有可能会获得超出实际损失的赔偿款。

2. 婚姻关系存续期间，夫妻一方作为被保险人依据意外伤害保险合同、健康保险合同获得的具有人身性质的保险金，也被认定为个人财产，但双方另有约定的除外（如指定另一方为受益人）。

3. 一方个人财产依法归属其个人，另一方不得限制、干涉一方处分、使用其个人财产，更不得侵占、转移、挥霍。

# 问题 24：婚内继承、受赠的财产是夫妻共同财产还是个人财产？

何自清有了外遇，想和老婆秋云离婚。正在他酝酿如何开口时，秋云的父母因为发现小偷入室盗窃，被心狠手辣的小偷杀人灭口了。秋云是独生女，发生了这种人间惨剧，正是需要人照料安慰的时候，何自清只能把离婚的念头先压了下来。

何自清也有自己的“小算盘”：秋云父母是做建材生意的，存款、股票、汽车样样都有，还有一套别墅、三套普通住宅和至少四五间商铺。保守估计这些资产价值两三千万元。秋云继承了以后，自己也能分一半呀！

秋云办完父母的后事，打开了他们存在银行的保险箱，拿出了遗嘱。秋云父母的遗嘱是在七八年前立下的，所以对他们立遗嘱后取得的财产（至少占整个遗产的 1/3）并没有提及。遗嘱里涉及的财产八成左右确定由秋云继承，而且注明只由秋云一个人继承；剩下的两成由秋云的祖父母、外祖父母均分。秋云把遗嘱中指定给自己的财产照单全收，把遗嘱没涉及的财产全部放弃继承，由其祖父母、外祖父母继承。

过了几个月，何自清提出离婚，并要求分割秋云继承的财产，说是夫妻共同财产。秋云冷冷一笑，问道：“憋不住了？你那点小伎俩当我不知道？告诉你，姓何的，我继承的财产全部是我的个人财产，你一分也分不着！”

请问：秋云继承的财产到底是夫妻共同财产还是个人财产呢？

## 律师解答

秋云遗嘱继承的财产属于她的个人财产，何自清无权分割。

**《民法典》第一千零六十二条** 夫妻在婚姻关系存续期间所得的下列财产，为夫妻的共同财产，归夫妻共同所有：

（一）工资、奖金、劳务报酬；

（二）生产、经营、投资的收益；

（三）知识产权的收益；

（四）继承或者受赠的财产，但是本法第一千零六十三条第三项规定的除外；

（五）其他应当归共同所有的财产。

夫妻对共同财产，有平等的处理权。

**《民法典》第一千零六十三条** 下列财产为夫妻一方的个人财产：

（一）一方的婚前财产；

（二）一方因受到人身损害获得的赔偿或者补偿；

（三）遗嘱或者赠与合同中确定只归一方的财产；

（四）一方专用的生活用品；

（五）其他应当归一方的财产。

## 律师评析

《民法典》第 1062 条为【夫妻共同财产】条款，第 1063 条为【夫妻个人财产】条款。按照此两条的规定，夫妻在婚姻关系存续期间“继承或者受赠的财产”，属于夫妻共同财产，但“遗嘱或者赠与合同中确定只归一方的财产”是一方的个人财产，不是夫妻共同财产。

夫妻财产共有制度本身是为了保护夫妻之间平等的地位，即夫妻之间分工不同，共同为家庭做出贡献，夫妻财产应当共有。根据这一立法精神，如果夫妻一方因为在婚姻期间为他人付出而继承或被赠与了财产，正常情况下另一方也有间接担当、付出，故配偶所获得的继承财产或受赠财产应为“夫妻共同财产”。但在一般的继承、赠与中，夫妻一方主要基于其特定的身份关系，如至亲、好友，或因赡养、帮助他人而得到继承财产或受赠财产，与夫妻一方是否结婚没有必然的因果关系。被继承人、出赠方有时也只想让夫妻一方获取继承财产或受赠财产，并无让夫妻双方都受益的想法。《民法典》第 1063 条第 3 项的例外规定灵活处理了此类问题，更符合法理人情，也更尊重被继承人、出赠方处分自己财产的权利，更符合被继承人、出赠方的真实意思。

另外，如果起诉离婚时一方可继承的遗产在继承人之间尚未实际分割，另一方应在继承人之间实际分割遗产后另行起诉，本次离婚案件中不做处理。

上述案例中，秋云父母的遗嘱里注明只由秋云一个人继承财产，所以由遗嘱继承而来的财产依法属于秋云的个人财产。秋云父母的遗嘱中未涉及的遗产依法适用法定继承，由秋云、秋云的祖父母、秋云的外祖父母作为第一顺序继承人予以均分。假如秋云继承了这部分财产，其继承的部分确实是她和何自清的夫妻共同财产。但秋云放弃继承这部分财产，她的这部分财产所得为“零”。秋云的所得为零，何自清的所得当然也是零。

## 律师提示

1. 发生继承时，有遗嘱的按遗嘱继承，没有遗嘱的就适用法定继承。婚姻关系存续期间，夫妻一方法定继承而来的财产属于夫妻共同财产。

2. 婚姻关系存续期间，夫妻一方接受他人赠与的财产属于夫妻共同财产。但如果赠与合同中“确定只归一方”，受赠所得的财产就是个人财产。因此，如果赠与人想让受赠人所得为其个人财产，必须签订书面的赠与合同，而且需要在赠与合同中表述为“赠与某某（夫妻一方），与其配偶无涉”。

3. 如果被继承人想让继承人继承所得遗产为其个人财产，必须立遗嘱，并在遗嘱中表述为“由某某（夫妻一方）继承，与其配偶无涉”。

## 问题 25：什么样的债务算夫妻共同债务？

金桔梗好不容易把 3 岁的儿子刘金和哄睡了，刚想放松一下，手机就响了，是一个陌生来电。她叹了口气，摁掉了来电。不用猜，又是追账的，追她丈夫刘凯元欠的账。

刘凯元是跑长途的货车司机，他自己买了冷柜车，挂靠在某运输公司名下。刘凯元的冷柜车是可以智能温控的新型冷链运输车辆，挂靠的运输公司有渠道，而且这种车辆运输对司机要求高，所以刘凯元不缺活儿，赚钱多，也不像别的长途车司机那么辛苦。即便如此，跑长途也是个枯燥辛苦的工作，跑了没两年，原来不抽烟的刘凯元不仅每天抽一包半香烟，还掉进了赌博的大坑。自打迷上赌博后，刘凯元前前后后找人借了七八十万元。亲戚朋友都借遍，后来甚至把车抵押了借高利贷。

为了这个事情，金桔梗和刘凯元没少吵架，刘凯元保证书也写了好几张，可就是戒不了赌。抵押车借的高利贷就像个无底洞，仅是利息就把人压得喘不过气，翻不了身。这几天眼看着本金要到期了，刘凯元怕债主来收车，干脆把车开出去躲债了。

金桔梗在网上咨询律师，律师说她老公借钱时她没签名，事后没追认，这笔钱也不算“夫妻一方在婚姻关系存续期间以个人名义为家庭日常生活需要所负的债务”，因此不属于夫妻共同债务，金桔梗不用归还。

请问：什么样的债务算夫妻共同债务？

## 律师解答

夫妻共同债务主要有三种情形：夫妻双方共同签名或者夫妻一方事后追认的债务；一方在婚姻关系存续期间以个人名义为家庭日常生活需要所负的债务；债权人能够证明用于夫妻共同生活、共同生产经营或者基于夫妻双方共同意思表示的债务。

**《民法典》第一千零六十四条** 夫妻双方共同签名或者夫妻一方事后追认等共同意思表示所负的债务，以及夫妻一方在婚姻关系存续期间以个人名义为家庭日常生活需要所负的债务，属于夫妻共同债务。

夫妻一方在婚姻关系存续期间以个人名义超出家庭日常生活需要所负的债务，不属于夫妻共同债务；但是，债权人能够证明该债务用于夫妻共同生活、共同生产经营或者基于夫妻双方共同意思表示的除外。

## 律师评析

《民法典》第 1064 条为【夫妻共同债务】条款。此条认定夫妻共同债务的逻辑是：夫妻有共同举债的意思表示的，按共同意思表示认定；无明确共同意思表示但符合家事代理范围内的“家庭日常生活需要”所负的债务，推定夫妻有共同意思表示，为夫妻共同债务；无法推定夫妻有共同意思表示的借款，则以是否用于夫妻共同生活、共同生产经营来确定是否属于夫妻共同债务。

同时，依照《民法典》相关司法解释的规定，除非债权人能够证明一方婚前所负债务用于婚后家庭共同生活，否则，婚前债务应认定为一方的个人债务。所以，婚前债务一般为个人债务。同时，离婚时，夫妻双方就财产分割问题作出处理的，债权人仍有权向男女双方主张夫妻共同债务。所以，离婚不能规避夫妻共同债务。

上述案例中，刘凯元借钱时金桔梗没签名，事后也没追认，故不存在“共债共签”。这笔钱是刘凯元为了赌博所借，也不算“夫妻一方在婚姻关系存续期间以个人名义为家庭日常生活需要所负的债务”。而且赌博是违法甚至犯罪的行为，这种非法之债也不应属于夫妻共同债务，故金桔梗不用归还刘凯元所借的债务。

要特别注意的是“为家庭日常生活需要所负的债务”。夫妻双方在处理夫妻共同财产上的权利是平等的，双方因家庭日常生活需要而产生的债务无须另一方同意，任何一方均有权决定。而且另一方也会是该笔债务的受益人，故另一方也因夫妻平权、家事代理、权利义务相匹配等法律原则，需要共同偿还该笔债务。一方为家庭日常生活所负的共同债务，原则上推定为夫妻共同债务，债权人无须举证证明。如果举债人的配偶一方反驳，认为该债务不属于夫妻共同债务，则由其举证证明所负债务并非用于家庭日常生活。

## 律师提示

1. 作为债权人，借出一大笔钱给已婚者，最好让借款方夫妻二人一起在借款合同、借条或借据上签字，或在夫妻一方签字后，请另一方补签、追认。这样形成的债务就是“共债共签”，依法属于“夫妻共同债务”。如果在借款时知道借款人要将该笔款项用于家庭日常生活，最好在借款合同、借条或借据上注明借款用途。居民家庭消费种类主要分为八大类：食品、衣着、家庭设备用品及维修服务、医疗保健、交通通信、文娱教育及服务、居住、其他商品和服务。司法实践中，一般会参考上述八大类家庭消费，并根据夫妻共同生活的状态（如双方的职业、身份、资产、收入、兴趣及家庭人数等）和当地一般社会生活习惯予以认定。

2. 作为借款方，若不想让该笔债务被认定为夫妻共同债务，必须签订书面协议，并在借款合同、借条或借据中表述“本债务为某某用于某某用途的个人债务，与其配偶某某无涉”。

## 问题 26：债权人如何证明借款是夫妻共同债务？

何杰和张军是关系不错的朋友，张军开了家小餐馆，何杰经常去店里吃饭，张军有时给何杰免单，有时就收个成本价。

一年前，张军提出店里生意不错，准备扩容，但手头有点紧，想向何杰借 20 万元周转一下，借期一年，每月可以给何杰 2000 元的利息。张军向何杰打了借条，借条载明：为生意周转借款 20 万元，月息 2000 元，借期一年。

之后，张军有时用微信、有时用支付宝按月支付利息。但张军的餐馆扩容之后上座率并不高，又因为盘店铺、装修、多招了员工等原因，一直在亏损。后来，张军无力偿还债务，干脆躲到外地去了。何杰通过电话、微信索要了几次借款后，张军直接把他的手机号码拉黑了。

何杰找到张军的妻子李娟，但李娟说，她没借这笔钱，不知道也没用过这笔借款，与她无关。何杰不甘心，去咨询律师。律师告诉他，这笔借款是张军以个人名义超出家庭日常生活需要所负的债务，不属于夫妻共同债务；除非何杰能够证明该债务用于夫妻共同生活、共同生产经营或者基于夫妻双方共同意思，否则不能让李娟偿还。

何杰很苦恼，不知道如何证明这笔借款属于夫妻共同债务。一天，他在整理张军向他支付利息的信息时，偶然发现支付宝里张军用来支付利息的账号有两个，一个是张军的，另一个是李娟的。何杰立即联系并质问李娟，而李娟辩称她不清楚这几笔支付宝记录，应该是张军偷拿她手机转给何杰的。

请问：这笔债务算夫妻共同债务吗？

## 律师解答

这笔债务算张军与李娟的夫妻共同债务，因为债权人何杰的支付宝记录能证明李娟参与了这笔债务的利息清偿。

**《民法典》第一千零六十四条** 夫妻双方共同签名或者夫妻一方事后追认等共同意思表示所负的债务，以及夫妻一方在婚姻关系存续期间以个人名义为家庭日常生活需要所负的债务，属于夫妻共同债务。

夫妻一方在婚姻关系存续期间以个人名义超出家庭日常生活需要所负的债务，不属于夫妻共同债务；但是，债权人能够证明该债务用于夫妻共同生活、共同生产经营或者基于夫妻双方共同意思表示的除外。

## 律师评析

《民法典》第 1064 条为【夫妻共同债务】条款。之前相当长的一段时间内，司法实践倾向于保护债权人利益。对于婚姻关系存续期间，一方具名借钱的，以推定夫妻共同债务为一般原则，以个人债务为例外。但《民法典》第 1064 条对于夫妻共同债务的规定表明，一方超出“家庭日常生活需要”所负债务，不属于夫妻共同债务；但债权人能够证明该债务用于夫妻共同生活、共同生产经营或者基于夫妻双方共同意思表示的除外。这是《民法典》对于债权人利益保护和非举债方配偶权益保护的一种平衡。

上述案例中，张军向何杰借钱时李娟没签名，事后李娟也没追认，故不存在“共债共签”。这笔钱数额较大，明显也不算“夫妻一方在婚姻关系存续期间以个人名义为家庭日常生活需要所负的债务”，故不符合夫妻共同债务的条件。因此，何杰若主张这笔钱是张军、李娟的夫妻共同债务，就需要证明“该债务用于夫妻共同生活、共同生产经营或者基于夫妻双方共同意思表示”。

由于家庭生活的私密性、钱款的高度流动性以及货币是种类物（俗话说的“钱与钱是没区别的”）等原因，何杰很难从“共同生活”方面举证这笔钱属于夫妻共同债务。李娟没有直接参与餐馆的经营，故何杰也无法从“共同经营”方面进行举证。但对于李娟用其支付宝支付借款利息的行为，虽然李娟本人辩称不知情，因此说法不合常理且没有证据予以证明，故应该据此推定李娟对于这笔债务是明知且同意的。何杰可以通过转账记录证明这笔债务“基于夫妻双方共同的意思表示”，从而证明其为夫妻共同债务。

## 律师提示

1. 司法实践中，债权人举证债务人的借款用途、流向往往是十分困难的，《民法典》之所以把该项举证责任分配给债权人，是引导债权人更审慎地对待大额债权债务，尽量让举债人夫妇“共债共签”。

2. 如果出借款项时没有“共债共签”，债权人事后应设法让夫妻中的非举债方通过其他形式追认，如在借据上补签字，出具还款承诺书，用电话、微信、短信或邮件洽商此事并留存好相关记录等，以便充分保护自己的合法权益。

3. 作为夫妻中的非举债方，对配偶的借款行为应当谨慎对待、应对，一旦与配偶共同签署借款协议，或者追认了配偶的债务，或者直接参与了借款的归还等，都将要承担共同还款的法律责任。

# 问题 27：要离婚了，婚内财产约定还有效吗？

龙兵离婚后，遇到了青春可人的尤佳佳。经过一年多的交往，两人结婚了。结婚时，龙兵有一套婚前购买的房屋，尤佳佳名下无房。

结婚后，尤佳佳对龙兵说，现在住的房子从装修到家居家电，到处都有龙兵前妻的影子，她住着很不舒服。而且，龙兵已经有了一套属于自己的个人房屋，她没有安全感，她希望两人能够签一份书面协议，约定，如果婚内购买了房屋，该房屋归尤佳佳个人所有。这样万一以后两人离婚了，她也有个落脚的地方。

龙兵听了又好气又好笑，同意了。几年后，两人真要买房了，尤佳佳又提起了此事。于是龙兵和尤佳佳签署了一份协议，约定："云起时"小区的房屋系两人共同出资购买，龙兵自愿放弃在该房屋的份额，该房屋产权归尤佳佳个人所有，与龙兵无关。于是，该房屋就只登记了尤佳佳一个人的名字。

因为种种原因，两人感情破裂了，尤佳佳起诉到法院要求离婚。龙兵听说尤佳佳是因为有了外遇才要离婚的，虽然没有证据，但他越想越气。他向法官提出，离婚可以，但"云起时"小区的房屋他要求分六成，因为该房屋是夫妻共同财产，而且尤佳佳是婚姻中的过错方，自己作为无过错方应该多分一些。尤佳佳则称龙兵是无端猜忌、血口喷人，况且这套房屋当初大家有约在先，就应该按约定来处理。龙兵称，当初之所以签那份"不公平"的协议是希望两人能一起幸福生活的，现在既然要离婚了，合同目的无法实现，这份协议当然就不作数了。

请问：要离婚了，婚内财产约定还有效吗？

## 律师解答

夫妻对婚姻关系存续期间所得的财产以及婚前财产的约定，对双方具有法律约束力，与夫妻二人是否要离婚无必然关联。

**《民法典》第一千零六十五条** 男女双方可以约定婚姻关系存续期间所得的财产以及婚前财产归各自所有、共同所有或者部分各自所有、部分共同所有。约定应当采用书面形式。没有约定或者约定不明确的，适用本法第一千零六十二条、第一千零六十三条的规定。

夫妻对婚姻关系存续期间所得的财产以及婚前财产的约定，对双方具有法律约束力。

夫妻对婚姻关系存续期间所得的财产约定归各自所有，夫或者妻一方对外所负的债务，相对人知道该约定的，以夫或者妻一方的个人财产清偿。

## 律师评析

《民法典》第 1065 条为【夫妻约定财产制】条款。《民法典》以婚后所得共有即夫妻共同财产制为法定财产制，婚姻关系存续期间，夫妻双方或一方所取得的财产，除法律另有规定或者夫妻另有约定外，均为夫妻共同所有（详见《民法典》第 1062 条）。但是，婚姻本身是一种特殊的契约，对于婚姻关系存续期间所得的财产及婚前财产，《民法典》允许夫妻之间通过协议的形式进行约定。一旦夫妻之间就财产进行了约定，将首先参照夫妻之间的约定，没有约定或者约定不明确的，才适用《民法典》第 1062 条【夫妻共同财产】、第 1063 条【夫妻个人财产】的规定。

夫妻财产约定可以排除法定财产制的适用，这种约定一旦形成，就对双方具有法律约束力。夫妻约定财产的形式多样：归各自所有、共同所有或者部分各自所有、部分共同所有。一句话概括就是，想怎么约定，就怎么约定。但是，这种约定一般不宜包括将一方个人财产约定为完全归对方所有的情形，因为这种无偿取得对方个人财产的约定实质上为无须支付对价的无偿赠与合同。这种情况，一般认为应该优先适用物权和合同的相关规定，而不是婚姻家庭法律的相关规定。

上述案例中，龙兵和尤佳佳对于婚内共同财产——婚后购买房屋进行约定分配，属于家庭内部行为，是两人的真实意思表示，也不涉及第三方的利益，故该婚内财产约定合法有效，对龙兵和尤佳佳具有法律约束力。

婚姻家庭关系具有较强的伦理道德属性，在离婚纠纷中一方主张撤销之前的婚内财产约定，应该较一般撤销的条件更为严苛，否则不利于家庭关系的稳定，不能体现家事法律关系的特殊性。

综上所述，这套房屋仍应该按双方之前的财产约定来处理，龙兵不能以二人要离婚为由主张撤销此前的约定。

## 律师提示

1. 婚前或婚内，当事人约定将一方所有的房产赠与另一方或共有的，赠与人在房屋过户或更名前可以反悔。经过公证的赠与合同赠与人不得随意撤销，所以，从受赠人角度而言，为了保证顺利获取受赠财产，应该去公证赠与合同。

2. 如果夫妻财产约定将生效条件、财产的取得条件或财产的分割条件与限制他人离婚自由挂钩，则相关约定会因违反法律规定、公序良俗，干涉婚姻自由而被认定无效。但该无效条款不影响夫妻财产约定其他条款的效力。

3. 对于债权人而言，这种夫妻约定财产制是对内的约定，夫妻以外的第三人不受该约定约束。但是如果债权人知道该约定，其债权清偿就有了一定限制，即只以夫或者妻一方的个人财产清偿。

# 问题 28：婚内能分割夫妻共同财产吗？

陈有仁和刘夏冰结婚快 20 年了。陈有仁又做生意又炒股，收益颇丰；刘夏冰是中学老师。两人经过多年积累，买了四套房子，日子过得平静而幸福。

然而，刘夏冰的父亲突发严重的脑出血，病情危重，住进了重症监护室，上了呼吸机，一天的费用将近 1 万元。出了这种事，儿女岂能袖手旁观？没几个月，刘夏冰就把家里的存款用了个七七八八。

刘夏冰提议陈有仁抛掉一些股票变现给父亲看病用。陈有仁问了刘夏冰父亲的主治医生，又问了自己学医的朋友，结论都是刘夏冰父亲的情况不容乐观，可能是个"无底洞"。但刘夏冰表示，不管花多少钱她都要救父亲，不行就卖房子！

过了一段时间，刘夏冰看陈有仁不愿意掏钱，就想把一套房子拿去挂牌。房产中介查询后对刘夏冰说："大姐，你这房屋有几百万元的抵押呢，抵押权人叫陈有义。"

陈有义是陈有仁的弟弟。刘夏冰这才发现，家里的每套房子都被抵押给了陈有义。刘夏冰跑去质问陈有仁，陈有仁说他不仅炒股，还炒期货，最近期货行情波动比较大，为了不被强行平仓，他就找弟弟陈有义抵押房屋借款，总共借了近 2000 万元。刘夏冰对此表示怀疑：陈有义一个普通的工薪阶层，哪里有这么多钱借给你？刘夏冰要看期货交易流水，陈有仁也不给她看。

刘夏冰生气了，想要分割夫妻共同财产。

请问：婚内能分割夫妻共同财产吗？

## 律师解答

本案中，因为陈有仁伪造夫妻共同债务，且不愿意支付刘夏冰父亲的医药费，刘夏冰可以在婚内向法院请求分割共同财产。

**《民法典》第一千零六十六条** 婚姻关系存续期间，有下列情形之一的，夫妻一方可以向人民法院请求分割共同财产：

（一）一方有隐藏、转移、变卖、毁损、挥霍夫妻共同财产或者伪造夫妻共同债务等严重损害夫妻共同财产利益的行为；

（二）一方负有法定扶养义务的人患重大疾病需要医治，另一方不同意支付相关医疗费用。

## 律师评析

《民法典》第1066条为【婚姻关系存续期间夫妻共同财产的分割】条款。《民法典》以婚后所得共同制为法定财产制。除了离婚，在婚姻关系存续期间，一般是不允许分割夫妻共同财产的。但是，如果出现了此条规定的两种情形之一，则在婚姻关系存续期间，夫妻一方也可以向法院请求分割共同财产。

对于此条第1款的情形，需注意以下几点：(1)需要行为人主观上具有“隐藏、转移、变卖、毁损、挥霍夫妻共同财产或者伪造夫妻共同债务”的故意，若一方无过错或者因为过失导致夫妻共同财产损失的，不属于该类情况。(2)损害夫妻共同财产利益的行为需要达到“严重”的程度，日常生活消费、经营支出一般不能被视为该类情况。(3)一方的损害行为正在进行或已经进行，客观上已经侵害了另一方的权益。

对于此条第2款的情形，需注意以下几点：(1)一方需要对患重大疾病的病人“负有法定扶养义务”。(2)一方负有法定扶养义务的人所患的是“重大”疾病，如癌症、心脏病、尿毒症等，而非普通的疾病；相关医疗费用指治疗疾病所必需的基本的、合理的费用，一般不包括护理费、营养费、非医嘱的保健品及器械费等。(3)需要是另一方主观上不同意支付该医疗费用，而不是因为家庭经济条件客观上无力支付。

上述案例中，陈有仁一方面在有经济条件的情况下不同意支付刘夏冰父亲的医疗费用，另一方面有伪造夫妻共同债务的行为(需要刘夏冰举证)，已符合《民法典》第 1066 条规定的条件，刘夏冰可以在婚内向法院请求分割夫妻共同财产。

## 律师提示

1. 不解除婚姻关系的前提下对夫妻共同财产予以分割其实是一种例外，只有在上述两种情形下方可予以分割。除此之外，婚姻关系存续期间，夫妻一方请求分割共同财产的，法院不予支持。

2. 主张分割夫妻共同财产的一方需要对另一方“隐藏、转移、变卖、毁损、挥霍夫妻共同财产或者伪造夫妻共同债务”或不同意支付其“负有法定扶养义务的人患重大疾病的医疗费用”进行举证。举证不能的，法院不予支持。

3.《民法典》规定的“负有法定扶养义务”包括：父母对于未成年子女的抚养义务；子女对父母的赡养义务；有能力负担的祖父母(外祖父母)对于父母已经死亡的孙子女(外孙子女)的抚养义务；孙子女(外孙子女)对祖父母(外祖父母)的赡养义务；有能力负担的兄、姐对父母已经死亡或无力抚养的未成年弟、妹的抚养义务；由兄、姐抚养长大的弟、妹对缺乏劳动能力又缺乏收入来源的兄、姐的扶养义务。

# 离　　婚

## 问题 29：无民事行为能力人能不能协议离婚？

韦玉米与李小军结婚后，感情一直不错，还生育了一对龙凤胎，小日子过得有声有色。但是好景不长，两个孩子长到四五岁时，韦玉米开始出现精神失常的表现：说话颠三倒四、对人喜怒无常，常常在家里打砸东西，无故殴打、伤害李小军和两个孩子。李小军觉得不对劲，把韦玉米送进当地的精神病医院诊治，医生诊断其患有精神分裂症。治疗了半年后，韦玉米的病情有所好转，李小军就把她接回了家。可两个孩子上小学一年级那年春节，韦玉米又犯病了，病情比上一次还严重。不仅拿刀追砍李小军，还要把两个孩子放进洗衣机里"洗洗干净"……好不容易熬过春节假期，李小军把韦玉米送到了精神病医院。但这次治疗了多半年也没有好转，医生说韦玉米"彻底疯了"，需要每天打镇静剂。

2020 年冬天，两个孩子过生日那天，李小军以为孩子庆生为由，把韦玉米接了出来。同日，李小军把韦玉米领到了当地民政局，李小军填写了离婚登记申请表，起草了离婚协议（子女由李小军抚养，财产主要归李小军），让韦玉米签字。民政局工作人员审核后，给韦玉米与李小军颁发了离婚证。办理完离婚手续，李小军又把韦玉米送回了精神病医院。

过了几个月，因为李小军拒绝再支付医疗费，韦玉米的父亲韦八斤才知道两人已经协议离婚了。韦八斤认为，韦玉米精神有问题，没能力协议离婚，他们的离婚是无效的。李小军认为，是两人亲自到民政局办的手续，离婚是有效的。

请问：韦玉米和李小军的协议离婚是否有效？

## 律师解答

韦玉米在离婚时是无民事行为能力人，故韦玉米和李小军的协议离婚是无效的。

**《民法典》第一千零七十六条** 夫妻双方自愿离婚的，应当签订书面离婚协议，并亲自到婚姻登记机关申请离婚登记。

离婚协议应当载明双方自愿离婚的意思表示和对子女抚养、财产以及债务处理等事项协商一致的意见。

## 律师评析

《民法典》第1076条为【协议离婚】条款。协议离婚也叫“双方自愿离婚”，是指婚姻关系的当事人达成离婚合意，并通过离婚登记程序解除婚姻关系的法律行为。

在我国，离婚只有两种途径：一种是到民政机关协议离婚，另一种是到法院诉讼离婚。协议离婚充分尊重婚姻当事人的意愿，程序简便，费用较少，大多数当事人都会把协议离婚作为优先考虑的离婚途径，通过非诉讼程序来解决离婚问题。协议离婚的特点主要有三点：(1)当事人双方都同意离婚。(2)当事人双方须亲自到民政机关按照离婚登记程序办理离婚登记，取得离婚证，解除婚姻关系。(3)当事人双方需要在离婚以及子女和财产问题上达成一致意见，形成离婚协议——这也是协议离婚的名称由来。

无民事行为能力人不能协议离婚，但无民事行为能力人可以诉讼离婚。如果无民事行为能力人的配偶有：损害无民事行为能力人身心健康；怠于履行监护职责，或者无法履行监护职责且将监护职责委托给他人，导致无民事行为能力人处于危困状态；严重侵害无民事行为能力人合法权益等行为，则其他有监护资格的人可以要求撤销无民事行为能力人配偶的监护资格，并依法指定新的监护人。变更后的监护人可以代理无民事行为能力人向法院提起离婚诉讼。

上述案例中，从表面形式上看，双方对离婚的意愿表示一致，并对财产分割和子女问题做了处理，实质上，韦玉米患有严重的精神疾病，离婚时正处于发作期，离婚行为是在其不能清醒、充分认知的情况下实施的，韦玉米无民事行为能力，当然也无协议离婚能力。综上，韦玉米和李小军的协议离婚是无效的。

另外，需要注意的是，案例中的当事人是在《民法典》施行前协议离婚的，2021 年 1 月 1 日《民法典》施行后，新增了“离婚冷静期”的规定，协议离婚得经过两关：第一关是“自婚姻登记机关收到离婚登记申请之日起 30 日内，任何一方都没有向婚姻登记机关撤回离婚登记申请”；第二关是“前款规定期限届满后 30 日内，双方亲自到婚姻登记机关申请发给离婚证”。之后，离婚双方才能领到离婚证。

## 律师提示

1. 只有在夫妻双方就离婚、子女抚养、共同财产、共同债务等问题达成一致时，才能去夫妻双方一方户口所在地的民政局办理协议离婚。否则，只能由一方起诉到法院诉讼离婚。

2. 协议离婚的双方应当共同申请、共同领证，不能委托办理，双方当事人提供的证件和证明材料应齐全真实。双方离婚当时应均不属于限制民事行为能力人或无民事行为能力人。

3. 离婚协议书需要由双方当事人共同拟定。双方可以提前协商起草好，但一般民政部门会要求当事人在办理现场书写、签字。离婚协议一式三份，男女双方各执一份，民政局备案一份。办理好离婚手续后离婚协议才生效（如果最终没有离婚，离婚协议便不生效）。

## 问题 30：离婚冷静期中可以撤回离婚申请吗？

23 岁那年夏天，刚失恋的魏雨果认识了同样刚和男友分手不久的余念慈，两个人越聊越投机，一个多月后，两人“闪婚”了。

共同生活后余念慈才发现，魏雨果是个“妈宝”。婆婆从早到晚都待在他们家，有时还会留宿。从窗帘颜色到每顿吃什么，都是婆婆说了算，魏雨果根本就没有自己的想法，这让余念慈非常不舒服。余念慈和婆婆发生矛盾时，魏雨果每次都站在他妈妈一边，让余念慈照顾他妈妈的心情。余念慈一时冲动，提出离婚，并且刺激魏雨果：“你不会离婚也要问问你妈的意见吧”？魏雨果被刺激到了，脖子一梗回答：“离婚就离婚！”

两人立即跑到民政局去办离婚，结果民政局的工作人员让他们填了离婚登记申请表后，又让他们回去“冷静冷静”。工作人员解释说，《民法典》实施后，民政局不能当场办理离婚了，要有 30 天的冷静期，冷静期内可以反悔。

余念慈赌气回了娘家。没想到，婆婆给她打来了电话：“果果和我说了，我觉得我是多事了，以后我不会来这么勤了，你们还是别离了吧？”魏雨果也每天给她发一段小视频。视频里，窗帘换成了她喜欢的款式，冰箱里塞满了她爱吃的东西……

余念慈有点不想离婚了，但又碍于面子不愿意主动求和。

这一天，民政局的工作人员给余念慈打电话，说魏雨果撤回了他们的离婚登记申请。

请问：协议离婚中，夫妻一方有权撤回离婚登记申请吗？

## 律师解答

在从离婚登记申请之日起 30 天的冷静期内，任何一方不愿意离婚的，都可以撤回离婚登记申请。

**《民法典》第一千零七十七条** 自婚姻登记机关收到离婚登记申请之日起三十日内，任何一方不愿意离婚的，可以向婚姻登记机关撤回离婚登记申请。

前款规定期限届满后三十日内，双方应当亲自到婚姻登记机关申请发给离婚证；未申请的，视为撤回离婚登记申请。

## 律师评析

《民法典》第 1077 条为【离婚冷静期】条款。作为《民法典》新增的内容，引起较大社会反响和巨大争议。依据该条规定，协议离婚得经过两关：第一关是自婚姻登记机关收到离婚登记申请之日起 30 日内，任何一方都没有向婚姻登记机关撤回离婚登记申请；第二关是前款规定期限届满后 30 日内，双方亲自到婚姻登记机关申请发给离婚证。之后，离婚双方才能领到离婚证。其中，第一关里的“收到离婚登记申请之日起三十日内”就是一个月的“离婚冷静期”。

在这一个月的离婚冷静期内，任何一方不愿意离婚了，都可以向婚姻登记机关撤回离婚登记申请。一方申请撤回离婚登记申请，该次协议离婚的程序就终结了。

那么，为何任意一方撤回双方一起提交的离婚登记申请，就能导致协议离婚程序无法继续进行呢？

因为，协议离婚不同于诉讼离婚，协议离婚必须由双方就离婚、子女抚养、共同财产分割、共同债务等完全达成一致意见才能进行。而诉讼离婚时，即使双方就上述部分乃至全部问题都无法达成一致意见，法官也可依职权进行判决。故协议离婚不仅要求离婚的双方当事人自愿、同时亲自到场，还必须能够统一意见、达成共识。如果一方不想离婚了，或者虽愿意离婚但就其他相关问题与另一方达不成一致意见，协议离婚就无法继续进行下去。任意一方撤回双方提交的离婚登记申请，即意味着双方不能统一意见、达成共识，该次协议离婚程序终止。

对于离婚冷静期的作用与意义，仁者见仁，智者见智。有人认为，离婚冷静期的规定限制了婚姻自由，给离婚设置了门槛、增加了难度。对此，有专家解释，设置离婚冷静期的本意并非要限制离婚自由，而是防止过于草率、冲动的“离婚自由”。无论如何，离婚冷静期的设置会使得协议离婚程序更加复杂，在一定程度上减少冲动型离婚的数量。

## 律师提示

1. 虽然实施了离婚冷静期制度后，协议离婚的用时、难度、不确定性等都会变大，但相对于诉讼离婚的耗时和花费，协议离婚仍然是相对便捷的离婚途径。

2. 目前，所有协议离婚的夫妻都适用离婚冷静期，包括双方有激烈的冲突、存在家庭暴力或者虐待的情形。这实际上不利于保护无过错方的权益，期待后续会有相应司法解释、实施细则改善这种情形。

# 问题31：离婚冷静期届满后怎样领到离婚证？

包罗年纪轻轻就开了一家公司，可谓青年才俊。经人介绍，包罗认识了向晓樱，两人一见钟情，三个月后就结婚了。

结婚没多久，包罗公司的两个项目进展不顺，亏得一塌糊涂。无奈之下，包罗开口向娘家家境殷实的向晓樱借钱，但向晓樱不但拒绝了包罗，还说男人应该自力更生，不要惦记她娘家的钱。包罗又想起两人的婚礼收了不少礼金，应该有二三十万元，提议把这些礼金拿出来应急。没想到向晓樱火冒三丈，指责他"骗财骗色"。

两人由此开始争吵、冷战、分居，夫妻感情出现裂痕。后来，向晓樱听说包罗的公司运营艰难，开始拖欠员工工资了，怕牵连自己，提出离婚。包罗心灰意冷，同意了。

离婚冷静期的30天届满后，向晓樱立即约包罗去领离婚证。可包罗在外做项目，没法赶回来。向晓樱让包罗写了封代为申请颁发离婚证、代为领取离婚证的委托书给她。结果，民政局的工作人员不认可，要求包罗也要亲自到场，才能发给离婚证。

过了30多天，包罗回来了，向晓樱约包罗一起去民政局领离婚证。

请问：向晓樱和包罗这次去民政局能办妥离婚，领到离婚证吗？

## 律师解答

向晓樱和包罗这次去民政局无法领到离婚证。离婚冷静期届满后30天内，双方应当亲自到婚姻登记机关申请发给离婚证。他们二人超出30天才去领离婚证，依法“视为撤回离婚登记申请”。

**《民法典》第一千零七十七条** 自婚姻登记机关收到离婚登记申请之日起三十日内，任何一方不愿意离婚的，可以向婚姻登记机关撤回离婚登记申请。

前款规定期限届满后三十日内，双方应当亲自到婚姻登记机关申请发给离婚证；未申请的，视为撤回离婚登记申请。

## 律师评析

《民法典》第1077条为【离婚冷静期】条款。前文已经提到，《民法典》实施以后，协议离婚得经过两关。上一篇文章讲了第一关，本篇主要探讨第二关。“前款规定期限届满后三十日内，双方应当亲自到婚姻登记机关申请发给离婚证；未申请的，视为撤回离婚登记申请。”这句话包括了如下意思：(1)为期30天的离婚冷静期届满。(2)申请发给离婚证的日期可以是届满后的第二天到届满后的第30天中的任意一天，但不能提前也不能逾期。(3)必须两人同时到场，到场后还要“申请发给离婚证”，而不是直接领取离婚证（换言之，即便双方同时到场，只要双方或一方反悔，不申请发给离婚证，仍然无法离婚）。(4)不符合上述三点的，认定为“未申请发给离婚证”，其法律后果就是“视为撤回离婚登记申请”。“未申请发给离婚证”其实是一个消极的、不作为的行为，所以此处的“视为撤回离婚登记申请”是一种推定。

因此，根据《民法典》关于离婚冷静期的规定，双方在提交离婚申请后，实际上有两次反悔的权利与机会：一是提交离婚申请后30天内，可以撤回离婚登记申请；二是前款规定期限届满后 30 天内，可以不去申请发给离婚证。而且任意一方都可以单独行使这种反悔的权利，利用这种反悔的机会。

综上所述，向晓樱和包罗因为没有在规定的期限内“申请发给离婚证”，被“视为撤回离婚登记申请”，二人此次同去也无法在民政局领到离婚证。

## 律师提示

1. 按照《民法典》关于离婚冷静期的规定，一对夫妻去民政局申请离婚，必须经历第一次提交申请和最终办理离婚证两个阶段。整个过程从申请离婚时开始计算，最短 31 天可离婚，最长 60 天可离婚。

2. 从目前离婚冷静期的规定来看，离婚冷静期并无次数限制，如果夫妻一方先假意同意协议离婚，然后每次都利用离婚冷静期任意一方都可以单独行使反悔的权利来撤回离婚登记申请，无疑将迫使一些本准备协议离婚的人转而选择诉讼离婚。

3. 如果符合重婚或者与他人同居；实施家庭暴力或者虐待、遗弃家庭成员；有赌博、吸毒等恶习屡教不改；因感情不和分居满二年，经法院判决不准离婚后，双方又分居满一年等法定的“夫妻感情破裂”的情形，当事人完全可以通过诉讼离婚的途径来解除婚姻关系。

## 问题 32:“假离婚”的离婚登记有效吗?

任华亮在海鲜一条街租了间大商铺，做海鲜批发生意，原本生意十分红火。谁承想，海鲜一条街因市政规划原因被关停，新市场位置十分偏远，他的生意因此大受影响。为延长海鲜存活时间，任华亮偷偷往水里添加了违禁的“海鲜活力剂”，结果被有关部门查出，任华亮被罚了一大笔钱，海鲜生意也由盛转衰，开始亏损并外欠债务。为躲避债务，也为了规避本市房屋限购政策购买学区房，任华亮和妻子汪燕芳决定“假离婚”。

2019 年 5 月，双方在民政局签订了一份离婚协议，约定：双方同意解除夫妻关系；孩子的抚养权归任华亮，汪燕芳每月支付抚养费 1500 元；两套房子及两辆车子均归汪燕芳所有；存款共 250 万元，其中 150 万元归任华亮，100 万元归汪燕芳；一切债权债务与汪燕芳无关。办理离婚时，汪燕芳口头称等任华亮买好了给女儿的学区房就复婚，学区房的按揭两个人一起还。为了“演”得逼真一些，房屋和车辆都办理了过户手续，夫妻俩也一直分别住在两套房子里。结果，任华亮付好学区房首付，买下房屋后，汪燕芳却不愿意复婚了，也不承担学区房的按揭，反而跟任华亮索要他住在自己房子里的“房租”。

任华亮人财两空，十分不忿。于是，他通过微信、电话录音等方式固定了两人为“逃避债务”“购买学区房”而离婚，以及汪燕芳当初“承诺复婚”的证据，随后任华亮提出两人是“假离婚”，是不作数的，要求汪燕芳要么复婚，要么重新分割财产，否则就去法院起诉汪燕芳。

请问：“假离婚”的离婚登记有效吗？

## 律师解答

我国法律中并没有关于"假离婚"的规定，如果夫妻办理了离婚登记，那么这个离婚在法律上就是有效的。任华亮和汪燕芳的离婚登记有效，也不应对财产重新分割。

**《民法典》第一千零七十八条**　婚姻登记机关查明双方确实是自愿离婚，并已经对子女抚养、财产以及债务处理等事项协商一致的，予以登记，发给离婚证。

## 律师评析

《民法典》第 1078 条为【离婚登记】条款。本条款表明，办理离婚手续仅须男女双方自愿，并已经对子女抚养、财产以及债务处理等事项协商一致即可。

《民法典》本条款与《婚姻法》(已失效)相关规定有两点区别：(1)把"并对子女和财产问题已有适当处理"修订为"并已经对子女抚养、财产以及债务处理等事项协商一致"，赋予婚姻关系当事人处分子女、财产问题更大的自主、自由。也就是说，只要夫妻之间能协商一致，哪怕一方"净身出户"，也是完全合法的。(2)新增了"债务处理等事项"，不仅平衡了权利与义务，提示大家不要只注重"分割夫妻共同财产"的权利，还要兼顾"债务处理"的义务；对债权人和非举债方利益保护也予以适当的平衡，提示举债的婚姻当事人在离婚时应向非举债方披露债务情况。

要注意的是，离婚登记的审查内容仅限于《民法典》第 1078 条规定的内容，无须审查双方是否感情破裂，无须考虑双方办理离婚登记的理由。上述案例中，任华亮、汪燕芳自办理离婚登记之日起已解除夫妻关系。任华亮以双方夫妻感情尚未破裂，办理离婚登记只是为了逃避债务、规避购房政策为由，主张双方实际上为"假离婚"，离婚登记无效，缺乏法律依据。离婚时，任华亮与汪燕芳就财产问题、债务问题协商一致，且已经实际履行。就法律层面而言，相关财产已实际归汪燕芳所有，汪燕芳对财产具有完全支配权，应予认可与维持。

## 律师提示

1. 离婚协议书自夫妻双方签字时成立，但不发生法律效力，只有办理离婚手续后离婚协议才生效。司法实践中，处理离婚协议书纠纷时，一般优先适用婚姻方面的有关规定，不存在此类规定时，才可以适用合同方面的相关规定。

2. 所谓“假离婚”，是指男女双方仍有夫妻感情但为了其他目的（如购房、动拆迁、贷款等）而办理离婚登记的情形。然而，离婚与否仅需要看双方有无办理离婚登记，办了离婚登记就是“真离婚”，法律上不存在“假离婚”的说法。

3. 一旦办理离婚手续，男女双方就是单身了，均可自由与他人登记结婚。而且根据婚姻自由的原则，即便双方约定复婚，该约定也是无效的，不产生法律上的约束力。“假离婚”不受法律保护，全凭当事人自身的道德约束。离婚是重大事情，应慎重对待。

# 问题33:“重婚”和“与他人同居”有什么区别?

付高爽和云锦裳已婚且育有一子,但双方感情并不融洽,争吵时付高爽还会动手打云锦裳。2017年,不堪忍受的云锦裳外出打工了。

云锦裳打工时认识了郑重山,两人渐渐互生好感,发展为男女朋友关系,但云锦裳并未告知郑重山自己已婚一事。为了能和郑重山名正言顺地在一起,2018年秋,云锦裳以夫妻感情破裂为由向付高爽户籍所在地法院起诉离婚。因付高爽不同意离婚,而云锦裳也未能提供充分证据证实两人已经感情破裂,法院未判决两人离婚。

2019年8月,云锦裳与郑重山的女儿出生了,郑重山一直催促云锦裳和自己结婚。云锦裳内心很焦虑也很矛盾。

2021年5月,心生怀疑的付高爽找上门来,发现云锦裳与郑重山不仅以男女朋友的身份住在一起,还生育了一个女儿!

盛怒之下,付高爽到当地派出所报案,称云锦裳与郑重山重婚。警方建议付高爽提起刑事自诉。于是,付高爽向法院提起离婚诉讼,同时提起控告云锦裳、郑重山涉嫌重婚罪的刑事自诉。

请问:付高爽诉讼离婚和刑事自诉能成功吗?

## 律师解答

离婚案件应该会判决离婚。但刑事自诉案件的诉求应该不会被法院支持。

**《民法典》第一千零七十九条** 夫妻一方要求离婚的，可以由有关组织进行调解或者直接向人民法院提起离婚诉讼。

人民法院审理离婚案件，应当进行调解；如果感情确已破裂，调解无效的，应当准予离婚。

有下列情形之一，调解无效的，应当准予离婚：

（一）重婚或者与他人同居；

（二）实施家庭暴力或者虐待、遗弃家庭成员；

（三）有赌博、吸毒等恶习屡教不改；

（四）因感情不和分居满二年；

（五）其他导致夫妻感情破裂的情形。

一方被宣告失踪，另一方提起离婚诉讼的，应当准予离婚。

经人民法院判决不准离婚后，双方又分居满一年，一方再次提起离婚诉讼的，应当准予离婚。

**《刑法》第二百五十八条** 【重婚罪】有配偶而重婚的，或者明知他人有配偶而与之结婚的，处二年以下有期徒刑或者拘役。

## 律师评析

《民法典》第1079条为【诉讼准予离婚】条款；《刑法》第258条为【重婚罪】条款。离婚诉讼中，如果出现了《民法典》第1079条列举的情形，调解无效的，法院“应当准予离婚”。需要指出的是，法院审理离婚案件，如果出现了该条第1项到第5项规定的情形，不因当事人有过错而判决不准离婚。

其中第一种情形“重婚或者与他人同居”中，“重婚”和“与他人同居”有所交叉但又不尽相同。重婚，顾名思义就是“结了两（多）次婚”，常见的重婚情形有三种：（1）有配偶者又与第三人结婚；（2）明知他人有配偶而与之结婚；（3）有配偶者与第三人以夫妻名义进行同居。与他人同居，则指已婚者和配偶之外的异性，没有办理结婚登记手续，不以夫妻名义，持续、稳定地共同居住的情形。

有配偶者又与第三人结婚、明知他人有配偶而与之结婚，对于这两种情形构成重婚，没有异议。实践中容易引发争议的是没有进行结婚登记但又同居的情况，如何分辨其是“重婚”还是“与他人同居”呢？区分的标准只有一个，即是否“以夫妻名义进行同居”。如果是以夫妻名义进行的同居，可以认定为重婚；反之，就是与他人同居。

上述案例中，云锦裳是已婚人士，她与郑重山的行为，无论是重婚还是与他人同居，都是应当准予离婚的情形。所以，无论她同意与否，法院都可以判决准予离婚。但重婚罪是需要明知的，云锦裳没有告知郑重山她是已婚人士，如果没有证据证实郑重山知道或应当知道，郑重山不构成重婚罪。云锦裳虽与郑重山同居，但两人是以“男女朋友”的名义同居的，周围人也没有产生误解，所以，即便两人生育了一女，云锦裳应该也并未构成重婚罪。

## 律师提示

1. 涉嫌重婚的有两种人：一种是重婚者，即已有配偶且没有解除婚姻关系又与他人结婚的人。另一种是相婚者，即明知对方有配偶而与之结婚的人。相婚者必须明知重婚者已经结婚才会涉嫌重婚罪。

2. 重婚罪一般是刑事自诉案件，由被害人到法院提起自诉。但如果情节比较严重、影响较坏，即使被害人不起诉，人民群众、社会团体或有关部门提出控告的，检察机关也可向法院提起公诉。

3. 重婚或者与他人同居导致离婚的，无过错的配偶有权请求损害赔偿。

# 问题34:不打老婆也会构成“家庭暴力”?

古炽宇和柳莎莎是青梅竹马的一对儿,两人的女儿古天姿聪明伶俐、多才多艺,一家人的小日子十分幸福。

古天姿上初中时,古炽宇和别人一起开办公司创业,结果不仅没有赚钱,反而赔得一塌糊涂,把家底儿乎都掏空了。柳莎莎为了补贴家用,开了家美容店,没想到生意越来越红火,没两年就开了四家分店。

古炽宇受了刺激,心情失落,染上了酗酒的毛病,眼看着柳莎莎的生意越做越好,他的心理越来越不平衡,逐渐变得多疑猜忌。喝醉了酒之后,古炽宇总会找碴打骂女儿,但因为每次古天姿的伤都不太严重,加上古炽宇酒醒后总是痛哭流涕地写悔过书、保证书,承诺绝不再犯,柳莎莎为了家庭的完整,一直忍让着古炽宇的行为。

在古炽宇又一次酒后打了古天姿且古天姿伤得不轻后,柳莎莎绝望了,她带着古天姿搬了出去,并且以古炽宇家庭暴力导致感情破裂为由向法院起诉离婚。

开庭时,古炽宇称自己从没打过柳莎莎,不算家庭暴力。

请问:古炽宇的行为构成家庭暴力吗?

## 律师解答

**古炽宇的行为构成家庭暴力,法院应当准予离婚。**

**《民法典》第一千零七十九条** 夫妻一方要求离婚的，可以由有关组织进行调解或者直接向人民法院提起离婚诉讼。

人民法院审理离婚案件，应当进行调解；如果感情确已破裂，调解无效的，应当准予离婚。

有下列情形之一，调解无效的，应当准予离婚：

（一）重婚或者与他人同居；

（二）实施家庭暴力或者虐待、遗弃家庭成员；

（三）有赌博、吸毒等恶习屡教不改；

（四）因感情不和分居满二年；

（五）其他导致夫妻感情破裂的情形。

一方被宣告失踪，另一方提起离婚诉讼的，应当准予离婚。

经人民法院判决不准离婚后，双方又分居满一年，一方再次提起离婚诉讼的，应当准予离婚。

## 律师评析

《民法典》第 1079 条为【诉讼准予离婚】条款。其中第 3 款第 2 项“实施家庭暴力或者虐待、遗弃家庭成员”的规定，也属于“应当准予离婚”的情形。

家庭暴力，是指婚姻关系的当事人以殴打、捆绑、残害、强行限制人身自由或者其他手段，给其家庭成员的身体、精神等方面造成一定伤害后果的行为。虐待家庭成员，是指共同生活的，相互之间具有一定亲属关系或者抚养、赡养、扶助关系的同一家庭的成员，经常采用打骂、冻饿、有病不给看、强迫劳动等方法，对其他共同生活的家庭成员进行肉体上、精神上的摧残和折磨。遗弃家庭成员，是指对家庭成员有赡养、抚养、扶养义务而拒不履行赡养、抚养、扶养义务的行为。

司法实践中，家庭成员之间日常的争执打闹、偶尔的身体轻微伤害一般不能算家庭暴力，须是经常性的和严重性的暴力行为才构成家庭暴力。也就是说，不是家庭成员之间偶尔推了一把、打了一拳就可以定性为“家庭暴力”。法律认定的家庭暴力需要造成身体上、精神上的一定伤害后果，即暴力行为导致了轻伤以上的严重后果，或者存在经常性的羞辱殴打等，司法机关才有可能认定构成家庭暴力。

需要注意的是，家庭暴力或虐待、遗弃行为的受害人不局限于婚姻关系的当事人，也包括其他家庭成员。上文故事中，古炽宇虽然没有殴打柳莎莎，但其殴打女儿古天姿也构成了“家庭暴力”。古炽宇的行为虽然没有造成古天姿、柳莎莎身体上的严重伤害，但该种暴力行为持续时间长、次数多且屡教不改，已经让古天姿、柳莎莎感到屈辱、恐惧，严重影响了她们的身心健康。因此，古炽宇的行为构成家庭暴力，法院应当准予离婚。

## 律师提示

1. 理论上，家庭暴力包括身体暴力、性暴力、精神暴力和经济控制四种类型。但由于精神暴力和经济控制不是针对受害人身体的有形的暴力伤害，目前法律规定不是十分明确，还需要立法的进一步完善。严重的家庭暴力、虐待遗弃家庭成员的行为不仅违法，还会涉嫌犯罪。

2. 在家庭暴力发生时，当事人应该立即报警，同时向居委会(村委会)、妇联、媒体等寻求救助，也可以同时向邻居和亲友求助，并保存好照片、录像、病历、检验报告、手术记录等资料。公安的出警笔录，相关组织出具的证明，邻居、亲友的证言，就诊资料等都可以作为证明家暴存在的证据。

3. 家庭暴力发生后，施暴人写的保证书、悔过书、情况说明等书面材料也是强有力的书证。退而求其次，当事人与施暴人之间的微信聊天记录、短信记录、电话录音，其他录音录像、证人证言等也可佐证家庭暴力的存在。

## 问题35：什么样的“分居”才算夫妻感情破裂？

独自在陌生城市打拼的女大学生婧香爱上了“英雄救美”的社会青年小丁，两人谈起了恋爱，不久就结婚了。

然而，高中都没上完就开始“混社会”的小丁婚后依然“江湖习气”不改，婧香屡次劝说无效，在陪小丁跑了不知道多少次医院看皮肉伤，去派出所交过不知道多少次罚款后，婧香再也受不了脾气又臭又硬的小丁了。给小丁过完他30岁生日的第二天，婧香搬走了，两人分居了。

一个月后，婧香去法院起诉离婚。小丁收到了诉状和传票，但他没有出庭。这次，法院判决不准离婚。

过了一年零一个月，婧香又起诉离婚了。这次开庭小丁来了。婧香说，两人因感情不和分居至今，符合《民法典》感情破裂的情形，应当准予离婚。小丁则认为两人分居不到两年，不能离婚。

庭审的最后，法官问：“原告，你是否坚持诉请？愿不愿意调解？”婧香坚定地点了点头：“我要离婚。我不愿意调解。”

请问：小丁和婧香这样分居的情形，是否“应当准予离婚”？

### 律师解答

**小丁和婧香这样分居的情形，“应当准予离婚”。**

**《民法典》第一千零七十九条** 夫妻一方要求离婚的，可以由有关组织进行调解或者直接向人民法院提起离婚诉讼。

人民法院审理离婚案件，应当进行调解；如果感情确已破裂，调解无效的，应当准予离婚。

有下列情形之一，调解无效的，应当准予离婚：

（一）重婚或者与他人同居；

（二）实施家庭暴力或者虐待、遗弃家庭成员；

（三）有赌博、吸毒等恶习屡教不改；

（四）因感情不和分居满二年；

（五）其他导致夫妻感情破裂的情形。

一方被宣告失踪，另一方提起离婚诉讼的，应当准予离婚。

经人民法院判决不准离婚后，双方又分居满一年，一方再次提起离婚诉讼的，应当准予离婚。

## 律师评析

《民法典》第1079条为【诉讼准予离婚】条款。“因感情不和分居满二年”，以及“经人民法院判决不准离婚后，双方又分居满一年，一方再次提起离婚诉讼的”，都是“应当准予离婚”的情形。

要注意的是，“经人民法院判决不准离婚后，双方又分居满一年，一方再次提起离婚诉讼的”中，两次提起诉讼的是同一方，才能适用该条款。如果是一方起诉后没有判决离婚，另一方又再次起诉的，不适用该条款。

分居，从字面意思看就是分开居住，有的夫妻因为就业、学习等原因不在一个地方生活，这种地理意义上的夫妻异地居住并不一定构成本条所指的分居。司法实践中所称的分居，实质上是以夫妻双方因为感情不和而不存在性生活的共同居住，互相不履行夫妻义务为标志的。如果双方虽然分开居住，但时不时一起过夫妻生活，这种情形下，一般也很难认定为“因感情不和而分居”。

“因感情不和分居满二年”中的“二年”与“经人民法院判决不准离婚后，双方又分居满一年”中的“一年”的计算方式不同：前者从提出离婚的夫妻二人共同认可的最后一次同居的第二天起计算，到提出离婚诉讼（向法院递交诉讼状）的当天止；后者从经法院判决不准离婚的法律文书生效之日的第二天起计算，到同一方提出离婚诉讼（向法院递交诉讼状）的当天止。分居时间应连续计算。如果分居后又同居，应从同居后又再次分居的时间重新计算分居时间。也就是说，不能把前后几次分居的时间累加计算。

上述案例中，小丁和婧香分居的原因是感情不和，婧香起诉后经法院判决不准离婚后，双方又分居满一年，婧香再次提起离婚诉讼，符合前述第二种“应当准予离婚”的分居情形。因此，小丁和婧香这样分居的情形，“应当准予离婚”。

## 律师提示

1. 社会上流传着一种“分居满二年自动离婚”的不实说法。事实上，离婚只有协议离婚和诉讼离婚两种途径，没有“分居满二年自动离婚”这回事。

2. 想离婚的一方在分居前、分居过程中，需要保留“感情不和”的相关证据。常见的证明感情不和的证据包括：之前的离婚诉讼资料，悔过书、保证书，调解记录，双方谈话的录音录像，网络通信工具上的聊天记录，双方往来的书信、电子邮件，证人证言等。

3. 常见的证明分居的证据有：双方签订的夫妻分居协议——如果是口头分居协议，必须对方承认才有效；一方在外居住的房屋租赁合同及相关产权资料、房租交纳记录等；一方向另一方发出的书面分居通知文书；双方往来的书信、电子邮件等能证明双方感情不和且分居的有关证据；证人证言；居委会、物业公司出具的分居证明等。

# 问题 36：什么时候算离好婚了？

赵无思 33 岁了，因为扛不住外界的压力，嫁给了离异无子，各方面条件都“马马虎虎”的许愿清。

一天，赵无思经人介绍到郭康开的手工定制服装店做裙子。郭康做的裙子和赵无思很相衬，郭康和赵无思也很相衬，难得的是，两个人都这么想。

赵无思下定决心要和许愿清离婚，去追求自己的幸福。而许愿清觉得自己被赵无思“甩掉”很丢脸，打死也不愿意协议离婚。于是赵无思搬了出去，和许愿清分居了。

赵无思去法院起诉离婚，第一次，法院没判决离婚。赵无思再去起诉，第二次，法院判决离婚了。

收到一审离婚判决书的第二天，赵无思就和郭康一起去民政局办理结婚登记。民政局的工作人员查了下记录后对他们说：“对不起，你们还不能结婚，因为赵小姐还没有离婚。”赵无思拿出了离婚判决书，民政局的工作人员仔仔细细看了一遍后说：“对不起，你们还是不能结婚，因为赵小姐确实还没有离婚。”

请问：民政局工作人员为什么这样说？

## 律师解答

**此时，赵无思和许愿清的婚姻关系还没有解除。**

**《民法典》第一千零八十条** 完成离婚登记，或者离婚判决书、调解书生效，即解除婚姻关系。

## 律师评析

《民法典》第 1080 条为【婚姻关系解除时间】条款。“完成离婚登记”，是指婚姻当事人在民政机关协议离婚，完成了所有离婚登记手续，一般会当场发放离婚证给双方。完成离婚登记即解除婚姻关系。

“离婚判决书、调解书生效，即解除婚姻关系”，是指婚姻关系的当事人去法院起诉离婚，法院依法制作民事判决书、民事调解书，该民事判决书、民事调解书发生法律效力后，即解除婚姻关系。民事调解书自双方签收后就开始生效。但是民事判决书的情况要稍微复杂一些。我国实行两审终审制，一审判决后有 15 天的上诉期。上诉期届满，无人上诉，该判决书就生效；上诉期内有人上诉，该判决书就不生效。二审判决为终审判决，没有上诉期，立即生效。

上述案例中，赵无思和郭康去登记时，赵无思持有的她和许愿清离婚案件的一审判决书还在 15 天上诉期内，是否生效待定。因为离婚判决书还没有生效，所以民政局的工作人员说赵无思还没有离婚。在离婚判决书生效前，赵无思和许愿清的婚姻关系还没有解除。

## 律师提示

1.15 天的上诉期自收到一审判决的次日起计算。案件当事人各方未同时送达的，各自按各自送达的时间计算上诉期。

2. 司法实践中，一审法院考虑送达需要一定的时间，当事人可能要邮寄上诉材料给一审法院，或者把上诉材料提交给了二审法院等情况，往往不会 15 天上诉期届满就立即确认一审判决生效，会稍微等待一段时间再行确认。当然，最终确认没有人上诉后，司法机关认定的一审判决生效时间依然是最后收到一审判决书的当事人上诉期届满的次日。

3. 目前，我国法律仅规定二审判决是生效判决，并没有明确具体的生效时间。司法实践中，主要有三种不同的观点：(1)二审判决作出之日生效；(2)二审判决宣判之日生效；(3)二审判决送达之日生效。笔者同意观点3。

## 问题 37：所有的军婚都受法律特殊保护吗？

肖樱与佘姬是一家单位的同事，也是好姐妹。在一次单位和附近军营的联谊活动中，两人结识了两名军人：霍影与陆飞。后来，肖樱和霍影、佘姬和陆飞分别相恋，登记结婚，她们都成了军嫂。

婚后初期，两对夫妻感情都还不错。但几年过去后，两个家庭都出现了一些问题。

肖樱觉得霍影木讷无趣还有大男子主义，为此，两人经常争吵。尤其是两人的儿子出生后，肖樱觉得霍影一心只顾工作，对家庭不负责任，两人的矛盾升级。后来，肖樱带着儿子搬回娘家居住。分居后，肖樱先后两次到法院起诉离婚，但因霍影坚决不同意离婚，法院以"军人的配偶要求离婚，应当征得军人同意"为由，两次均判决不准离婚。

再说佘姬这边。佘姬因为工作原因需要经常出差。她不在家期间，陆飞竟然和女儿幼儿园的老师有了婚外情，甚至多次到该老师住处断断续续地同居。听到了一些风言风语的佘姬偷偷查看了陆飞的手机，发现两人确实有不正当男女关系。佘姬和陆飞对质，陆飞承认了，并亲笔写下保证书，表示愿意悔改。但没踏实两天，陆飞趁佘姬出差之际和对方继续往来又被佘姬发现了，这一次，佘姬提出了离婚。陆飞死活不同意，恼羞成怒之下动手打了佘姬。经相关机构验伤，佘姬的伤情为"轻伤二级"。

佘姬和肖樱商量，肖樱垂头丧气地说："起诉也是白起诉，军婚受法律特殊保护，只要军人不同意，法院也没办法判离婚的。"

请问：佘姬到法院起诉离婚的话，法院会判决离婚吗？

## 律师解答

因为作为军人方的陆飞有重大过错，法院会判决离婚。

**《民法典》第一千零八十一条** 现役军人的配偶要求离婚，应当征得军人同意，但是军人一方有重大过错的除外。

## 律师评析

《民法典》第1081条为【军婚的保护】条款。因为军人职业的特殊性，军婚和其他人的婚姻相比，面临的风险和困难都要更多。因此法律专门规定对军人及军婚进行特殊保护，以维护军人权益和军人家庭的幸福完整，避免因离婚影响了军人的军心，对国防建设和军队发展产生负面作用。

因此，夫妻分居后肖樱先后两次到法院起诉离婚，但因军人霍影坚决不同意离婚，法院均判决不准离婚。

然而，如果军人一方在婚姻中有重大过错，即便军人不同意，法院依然可以判决离婚。上述案例中，作为军人一方的陆飞有和他人长期出轨、同居，打伤配偶的重大过错，且正是由于陆飞的这种过错，导致佘姬和他的夫妻感情破裂。所以，即便他不同意离婚，法院也可以判决离婚。

## 律师提示

1. 军人，是指中国人民解放军的现役军官、文职干部、士兵及具有军籍的学员，中国人民武装警察部队的现役警官、文职干部、士兵及具有军籍的学员。军队中的文职人员、非现役公勤人员、正式职工、由军队管理的离退休人员，参照军人确定管辖。

2. 军人离婚的案件一般也是由地方法院管辖的。但双方当事人均为军人的离婚案件由军事法院管辖。不过，如果当事人住所地省级行政区划内没有可以受理案件的第一审军事法院，或者当事人处于交通十分不便的边远地区，双方当事人同意由地方法院管辖的，地方法院也可以管辖。

3. 军人有重大过错的情形包括：重婚或者与他人同居；实施家庭暴力或者虐待、遗弃家庭成员；有赌博、吸毒等恶习屡教不改、军人有其他重大过错导致夫妻感情破裂的情形等。

# 问题 38：女方怀孕期间，男方能提出离婚吗？

黄莺和刘伏虎结婚多年，终于怀孕了。黄莺打电话给妈妈报喜，妈妈却说黄莺的外公患有某种可能会隔代遗传的血液病，需要进一步检查才能确定黄莺腹中的胎儿是否健康。黄莺听了悲喜交加，思索一番，她决定暂时不告诉刘伏虎自己怀孕这件事。

之后某天晚上，一直在为怀孕这件事烦恼的黄莺因为一点小事和刘伏虎争执起来，一时情绪失控，黄莺居然拿起桌上的水杯砸向了刘伏虎，打得刘伏虎头破血流。刘伏虎让黄莺道歉，黄莺非但不道歉，还继续咒骂刘伏虎。

刘伏虎一气之下回自己父母家去住了。过了没几天，他还起诉到法院，要求离婚。

开庭前，黄莺去医院做了个检查，胎儿发育正常，也十分健康。黄莺冷静地想了想，意识到自己其实根本不愿意离婚。于是，开庭时，黄莺向法官提出，自己已经怀孕了。

请问：黄莺告知法官她在怀孕期间，法官会如何处理呢？

## 律师解答

**法官会告知刘伏虎不得提出离婚。**

**《民法典》第一千零八十二条** 女方在怀孕期间、分娩后一年内或者终止妊娠后六个月内，男方不得提出离婚；但是，女方提出离婚或者人民法院认为确有必要受理男方离婚请求的除外。

## 律师评析

《民法典》第 1082 条为【男方离婚诉权的限制】条款。根据离婚自由、诉权自由的原则，夫妻关系的当事人都有权提出离婚，或请求法院判决离婚。但是，女方在怀孕期间、分娩后一年内或终止妊娠后 6 个月内，男方不得提出离婚。法律对男方的离婚诉权加以限制，是为了维护在此特殊期间处于弱势地位的妇女、胎儿和婴儿的身心健康，减少因离婚给女方造成的强烈刺激和可能导致的损害。

上述时间段内男方的离婚起诉，法院一般是不受理的，但是，女方提出离婚的，或法院认为确有必要受理男方离婚请求的除外。

之所以规定女方提出离婚的除外，同样是为了维护在此期间处于弱势地位的妇女、胎儿和婴儿的身心健康，防止有些受到侵害的女性救济无门。

之所以规定法院认为确有必要受理男方离婚请求的除外，是因为女性也同样有可能是婚姻中的加害方、过错方，男方也有可能是受害方、无过错方，不能纯粹以性别定对错，以男女论是非。

上述案例中，刘伏虎在起诉时并不知道女方怀孕，其在诉状中并无女方怀孕的事实，立案法官根据立案登记制的要求登记立案并不说明法院确有必要受理此案。如果黄莺披露了其在男方起诉时已怀孕的事实，且坚决不同意离婚，刘伏虎应该依法撤诉。若刘伏虎经法官释明后仍坚持其离婚诉请，法院应以其起诉不符合受理条件为由，裁定驳回其的起诉。

## 律师提示

1. 怀孕期间简称孕期，一般从怀孕女性末次月经的第一天开始到分娩结束，通常为40周；分娩就是生小孩，包括顺产和剖宫产；终止妊娠一般包括堕胎和流产两种情形。

2. “人民法院认为确有必要受理男方离婚请求的”，一般是指女方有重大过错的情形，如重婚或者与他人同居，实施家庭暴力或者虐待、遗弃家庭成员，有赌博、吸毒等恶习屡教不改；或存在其他必要情形，如女方婚内出轨、其腹内胎儿与男方无关等。

# 问题 39：没重新登记的“复婚”有效吗？

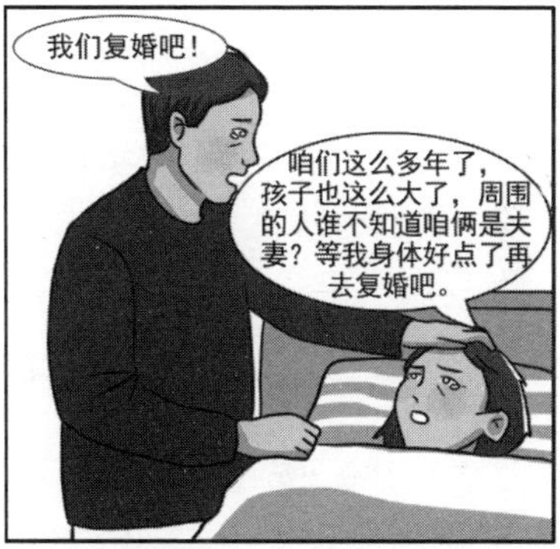


黑先生与白女士在 2009 年协议离婚。两人的婚生子小灰由白女士抚养，黑先生因为在财产分割问题上让步很大，就不再另行支付抚养费了。黑先生分得位于幸福村的较小的住房一套，白女士由于要抚养小灰而分得位于美满苑的较大的住房一套、商铺两间、汽车一辆以及全部婚内存款。

离婚后双方均未再婚，时有往来。2018 年，白女士身患骨癌，偏瘫在床。黑先生获悉后，主动表示愿意来照顾他们母子俩。于是，黑先生搬到了美满苑，和白女士及小灰一起居住。两人住在一起后，感情重新升温。

黑先生提出要和白女士办理复婚登记手续，白女士说：“咱们这么多年了，孩子也这么大了，周围的人谁不知道咱俩是夫妻？等我身体好点了再去复婚吧。”黑先生觉得白女士确实身患重病、行动不便，也就不再勉强。在黑先生的悉心照料下，白女士虽然没有康复，但病情得到一定的控制，小灰也考上了理想的大学。

2021 年 7 月，白女士的病情突然恶化，全身瘫痪。没几天，白女士就因癌细胞扩散，抢救无效去世了。

白女士的丧事刚办好，小灰就要求继承白女士名下美满苑的住房一套、商铺两间、存款若干等全部遗产。黑先生则认为，其与白女士是夫妻，房子属于夫妻共有财产，自己理应分得一半。

小灰到法院起诉黑先生，最终法院支持了小灰的请求，由小灰继承白女士的房产。

请问：为什么法院认为白女士的房产与黑先生无关？

## 律师解答

因为白女士和黑先生没有重新进行结婚登记，所以白女士的房产不属于夫妻共同财产，黑先生也无权继承。

**《民法典》第一千零八十三条** 离婚后，男女双方自愿恢复婚姻关系的，应当到婚姻登记机关重新进行结婚登记。

## 律师评析

《民法典》第1083条为【复婚登记】条款。离婚后，男女双方自愿恢复婚姻关系的行为，称为复婚。此时，双方应亲自到任意一方户口所在地的婚姻登记机关重新进行结婚登记。申请复婚的男女双方除持有与结婚登记相同的证件资料外，还须持《离婚证》或相关生效法律文书。

男女双方如果不重新进行结婚登记，就不属于夫妻关系，不受法律保护。

上述案例中，黑先生与白女士没有重新进行结婚登记，故两人是同居关系，不是夫妻关系。另外，黑先生搞错了一件事情，即便两人重新进行结婚登记，白女士名下的房产也是白女士复婚前的个人财产，不会因结婚而转化为夫妻共同财产。黑先生无权以夫妻共同财产的理由要求分割。不过，如果两人重新进行结婚登记，黑先生作为白女士的配偶是第一顺序的法定继承人，可以通过法定继承与小灰均分白女士名下的房产。

## 律师提示

1. 现实生活中，有的夫妻离婚后，不办理复婚登记手续又以夫妻名义同居，这种事实上的“复婚”不符合法律的规定，法律不予保护和承认，仍属于同居关系。须谨记，“破镜重圆要胶水，夫妻复婚要登记”。

2. 复婚登记和结婚登记的程序及要求是一样的，所谓“复婚”，其实就是又“结婚”一次，领取的也是《结婚证》，没有所谓“复婚证”。离婚后随时都能复婚，只要双方又自愿结婚，可以随时重新进行结婚登记。

## 问题 40：为什么两个孩子都归一方抚养？

公司老板于德士与中学教师汪意真有一子一女，儿子于焱焱 11 岁，女儿于晶晶不满 2 岁。因于德士生意繁忙，无暇顾及家庭，夫妻感情逐渐破裂。多次争吵之后，他们都愿意离婚，对财产分割也无异议，但在两个孩子的抚养权上却各持己见。

于是，于德士起诉到法院，要求离婚，他诉称自己是公司老板，年收入上千万元，能为孩子提供良好的物质条件，请求法院判令两个孩子归自己抚养。

汪意真答辩称，自己一直和两个孩子共同生活，感情十分深厚，她对孩子的性格和习惯都十分了解。于焱焱知悉父母要离婚后，表示愿意跟随母亲生活。于晶晶还很小，也需要母亲的照料。自己有稳定的工作，月工资有 1 万元左右，完全有能力抚养小孩。离婚分割的夫妻共同财产数额不菲，足以保障两个孩子的正常生活。自己是教师，能更好地教育孩子。并且自己的父母都已退休，身体健康，愿意帮忙照顾一双儿女。因此，她要求两个孩子的抚养权均归她，于德士每月支付抚养费 1 万元。

法院征询了于焱焱的意见，他明确表示愿意跟随母亲生活。最终，法院判决两名子女均归汪意真抚养。于德士不服一审判决，提出上诉，二审维持了原判。

请问：为什么法院把两个孩子都判给了汪意真抚养呢？

### 律师解答

**法院是根据《民法典》的相关规定，把两个孩子都判给汪意真抚养的。**

**《民法典》第一千零八十四条** 父母与子女间的关系，不因父母离婚而消除。离婚后，子女无论由父或者母直接抚养，仍是父母双方的子女。

离婚后，父母对于子女仍有抚养、教育、保护的权利和义务。

离婚后，不满两周岁的子女，以由母亲直接抚养为原则。已满两周岁的子女，父母双方对抚养问题协议不成的，由人民法院根据双方的具体情况，按照最有利于未成年子女的原则判决。子女已满八周岁的，应当尊重其真实意愿。

# 律师评析

《民法典》第1084条为【离婚后父母子女关系】条款。该条款首先表明“父母与子女间的关系，不因父母离婚而消除”，因为父母子女关系是一种血亲关系，是不能通过离婚人为地加以终止的。

离婚后，无论子女跟随父母哪一方生活，基于父母子女关系产生的权利义务都仍然存在。父母对子女仍有抚养、教育、保护的义务；父母仍有管教和保护未成年子女的权利和义务；当未成年子女对他人造成损害时，父母也有赔偿经济损失的义务；子女对父母有赡养扶助的义务；父母子女有相互继承遗产的权利。

对于离婚后未成年子女的抚养问题，根据年龄不同，处理方式也不尽相同：

1. 2周岁内。如果子女是未满2周岁的婴幼儿，父母又就子女抚养权问题达不成一致意见，除母亲有不适合抚养小孩的情形外，法院一般会判令“由母亲直接抚养”。

2. 2周岁到8周岁。这个年龄段的子女为无民事行为能力人，故无须征询子女自己的意愿，而是按照“最有利于未成年子女的原则”，由法院综合子女权益，双方抚养能力、抚养条件等多方面因素来判定由谁抚养。

父母双方均要求子女随其生活，一方有下列情形之一的，可优先考虑:(1)已做绝育手术或因其他原因丧失生育能力;(2)子女随其生活时间较长,改变生活环境对子女健康成长明显不利;(3)无其他子女,而另一方有其他子女;(4)子女随其生活,对子女成长有利,而另一方患有久治不愈的传染性疾病或其他严重疾病,或者有其他不利于子女身心健康的情形(如酗酒、赌博、吸毒等),不宜与子女共同生活。

如果父母抚养子女的条件基本相仿,双方又均要求子女与其共同生活,子女单独随祖父母或外祖父母共同生活多年,且祖父母或外祖父母愿意且有能力有条件帮助照顾的,可作为子女随父或母生活的优先条件予以考虑。

3. 8 周岁以上。“子女已满八周岁的,应当尊重其真实意愿”,8 周岁到 18 周岁之间的子女为“限制民事行为能力人”,通常已经有了一定的辨别和判断能力,能够表达自己的意愿。强调“真实意愿”,是为了避免父母或他人对子女进行恐吓、胁迫、诱骗等行为,导致子女作出“非真实意愿”的表态。

无论子女在哪个年龄段,确定抚养权时,一切都要从未成年子女的利益出发。父母哪一方的抚养更有利于子女生活成长,其获得抚养权的可能性就会更大一些。

上述案例中,于焱焱已年满 8 周岁,他明确表示愿意跟随母亲汪意真生活;而于晶晶因为没有满 2 周岁,原则上也应由母亲抚养。虽然于德士确实在经济条件上比汪意真优越了许多,但汪意真也有一定经济条件,能保障两个孩子正常生活、教育的需要。故法院综合考虑后,还是把两个孩子都判给了汪意真抚养。

## 律师提示

1. 如父母双方可以对孩子抚养权协商一致,法院不予干涉,充分尊重当事人协商的结果。

2. 离婚后,不和子女生活的父或母,依然是子女的监护人、法定代理人,其法律地位与抚养子女的一方是平等的。

3. 抚养权并非一成不变,离婚后,父母一方也可要求变更子女抚养关系。

## 问题 41：协商好的抚养费还能增加吗？

金多多一门心思想发财，甚至瞒着妻子玉颜佳把家里的房子抵押借款去做传销。两人的女儿金豆豆八九岁时，金多多没等来发财，却先后等来了两张传票：一张是债主起诉要求还本付息行使抵押权的；另一张是玉颜佳起诉离婚的。

玉颜佳想要尽快离婚，而且金多多当时确实经济窘迫，于是她只象征性地要求金多多每月付 500 元的抚养费，付到金豆豆年满 18 周岁。两人调解离婚后，在征得金多多同意后，金豆豆改名为玉露浓。

离婚后，家里的房子被拍卖还债后还剩了一些余款。金多多拿这些余款和人合伙开起了培训机构，生意竟做得有声有色、风生水起。

玉露浓报考了全市首屈一指的私立初中，母女俩告知了金多多此事，金多多回复："好的，没问题。"玉露浓考上了该私立初中，但私立初中一年七八万元的开销玉颜佳根本负担不起。于是，她找金多多协商，想让金多多再多付一些抚养费。金多多振振有词地说："虽然我现在一个月收入也有那么十万八万元的，但是，这钱我觉得不应该付。一来呢，每月 500 元的抚养费是大家在法院都说好的，不应该反悔。二来呢，公立初中上上就好了，人生是一场长跑，不要急功近利。再说了，你说这女儿现在是姓金呢，还是姓玉呢？"玉颜佳听了，又气又恼。

协商无果，玉颜佳以玉露浓的名义起诉金多多，要求他增加抚养费若干，用于玉露浓的教育费用。

请问：法院会支持玉露浓的诉请吗？

## 律师解答

**法院应该会支持玉露浓要求金多多增加抚养费的诉讼请求。**

**《民法典》第一千零八十五条** 离婚后，子女由一方直接抚养的，另一方应当负担部分或者全部抚养费。负担费用的多少和期限的长短，由双方协议；协议不成的，由人民法院判决。

前款规定的协议或者判决，不妨碍子女在必要时向父母任何一方提出超过协议或者判决原定数额的合理要求。

## 律师评析

《民法典》第1085条为【离婚后子女抚养费的负担】条款。此条款表明，离婚后不抚养子女的一方，依然要履行抚养、教育、保护子女的义务，应当负担部分或者全部抚养费。

不抚养子女一方承担抚养费的比例是“部分或者全部”，由此可知：其一，该条对“部分抚养费”没有设定最低限，“部分抚养费”可以趋近于零；其二，该条允许非抚养方承担全部抚养费，其实就是认可抚养方不承担抚养费。父母双方当然也可以协商由抚养方承担子女的全部抚养费，但如果抚养方的抚养能力明显不能保障子女所需费用，影响子女健康成长的，法院不予支持。

父母双方可以对抚养费的数额、期限、支付方式等进行协商，如果能协商一致，法院不予干涉，充分尊重当事人协商的结果。如果双方不能就抚养费的多少、期限等协商一致，则由法院依法判决。法院判决的抚养费至少包含了子女的生活费、教育费和医疗费。抚养费的数额，根据子女的实际需要、父母双方的负担能力和当地实际生活水平确定。

抚养费一般是分期给付的，但有条件的也可以一次性给付。抚养费的给付期限，一般至子女18周岁为止。对于16周岁以上不满18周岁，以其劳动收入为主要生活来源，并能维持当地一般生活水平的子女，父母可停止给付抚养费。

如果子女有下列情形，可以要求父母任何一方超过协议或者判决原定数额来支付扶养费：(1)原定抚养费数额不足以维持当地实际生活水平；(2)因子女患病、上学，实际需要已超过原定数额；(3)有其他正当理由应当增加。

上述案例中，首先，虽然当初调解离婚时金多多和玉颜佳对抚养费有约定，但此约定显然已不能满足玉露浓目前的教育费需求。玉露浓在报考该私立学校前通知了金多多，金多多亦表示支持。其次，按照金多多月收入近 10 万元的收入水平，其完全有能力负担玉露浓在私立学校的教育费用。父母有义务在自己力所能及、可以承受的范围内给孩子提供更好的生活、教育、医疗条件。最后，依照相关法律规定，金多多也不得因女儿变更姓氏而拒付女儿抚养费。

## 律师提示

1. 双方不能就抚养费数额协商一致的话，法院判决将参照当地平均水平来酌定抚养费数额，这个数额一般不会太高。抚养费一般可按给付方收入的 20%~30% 的比例给付，但有特殊情况的，可适当提高或降低上述比例，如给付方收入过低或过高、子女有特殊需要(如重大疾病)等。

2. 子女成年后，父母就不应再给付抚养费。但子女有以下情况，父母又有给付能力的，父母仍应负担必要的抚养费：尚未独立生活的成年子女丧失劳动能力或虽未完全丧失劳动能力但其收入不足以维持生活的；确无独立生活能力和条件的。

3. 子女要求增加抚养费的，不能直接申请强制执行，协商不成后，应另行起诉。给付抚养费的一方不得因探望权纠纷或子女变更姓氏而拒付抚养费，其完全可以另行起诉要求行使探望权或者责令子女恢复原姓氏。

# 问题 42:“坏爸爸”有权探望儿子吗?

因为何正严出轨，在儿子何久阳3周岁时，莫兰和何正严离婚了。法院出具的民事调解书记载：何久阳由原告莫兰抚养，被告何正严每月支付抚养费1500元；何久阳每月随何正严生活两天，法定节假日、寒假、暑假孩子与父、母生活各半，时间、地点自行确定。

离婚小两年了，何正严一直没来探望何久阳，莫兰也乐得自在。谁知道突然有一天，何正严拎着一大包零食和玩具，还带着他的第二任妻子上门来看孩子了。莫兰在猫眼里看到这幅景象，气坏了，坚持不开门。何正严也恼了，直接报了警。

警察到场后，说这是家务事，让他们两人协商，或者去法院起诉。莫兰想不通，都离婚快两年了，谁和这个“渣男”是一家人？何正严呢，因为没看到儿子，向法院申请执行，要求依照调解书行使探望的权利。

莫兰收到法院文书后，向执行法官诉苦说：何正严当初抛妻弃子，且之前从未探望，何久阳根本就不认识他，见面后会比较生疏、害怕。如果让何正严将何久阳带走探望，势必会对孩子的身心健康造成影响，不利于其成长。而且何正严家还有“后妈”，恐怕会虐待何久阳，就算不虐待，也会让孩子想不通此事。故莫兰认为应中止何正严的探望。

何正严则表示：双方在调解书中明确约定他每月可与何久阳生活两天，孩子成长也需要父亲的陪伴与关爱，不能剥夺父亲探望儿子的权利。莫兰的行为是自私的、偏激的，她才是在害孩子。法院应当严格按照调解书内容予以强制执行，以维护他的合法权益。

请问：莫兰认为何正严应中止探望的说法是正确的吗？

## 律师解答

**何正严有依约探望何久阳的权利，莫兰无权中止探望。**

**《民法典》第一千零八十六条** 离婚后，不直接抚养子女的父或者母，有探望子女的权利，另一方有协助的义务。

行使探望权利的方式、时间由当事人协议；协议不成的，由人民法院判决。

父或者母探望子女，不利于子女身心健康的，由人民法院依法中止探望；中止的事由消失后，应当恢复探望。

## 律师评析

《民法典》第 1086 条为【父母的探望权】条款。该条规定肯定了离婚后不直接抚养子女的父或母对子女享有的探望权，尊重当事人对如何行使探望权的自主协商权，并规定了对不利于子女身心健康的探望的中止及中止事由消失后的恢复。

父母与子女具有天然的血缘关系，离婚解除了婚姻当事人的夫妻关系，但不能也不应割断父母子女之间的身份关系和血缘关系。《民法典》规定父母探视子女的权利，是对天理人伦、公序良俗的承认与肯定，确有必要。

探望权的行使主体仅限于"离婚后，不直接抚养子女的父或者母"，没有其他主体。

探望子女事宜属于家庭内部事宜，是私权利的范围，故法律并未对行使探望权利的方式、时间有任何强制性的规定，而是提倡"由当事人协议"，协议不成的，才由法院判决。

父母对子女的探望应把握一切为了孩子的宗旨，尽量多考虑被探望子女的意见，了解子女的真实意愿，将探望对未成年子女的不利影响降到最低。确保子女的合法权益、身心健康。

上述案例中，民事调解书记载的内容实际上就是“当事人协议”，而且这种民事调解书具备强制执行力，协议双方应予恪守。何正严有一段时间没来探望，并不能推导出其放弃探望权的意思表示，其作为何久阳的父亲，要求依约行使探望权并无不妥。莫兰拒绝、阻挠何正严探望情有可原，但显然欠妥。即便何正严的探望行为不利于何久阳的身心健康，也应该由法院依法中止探望。因此，何正严有依约探望何久阳的权利，莫兰无权中止探望。

## 律师提示

1. 常见的探望权行使方式有：(1)探望，即探望权人在约定或者判令的时间内，到未成年子女居住的地方进行看望。(2)接待，即由协助义务人在约定或者判令的时间内，将未成年子女送到约定的地方由探望权人进行招待。(3)留宿，即探望权人在约定或者判令的时间内，将未成年子女留下来住宿或者进行短暂的共同生活。(4)若受条件限制，探望还可包括书信往来、网上聊天、视频通话等方式。

2. 因探望权涉及未成年人权益，探望权及其行使方式具有抽象性，没有明确的执行标的。探望权纠纷案件的执行内容具有长效性、不可能一次交割等诸多原因，探望权的强制执行一般会结合客观情况，以规劝父母、询问被探望子女意愿等方式尽力促成当事人和解为主。对于拒不协助另一方行使探望权的有关个人或组织，法院可以依法采取拘留、罚款等强制措施，但是法院不能对子女的人身、探望行为进行强制执行。

3.《民法典》仅将探望权赋予父母，而没有规定祖父母、外祖父母的隔代探望权。现实生活中，大量的祖父母或外祖父母履行了隔代抚养义务，与孙辈有深厚的感情，把他们排除在隔代探望的权益门槛之外，有失周全。希望司法机关能在实践中对合情合理、顺应公序良俗的隔代探望权给予一定程度的支持与保护。

# 问题 43：登记了孩子名字的房屋为何在离婚案件中不予判决？

洪丰收和楚若男名下有两套房屋。一套是他们的婚房，产权登记在二人名下，共同共有，住着夫妻两人及女儿洪梦蝶。另一套是当初为了女儿洪梦蝶读小学买的学区房，只写了洪丰收一个人的名字。

因为洪梦蝶小学对口的初中不是很理想，两人计划再买一套对口好初中的学区房。但本地房屋限购政策规定，一户最多买两套房屋。两人商议后，就把洪丰收一个人名下的房屋卖掉，置换了一套。在买房过程中，两人听说房屋的遗产税很高，又觉得这些房子迟早都是女儿的，就把这套新房子的产权登记在了洪丰收和洪梦蝶名下，由父女二人共同共有。

房子买好后，洪梦蝶如愿上了对口的初中。为上学方便，楚若男和女儿搬到了新房里，洪丰收仍旧住在原房屋内，母女俩周末会回原房屋居住。夫妻两人聚少离多后，感情逐渐变淡。

洪梦蝶初二下半学期时，洪丰收提出要和楚若男离婚，楚若男不答应。于是，洪丰收起诉到法院，要求离婚，女儿归楚若男抚养，并依法分割两套房屋。

诉讼过程中，法官告诉洪丰收，产权登记在洪丰收和洪梦蝶名下的房屋不宜在离婚案件中处理，若双方协商不成，法院不会在本案中对此房屋进行判决。

请问：为什么这套房屋在离婚案件中不予判决？

## 律师解答

洪丰收与洪梦蝶共有的房屋不属于夫妻共同财产，故不在离婚案中予以判决。

**《民法典》第一千零八十七条** 离婚时，夫妻的共同财产由双方协议处理；协议不成的，由人民法院根据财产的具体情况，按照照顾子女、女方和无过错方权益的原则判决。

对夫或者妻在家庭土地承包经营中享有的权益等，应当依法予以保护。

## 律师评析

《民法典》第 1087 条为【离婚时夫妻共同财产处理】条款。此条规定适用的范围仅限“夫妻的共同财产”。夫妻共同财产，是指在婚姻关系存续期间，夫妻双方或一方所取得的财产，除法律另有规定或者夫妻另有约定外，均为夫妻共同所有。夫妻对共同所有的财产，平等地享有占有、使用、收益和处分的权利。

基于此，夫妻共同财产的分割事宜，首先应该由夫妻两人协议解决，协议不成的，才由法院判决。在夫妻共同财产分割的问题上，《民法典》确立了婚姻当事人协议与法院判决两种方式，并且实行“当事人协议优先”的原则。

上述案例中，产权登记在洪丰收和洪梦蝶名下的房屋是在两人婚姻关系存续期间取得的，也是用登记在洪丰收名下但实质上仍然为夫妻共同财产的房屋置换而来，而且洪梦蝶作为不具备完全民事行为能力的未成年人也没有对该房屋的取得有任何贡献，其在成年前也不能独立支配该房屋，但是洪丰收和楚若男将洪梦蝶作为该房屋的产权人的行为，可视为父母对子女的赠与，而且这种赠与已经通过让洪梦蝶在该房屋房产证上具名的方式予以登记、公示，相应的所有权已产生，赠与的财产已完成交付。

这种情况下，该房屋已不再是夫妻共同财产，而是夫妻与未成年子女共有的家庭财产。既然不是夫妻共同财产，当然就不能在离婚案件中进行判决。

## 律师提示

1. 家庭财产，即家庭成员共同所有的财产，包括夫妻共同财产，也包括父母子女、祖父母孙子女、兄弟姐妹等共同所有的财产。离婚案件只对夫妻共同财产进行判决，其他家庭共同财产如协议不能，可另行起诉到法院进行析产。

2. 双方对夫妻共同财产中的房屋价值及归属无法达成协议时，法院按以下情形分别处理：(1)双方均主张房屋所有权并且同意竞价取得的，应当准许；(2)一方主张房屋所有权的，由评估机构按市场价格对房屋作出评估，取得房屋所有权的一方应当给予另一方相应的补偿；(3)双方均不主张房屋所有权的，根据当事人的申请拍卖、变卖房屋，就所得价款进行分割。

3. 当事人结婚前，父母为双方购置房屋出资的，该出资应当认定为对自己子女个人的赠与，但父母明确表示赠与双方的除外。当事人结婚后，父母为双方购置房屋出资的，依照约定处理；没有约定或者约定不明确的，按照《民法典》第 1062 条第 1 款第 4 项规定的原则处理，即推定为赠与双方的夫妻共同财产。

## 问题 44：判决分割夫妻共同财产的原则是什么？

龙坚和赵今都是普通的工薪阶层，夫妻俩省吃俭用，努力挣钱，终于买下了一套面积约 90 平方米的房屋。

可惜温馨甜蜜的时光并不持久，因家庭琐事、孩子教育及日常沟通等问题，两人经常发生争吵。龙坚脾气暴躁、争吵时经常动手打赵今，也打女儿龙意涵。

一晃十年过去了，龙坚恶习不改，反而愈加严重。在女儿的支持下，赵今坚定决心，诉至法院，要求与丈夫离婚。但因龙坚否认自己有家庭暴力行为，而赵今经验不足未提供充分证据，法院判决不准离婚。

一年后，赵今在搜集了足够的证明龙坚家暴的证据后，再次起诉至法院，坚持要求与丈夫离婚。诉讼中，承办法官向龙意涵征询意见，龙意涵明确表态希望和妈妈在一起。这一次，龙坚无法再狡辩，也同意离婚了。但对两人共有的唯一一套房产的归属，双方各不相让。

庭审过程中，双方一致确认该房屋市价约 460 万元，还有约 30 万元的贷款没有偿还。龙坚主张该房屋归其所有，他补偿赵今 215 万元；赵今主张该房屋归其所有，她补偿龙坚 210 万元。

一审法院调解无果，判决两人离婚；龙意涵由赵今抚养，龙坚每月支付 1500 元抚养费；两人共有房屋归赵今所有，赵今支付龙坚房屋补偿款 210 万元。龙坚不服，提起上诉。他认为自己赚钱更多，对房屋出资更多；况且自己出价比赵今高，所以房屋应归其所有。二审法院经审理，维持了原判。

请问：为什么赵今对房屋出价较低，法院却判决这套房屋归赵今所有呢？

## 律师解答

**法院按照照顾子女、女方和无过错方权益的原则，判决该房屋归赵今所有。**

**《民法典》第一千零八十七条** 离婚时，夫妻的共同财产由双方协议处理；协议不成的，由人民法院根据财产的具体情况，按照照顾子女、女方和无过错方权益的原则判决。

对夫或者妻在家庭土地承包经营中享有的权益等，应当依法予以保护。

## 律师评析

《民法典》第 1087 条为【离婚时夫妻共同财产处理】条款。夫妻双方在诉讼离婚时，就夫妻共同财产分割问题协议不成的，法院会本着夫妻共有财产平均分配的原则进行处理。但与此同时，“人民法院根据财产的具体情况，按照照顾子女、女方和无过错方权益的原则判决”。

父母离异，或多或少地会给未成年子女今后的学习、生活、成长带来不利的影响，为了能使抚养方给子女相应的生活保障，让子女将来在一个较好的环境里成长，在分割夫妻共同财产时，法院会根据子女的学习和生活需要，给抚养子女的一方适当多分一些财产，以满足子女的实际需要。另外，目前在我国许多家庭中，夫妻双方的经济实力还存在一定差别，妻子往往为承担家务、抚养子女、赡养老人而放弃个人的事业追求。考虑女方在经济地位、生活能力上总体较弱，适当照顾是必要的，法律上明确了照顾女方的夫妻共同财产分割原则。

照顾无过错方的原则是《民法典》新增的内容，增强了对婚姻中无过错一方的利益保护，让无过错一方在经济上不再吃亏，让过错方为自己的行为付出相应的经济代价，也有助于引导婚姻当事人规范自己的行为。司法实践中，法官会更多作出倾向照顾无过错方的判决，彰显公平正义的法律导向。本条的“照顾”，既可以是在财产份额分配上对抚养子女方、女方、无过错方适当多分，也可以是在财产归属上将某项财产，如住房、车辆等，分配给抚养子女方、女方、无过错方。

上述案例中，双方购置房屋使用的是夫妻共同财产，龙坚关于自己“出钱多”的说法并不符合法律规定；龙意涵归赵今抚养，且赵今是女方、无过错方，因此，法院在对夫妻共同财产的分割中应该照顾赵今。即便赵今对房屋的出价略低于龙坚，法院综合考虑后，还是将涉案房屋判归赵今所有。

## 律师提示

1. 对于因照顾子女、女方和无过错方权益多分夫妻共同财产的具体尺度与标准，法律并无明确规定，由法院酌情处理。一般而言，这种“多分”尺度不会太大，除《民法典》第1092条的“隐藏、转移、变卖、毁损、挥霍夫妻共同财产，或者伪造夫妻共同债务企图侵占另一方财产”的情形外，是不会出现不分财产给过错方，让其“净身出户”的情形的。

2. 本条所称的过错包括重婚、姘居、实施家庭暴力、虐待、遗弃等重大过错行为是毫无争议的，是否还包括如婚外情、婚外生子、侮辱羞辱等其他违反婚姻义务或故意损害婚姻关系的过错行为，司法实践中尚存在争议。

3. 有《民法典》第1091条规定的五种过错（重婚，与他人同居，实施家庭暴力，虐待、遗弃家庭成员，有其他重大过错），过错方已经承担了相应的损害赔偿责任后，是否还应继续减少其财产分割比例？如继续减少，是否构成重复赔偿？笔者认为，这两条并不矛盾，过错方适当少分夫妻共同财产，和对无过错方进行赔偿，是不同的法律责任。而且法院在判决时会整体衡量，不致让过错方承担超出其过错程度的、过重的法律责任。

## 问题45：负担较多义务的一方，离婚时有权向另一方请求补偿吗？

因与丈夫夏学仪感情不和，萧兰芝离家独自到广东打工。此后七八年，萧兰芝不仅和夏学仪联系极少，对儿子夏小雨的学习与生活也几乎从不过问，连儿子生日也从来没有问候与礼物。同时，萧兰芝外出后就再未承担过家庭开支，也没有支付过夏小雨的抚养费。

萧兰芝也曾回过家乡几次，但都住在娘家，未与夏学仪见面，只是让夏小雨的外婆把夏小雨接过去和自己住了几天。另外，萧兰芝事先未和夏学仪协商，就私自将夫妻双方共同购买的一套住宅出租并收取租金。

一天，夏小雨在小区玩耍时，不慎将别的小朋友撞伤。因为受伤小朋友的医药费和赔偿金数额不菲，夏学仪找到萧兰芝商议，想让萧兰芝负担一部分费用或者将出租房屋的租金转由夏学仪收取，萧兰芝都不同意，反而责怪夏学仪没有把夏小雨看管好。

之后，夏学仪向法院起诉离婚，要求夏小雨归自己抚养，依法分割夫妻共同财产。同时，夏学仪认为自己对家庭、对小孩抚养尽到了更多义务，要求萧兰芝补偿他5万元。

萧兰芝对于离婚、小孩抚养、财产分割均无异议，但她认为父母养育小孩是天经地义的事情，而且男人就该多承担一些家庭义务，不同意支付夏学仪所谓多负担义务的补偿金。

请问：因抚育儿子负担较多义务的夏学仪，离婚时有权向萧兰芝请求补偿吗？

## 律师解答

**夏学仪因抚育子女负担较多义务，离婚时有权向萧兰芝请求补偿。**

**《民法典》第一千零八十八条** 夫妻一方因抚育子女、照料老年人、协助另一方工作等负担较多义务的，离婚时有权向另一方请求补偿，另一方应当给予补偿。具体办法由双方协议；协议不成的，由人民法院判决。

## 律师评析

《民法典》第1088条为【离婚经济补偿】条款。一方在婚姻关系存续期间“因抚育子女、照料老年人、协助另一方工作等负担较多义务的”，其实就是夫妻一方（大多数情况下为女方）为家庭生活、家务劳动付出较多义务。家务劳动是一个家庭必需的日常活动、存在基础，家务劳动有其不容忽视、不可替代的经济和社会价值。从夫妻共同生活的分工、需要和情理上讲，一方“因抚育子女、照料老年人、协助另一方工作等负担较多义务的”并不罕见，而且家务劳动与在外工作相比，客观上经济价值要弱一些，会影响付出了较多义务一方的收入水平。夫妻关系存续期间，某一方对家庭事务付出较多义务的现象是常见的，也很难予以量化补偿。

但是离婚时，依据民法公平对等的原则，付出较多义务的一方理应享有与义务相匹配的权益回报。因此，《民法典》考虑夫妻共同生活中劳务付出的差异，给予付出较多义务的一方经济补偿请求权。离婚经济补偿事宜，首先应该由夫妻两人协议解决，协议不成的，才由法院判决，也适用“当事人协议优先”的原则。

上述案例中，萧兰芝长期在外打工，对家庭开支没有经济扶助，对未成年子女疏于教育抚养，对家务劳动没有参与。萧兰芝不但未尽妻子的责任，而且未尽到母亲的责任。反观夏学仪，多年来独自抚养小孩，对家庭所尽义务较多。父母对子女的责任与义务，不仅体现在金钱上的付出，更多的是时间、精力的付出。所以，对于夏学仪要求萧兰芝进行经济补偿的诉讼请求，法院应予以支持，当然，具体补偿金额法院会根据具体案情和当地经济水平酌定，不一定是 5 万元。

## 律师提示

1. 如果另一方否认有相关情况，抚育子女、照料老年人、协助另一方工作等负担较多义务的一方需要举证证明自己确实负担了较多义务。

2. 负担较多义务的一方的离婚经济补偿权属于一种请求权，需要通过意思表示来行使，如通过行使诉权的方式。直白一点讲就是，此种情形下，负担较多义务的一方要么直接向另一方索要，要么起诉到法院，否则是没有“离婚经济补偿”的。

3. 离婚经济补偿的具体数额或标准在《民法典》中并无明确规定，由婚姻当事人双方协商或者法院酌定。

# 问题 46：离婚后还需要负担夫妻共同债务吗？

姜平波、苟静夫妻两人开办了一家贸易公司，为签下某服装品牌的省级独家代理，两人在向银行贷款之余，还找朋友潘长安借款 70 万元，借据没有写明还款日期，只约定年息 6%，夫妻二人都在借款协议上具名。

后来，该服装品牌开始走红，销量猛增，夫妻俩获利颇丰。但两人没有还钱，而是把一部分钱用来购房购车，改善生活质量，另一部分钱用来扩大规模，继续开店。谁知道三年后，两人的公司没有续约成功，丧失了该服装品牌的省级独家代理权。虽然两人又赶紧组织其他货源，但市场认可度不高，各门店陆续开始亏损。

此时，潘长安也因资金周转需要用钱，多次催要借款未果后，潘长安将姜平波、苟静夫妻二人诉至法院，要求两人还本付息。因证据确凿，法院判决该笔债务为夫妻共同债务，姜平波、苟静两人共同偿还。

殊不知，为逃避该债务，姜平波、苟静两人已协议离婚，约定房屋、车辆等财产全部归苟静所有，70 多万元（含利息）的债务由姜平波一人来偿还。

半个月后，潘长安没收到任何钱款，就到法院申请强制执行。姜平波表示自己愿意还钱，但没有财产，有心无力。苟静则表示，两人已经协议离婚，对该债务进行了分担，本案与自己已经没有关系了。

请问：姜平波、苟静夫妻能通过离婚逃避该笔债务吗？

## 律师解答

**离婚时，夫妻共同债务应当共同偿还，两人通过离婚逃避债务是徒劳的。**

**《民法典》第一千零八十九条**　离婚时，夫妻共同债务应当共同偿还。共同财产不足清偿或者财产归各自所有的，由双方协议清偿；协议不成的，由人民法院判决。

## 律师评析

《民法典》第 1089 条为【夫妻共同债务清偿】条款。该条的立法本意就是保护夫妻共同债务的债权人的权益不因共同债务人离婚而受到损害。

夫妻双方对夫妻共同债务负有连带清偿责任，基于夫妻身份关系产生的连带责任并不因身份关系的解除（离婚）而消失。一旦债务被认定为夫妻共同债务，无论在婚姻关系存续期间，还是在夫妻离婚之后，夫妻双方都有共同偿还的义务，且权利人主张夫妻双方用于偿还债务的财产范围不限于离婚时分得的夫妻共同财产，对夫妻双方的个人财产也可主张。

夫妻共同债务的承担基础在于夫妻共同财产制及家事代理制度，就两个共同债务人内部而言，应该优先用夫妻共同财产来清偿夫妻共同债务。如果双方没有夫妻共同财产，或者夫妻双方约定过财产归各自所有，也应该协议清偿；协议不成的，由法院判决。也就是说，约定财产各自所有的夫妻离婚也不影响夫妻共同债务的清偿。

对于债权人而言，夫妻“共同偿还”夫妻共同债务的责任是连带清偿责任，无论双方是否离婚，均应以夫妻共同财产以及包括个人财产在内的所有的财产来清偿。离婚时夫妻对共同债务承担的约定只对彼此有效，属于内部约定，对外不能对抗债权人。

上述案例中，姜平波和苟静在离婚处理共同财产时，虽然涉及夫妻共同债务的处理，但二人将婚姻关系存续期间所有的财产通过协议的方式划归苟静所有，主观逃避债务的意思明显。且两人通过离婚对共同债务的分担、对共同财产的分割，根本不对潘长安产生约束力。

## 律师提示

1. 真离婚也好，“假离婚”也罢，想通过离婚的方式来达到逃避夫妻共同债务的目的，在法律层面都是徒劳的。如果该笔夫妻共同债务已经法院生效法律文书确认，当事人甚至可能涉嫌拒不执行判决裁定罪。

2. 夫妻一方就夫妻共同债务承担连带清偿责任后，基于离婚协议或者法院的法律文书向另一方主张追偿的，法院应当支持。

3. 夫或者妻一方死亡的，生存一方应对婚姻关系存续期间的夫妻共同债务承担清偿责任。

## 问题 47：已经离婚了，为什么还要帮助另一方？

夏洛阳、卜琳和二人的儿子夏冰，住在卜琳工作的高中分配的一套房子内。

因为夏洛阳突然出现精神不稳定、胡言乱语、举止失常的现象，卜琳带夏洛阳去当地的精神卫生中心诊治，医生诊断夏洛阳患了精神分裂症，残疾人联合会确认其为精神残疾人，残疾等级为二级。因夏洛阳无暴力行为，卜琳没有让夏洛阳住院治疗，而是在家休养。谁知，一天夏洛阳竟自行离家出走，再无音讯。

两年后，为结束这段名存实亡的不幸婚姻，卜琳提起了离婚诉讼。因夏洛阳下落不明，法院公告送达并缺席审理，未判决离婚。10 个月后，卜琳再次起诉离婚，夏洛阳依然下落不明。法院公告送达并缺席审理后，最终判决解除了双方的婚姻关系。

又过了一年多，夏洛阳突然出现了，而且病情已有所好转。他得知法院已判决离婚后，向法院提起诉讼，以自己生活困难为由要求卜琳履行经济帮助义务。最终，法院判决卜琳一次性支付夏洛阳经济帮助款 5 万元。

卜琳不解，她认为，双方已经离婚一年多，夏洛阳无权再主张经济帮助。

请问：离婚了，卜琳为何还需要帮助夏洛阳？

## 律师解答

夏洛阳生活困难，有负担能力的卜琳应对其给予适当帮助。

**《民法典》第一千零九十条** 离婚时，如果一方生活困难，有负担能力的另一方应当给予适当帮助。具体办法由双方协议；协议不成的，由人民法院判决。

## 律师评析

《民法典》第1090条为【离婚经济帮助】条款。婚姻关系依法成立后，夫妻双方即建立了一种相互信赖、相互扶助的特殊社会关系，为维持这种特殊社会关系，婚姻当事人难免会有自我损失和自我牺牲。因此，当婚姻关系终结时，若一方生活困难，法律要求另一方给予适当帮助，是基于在先的行为而从原来的婚姻关系中派生出来的一种义务。这种义务一方面是基于公平原则，另一方面是将道德义务上升为法律义务。

离婚经济帮助有四个要点：(1)一方需要生活困难且本人无力解决，才有权要求经济帮助；(2)另一方需要有负担能力，才会被要求给予帮助；(3)这种帮助是适当的，不是无限制的；(4)具体办法由双方协议，协议不成的，由法院判决。

此处的“生活困难”不是一方当事人的主观感受，或因离婚导致生活质量下降。司法实践中，“生活困难”，是指依靠个人财产和离婚时分得的财产无法维持当地基本生活水平，或一方离婚后没有住处的。这里的住处不是指名下无产权房屋，而是指确实没有地方住，包括了产权、居住权、租赁房屋、借住等多种情形。

而“适当性帮助”，是用来解决一方离婚时的生活困难，因而是临时的，不是长期的。离婚经济帮助一般有两种：一是给予金钱帮助，一般是一次性给付。二是给予房屋居住的帮助，根据帮助方实力，可以无偿居住，也可以有偿居住，甚至还可以转移房屋所有权；如果给予住房使用居住的帮助，一般期限不超过两年。

上述案例中，法院判决离婚时，夏洛阳因下落不明没有到庭，客观上无法向卜琳主张经济帮助。但这并不意味着夏洛阳丧失了该项权利，夏洛阳仍享有在知情后要求卜琳予以经济帮助的权利。至于帮助的形式，法院考虑卜琳只有一套房屋，还需要抚养儿子，且夏洛阳是精神病患者，故不宜提供住房帮助。同时卜琳经济能力较为有限，法律也明确规定离婚后的帮助以“适当”为限，故法院最终判决卜琳一次性支付夏洛阳经济帮助款 5 万元。

## 律师提示

1. 离婚经济帮助与分割夫妻共同财产、离婚经济补偿、离婚损害赔偿等是不同的法律权利，并行不悖，可以依次主张。离婚时，分割夫妻共同财产、请求经济补偿之后一方仍然生活有困难的，才可以主张帮助方用分得的财产或婚前个人财产给予困难一方适当的经济帮助。

2. 经济帮助以离婚时一方生活困难为条件，不以是否存在过错为条件。也就是说，导致离婚有过错的一方，只要离婚时确实生活困难的，也可以主张经济帮助。

## 问题 48：具有哪些情形离婚时可要求损害赔偿？

郑丹丹与倪文斌结婚后经常因一些琐事拌嘴。有一天，郑丹丹回家，发现家里多了一个立式的拳击柱，上面印着自己的头像。此后，倪文斌只要不开心了，甚至无缘无故地，都会当着郑丹丹的面疯狂击打这个拳击柱，一边打，一边嘴里还骂骂咧咧的。这种精神折磨让郑丹丹不由地感到有些害怕，但倪文斌说自己是在锻炼身体，而且从来也没有殴打过她，所以她就忍了。

两人的儿子倪泽缘出生了。但即便在郑丹丹哺乳期间，倪文斌也未停止击打拳击柱的恶意行为。郑丹丹认为倪文斌此举会惊吓到孩子，至少会影响孩子休息。两人因此发生争执，倪文斌多次推搡殴打郑丹丹致其轻微伤。甚至有一次，倪文斌将正抱着倪泽缘的郑丹丹推倒在地，导致倪泽缘的头部被桌脚撞伤。

忍无可忍的郑丹丹向法院提起离婚诉讼，请求法院依法判令准予二人离婚；倪泽缘由郑丹丹抚养，倪文斌每月支付抚养费 1800 元至倪泽缘年满 18 周岁；夫妻共同财产依法分割；并判令倪文斌支付损害赔偿 5 万元。

请问：郑丹丹依据什么请求倪文斌支付损害赔偿？

### 律师解答

**按照《民法典》的有关规定，因重婚、与他人同居、实施家庭暴力、虐待遗弃家庭成员、有其他重大过错导致离婚的，无过错方有权请求损害赔偿。**

**《民法典》第一千零九十一条** 有下列情形之一，导致离婚的，无过错方有权请求损害赔偿：

（一）重婚；

（二）与他人同居；

（三）实施家庭暴力；

（四）虐待、遗弃家庭成员；

（五）有其他重大过错。

## 律师评析

《民法典》第 1091 条为【离婚损害赔偿】条款。此条规定，因为一些特定的过错行为导致离婚的，无过错方可以向过错方请求损害赔偿。

除列举的四种明确的违法行为：重婚，与他人同居，实施家庭暴力，虐待、遗弃家庭成员外，还有一条兜底条款，即一方“有其他重大过错”，如吸毒、赌博、通奸、嫖娼卖淫、滥交、传染艾滋病给无过错方等，致使婚姻破裂导致离婚的，也需要对无过错方进行损害赔偿。《民法典》此规定充分发挥法律对家风、家庭美德、家庭文明的正面引导，完善了我国离婚损害赔偿制度，充分照顾无过错方权益。

客观上，无过错方会因过错方上述违法行为受到或多或少的财产损害、人身损害和精神损害。基于此，《民法典》规定，离婚发生时，无过错方可以行使离婚损害赔偿的请求权。离婚是一方法定违法行为引发的后果，而离婚损害赔偿是无过错方针对过错方的法定违法行为造成的无过错方财产、人身和精神上的损害提起的赔偿。

上述案例中，婚后倪文斌经常击打有郑丹丹照片的拳击柱，从视觉上、听觉上折磨郑丹丹，使郑丹丹产生恐惧感，该行为已经构成精神暴力。在夫妻发生矛盾时，倪文斌对郑丹丹实施身体暴力致其轻微伤，甚至波及还在哺乳期的婴儿，已经构成家庭暴力。最终也因此导致了夫妻感情的完全破裂。因倪文斌存在家庭暴力行为，故其不宜直接抚养子女，且倪泽缘未满 2 周岁，随母亲生活更有利于其身心健康。倪文斌对郑丹丹、倪泽缘实施家庭暴力，应依法承担损害赔偿责任。最终法院酌情判决倪文斌支付损害赔偿 3 万元。

## 律师提示

1. 本条规定的损害赔偿责任的主体，为离婚诉讼当事人中无过错方的配偶。无过错方作为原告的，损害赔偿请求必须在离婚诉讼的同时提出。无过错方作为被告的，如果被告不同意离婚也不基于本条规定提起损害赔偿请求的，可以就此单独提起诉讼。

当事人在婚姻登记机关办理离婚登记手续后，以本条规定为由向法院提出损害赔偿请求的，法院应当受理。但当事人在协议离婚时已经明确表示放弃该项请求的，法院不予支持。

2. 本条规定的“损害赔偿”，包括物质损害赔偿和精神损害赔偿。涉及精神损害赔偿的，适用最高人民法院《关于确定民事侵权精神损害赔偿责任若干问题的解释》的有关规定。对于离婚损害赔偿的标准，《民法典》并无具体的、明确的规定，由审理法院根据实际情况自行酌定。

3. 夫妻双方均有《民法典》第 1091 条规定的过错情形，一方或者双方向对方提出离婚损害赔偿请求的，法院不予支持。

# 问题 49：一方侵害夫妻共同财产，离婚时可以少分或不分吗？

冯智慧与孙浩然的婚姻遭遇了“七年之痒”，两人在闹离婚。

在协商财产分割时，两人分歧很大，冯智慧认为自己最美好的年华都葬送在孙浩然手里了，还受到了“伤害”，理应多分财产，所以夫妻共同财产自己要拿七成。孙浩然不同意，他认为婚后自己赚了夫妻共同财产中七成的钱，为什么反而只能分三成？

两人谈不拢，冯智慧起诉到法院要求离婚，因孙浩然不同意离婚，法院没判决离婚。

之后，冯智慧发现孙浩然突然“阔气”起来：没事就请别人吃大餐、娱乐，一个月用掉小几万元；微信群里一言不合就发红包，每天差不多要发 1000 元；周末节假日就出去旅游，还是挥金如土的那种“富游”；上下班、出门办事自己有车也不开，而是叫豪华专车……不出半年，孙浩然就把存款都花完了，股票也卖了，甚至连自己的腕表、钻戒都典当了去“潇洒”。如果不是因为房子和车子有冯智慧的名字，估计也会被孙浩然败光。

第一次起诉判决生效 6 个月后，冯智慧赶紧提起了第二次诉讼，要求离婚，她还认为孙浩然侵害了夫妻共同财产，应该少分或不分夫妻共同财产。孙浩然则说，自己既没有隐藏、转移、变卖、毁损夫妻共同财产，也没有伪造夫妻共同债务企图侵占冯智慧财产，凭什么要少分或不分呢？

请问：孙浩然可以少分或不分夫妻共同财产吗？

## 律师解答

按照《民法典》的有关规定，孙浩然因“挥霍”夫妻共同财产，可以少分或不分财产。

**《民法典》第一千零九十二条** 夫妻一方隐藏、转移、变卖、毁损、挥霍夫妻共同财产，或者伪造夫妻共同债务企图侵占另一方财产的，在离婚分割夫妻共同财产时，对该方可以少分或者不分。离婚后，另一方发现有上述行为的，可以向人民法院提起诉讼，请求再次分割夫妻共同财产。

## 律师评析

《民法典》第 1092 条为【一方侵害夫妻共同财产的法律后果】条款。本条是《民法典》中唯一明确规定分割夫妻共同财产时过错方“少分或不分”的条款。换言之，这一条是《民法典》中唯一有可能使过错方“净身出户”的法律依据。

此条规定的过错方侵害夫妻共同财产的形式有：隐藏、转移、变卖、毁损、挥霍夫妻共同财产，或伪造夫妻共同债务企图侵占另一方财产。

“隐藏”，就是把夫妻共同财产藏起来、遮掩起来。“转移”，就是把不动产更名到他人名下，动产转由他人占有控制。“变卖”，就是把夫妻共同财产卖掉，而且一般是贱卖或串通交易，出卖所得款项也可能隐藏、转移。“毁损”，就是破坏夫妻共同财产，使其丧失价值或减少价值。“伪造夫妻共同债务”，就是虚构、捏造、夸大夫妻共同债务，其目的和后果则是稀释、摊薄无过错方应得的夫妻共同财产，甚至波及无过错方的个人财产。“挥霍”，就是胡乱花钱，肆意消费。

“挥霍夫妻共同财产”是《民法典》新增内容。笔者认为，区别是挥霍还是正常消费，应该从必要性、合理性、数额大小、占夫妻共同财产的比例、是否符合当事人的消费能力与消费习惯、行为受益人等多方面来综合判断，不能仅凭单一方面去判定，否则有失公允。例如，有存款50万元，得了重大疾病后花费49万元去看病，这不是挥霍，而是必要支出；但普通工薪阶层得了感冒就非要去收费高昂的私立医院做全套检查，住院观察，花费好几万元，就是挥霍。夫妻有共同财产50万元，花费20万元安排家庭境外游，虽然不是生活必需品，但受益人是整个家庭，有助于维护家庭关系，提升生活品质，也不宜认为是挥霍。这里要注意一个前提，隐藏、转移、变卖、毁损、挥霍的财产必须是夫妻共同财产，如果是一方的个人财产，其个人想怎么支配就怎么支配，即便是“挥霍”也不会损害另一方在夫妻共同财产中的权益，不受本条调整。

回到上述案例中，孙浩然请客、发红包、高密度的豪华游、上下班叫豪华专车等行为具有一定恶意，不符合其消费能力和消费习惯，也缺乏必要性、合理性和合法性，且花费数额较大，占共同财产比例偏高，应该属于挥霍行为。故孙浩然因“挥霍”夫妻共同财产，可以少分或不分财产。

## 律师提示

1. 无过错方对于过错方隐藏、转移、变卖、毁损、挥霍夫妻共同财产，或伪造夫妻共同债务企图侵占另一方财产的行为负有初步举证责任。无过错方初步举证之后，证明这些行为合法合理的举证义务就转移到过错方身上了。

2. 虽然理论上可以依据本条让符合条件的过错方“净身出户”，但司法实践中，此种情形罕见。一般情况下，过错方需要满足主观恶意强烈、过错程度严重、后果巨大等条件，才可能对其“不分”夫妻共同财产，让其“净身出户”。

3. 本条规定的过错形式，不仅是离婚时过错方少分或不分共同财产的依据，还是夫妻不离婚的情况下，无过错方主张婚内分割夫妻共同财产的依据之一。

## 问题 50：离婚后才发现对方隐匿的共同财产怎么办？

章颂雅的丈夫诸葛修每天晚饭后都要出去跑步、走路两三个小时，风雨无阻。章颂雅很羡慕丈夫的活力，想看看诸葛修的步数到底有多少。结果她却发现诸葛修的运动步数远远达不到跑或走两三个小时应有的步数，而且其中有一段时间他的步数是几乎不变的。章颂雅起了疑心，尾随诸葛修，结果发现诸葛修居然借着出去做运动的借口，到隔壁小区与别的女人约会！

事情败露后，章颂雅向诸葛修提出离婚，诸葛修始终以种种借口推诿，拒不离婚。章颂雅遂起诉到法院要求离婚。法院组织调解时，诸葛修提出了离婚条件：夫妻双方共同所有的价值 300 余万元的住宅归其所有，他补偿章颂雅 80 万元，他就同意离婚。章颂雅只想尽快离婚，也没多想就同意了诸葛修的要求，二人达成调解协议，法院出具了相应的民事调解书。

但在离婚后不久，一次章颂雅和朋友吐槽时，朋友提醒她，隔壁小区给情人住的房子不会也是诸葛修买的吧？章颂雅找房产中介查询后，发现被朋友说中了，这套房子还真是诸葛修在婚姻关系存续期间买的，产权证上写的是诸葛修一个人的名字。

章颂雅遂诉至法院，请求重新分割夫妻共同财产。

请问：已经离婚了，章颂雅还有权要求重新分割夫妻共同财产吗？

## 律师解答

按照《民法典》的有关规定，诸葛修的行为是"隐藏"夫妻共同财产。离婚后章颂雅才发现有上述行为，可以向法院提起诉讼，请求再次分割夫妻共同财产。

**《民法典》第一千零九十二条** 夫妻一方隐藏、转移、变卖、毁损、挥霍夫妻共同财产，或者伪造夫妻共同债务企图侵占另一方财产的，在离婚分割夫妻共同财产时，对该方可以少分或者不分。离婚后，另一方发现有上述行为的，可以向人民法院提起诉讼，请求再次分割夫妻共同财产。

## 律师评析

《民法典》第 1092 条为【一方侵害夫妻共同财产的法律后果】条款，其中涉及离婚后夫妻共同财产的重新分割问题。本条的立法目的在于防止夫妻离婚时，一方当事人在另一方当事人不知情的情况下，基于自己的利益考虑，违法或不当处分夫妻共同财产，进而侵害另一方当事人的合法权益，尤其是作为社会和家庭弱势成员的女方的合法权益。

上述案例中，诸葛修在婚姻关系存续期间购买商品房给婚外情人居住，并在法院诉讼离婚时对章颂雅进行隐瞒的行为，已经构成《民法典》中规定的隐藏夫妻共同财产，章颂雅有权在发现后请求法院重新分割夫妻共同财产。因此，即便已经离婚了，章颂雅也有权要求重新分割夫妻共同财产。

## 律师提示

1. 本条适用于民政局登记的协议离婚以及法院判决的诉讼离婚。登记离婚对财产的分割仅体现婚姻当事人自己的意志，婚姻登记机关对其仅作形式审查。法院诉讼离婚时，法官虽然比民政局审查得严格一些，但也没有“上帝视角”，仍然无法杜绝、避免婚姻当事人出现本条规定的违法行为。

2. 诉讼离婚时，虽然法院应该就全部夫妻共同财产进行判决，但实际上法院只能判决处理有证据证实的、已经查明的、双方认可的夫妻共同财产。

3. 如果夫妻离婚过程中共同财产已经分割了，在离婚后一方发现另一方具有本条所列的违法行为的，当事人需要在知道或应当知道该行为之日起三年内起诉，超过了诉讼时效则丧失胜诉权。

# 婚姻家庭

## 父母子女关系和其他近亲属关系

## 问题 51：成年子女也能索要抚养费吗？

王老石在某银行工作，收入稳定，他与前妻芮春华经法院调解离婚，调解协议中约定二人的儿子王小石归芮春华抚养，王老石每月支付 1800 元的抚养费至王小石独立生活时止。

离婚后，王老石按约每月支付王小石抚养费。王小石年满 18 周岁后，王老石未再向王小石支付过抚养费，王小石、芮春华也未表示异议。

王小石考上了北京某大学，因为大学学费较贵，北京的生活成本也比较高，王小石和母亲芮春华以协议约定抚养费付至“王小石独立生活时止”，而现在正在上学的王小石还不能独立生活为由，要求王老石继续支付抚养费每月 1800 元到王小石大学毕业，并承担王小石在大学期间所需学费、住宿费、交通费等的一半。

王老石则以王小石已经成年，能够独立生活为由，不同意支付抚养费及其他费用。

协商未果，王小石将王老石起诉到法院，要求法院判令王老石继续支付抚养费每月 1800 元到王小石大学毕业，并承担王小石在大学期间所需学费、住宿费、交通费等的一半。法院受理此案后查明，王老石现在每月收入约 1 万元。

请问：王老石还需要继续支付王小石的扶养费吗？

## 律师解答

不能独立生活的成年子女，有要求父母给付抚养费的权利，但王小石并不属于该条所称的“不能独立生活的成年子女”。

**《民法典》第一千零六十七条** 父母不履行抚养义务的，未成年子女或者不能独立生活的成年子女，有要求父母给付抚养费的权利。

成年子女不履行赡养义务的，缺乏劳动能力或者生活困难的父母，有要求成年子女给付赡养费的权利。

## 律师评析

《民法典》第1067条为【父母的抚养义务和子女的赡养义务】条款。从我国法律规定看，父母对于未成年子女的抚养义务是无条件的，应为子女的生活、教育、医疗等提供一定的物质条件，或给付抚养费，这种抚养责任除了法律另有规定外，任何情况下都不能免除。即使父母离婚，父母对于未成年子女的抚养义务也是无法免除的。

我国将年满18周岁的自然人视为成年人，故子女年满18周岁后即为成年人，一般认为其可以独立生活，父母一般无须再继续给付抚养费。

但如果子女成年后仍不能独立生活，父母依然有给付抚养费的义务。此处的“不能独立生活的成年子女”，最高人民法院《关于适用〈中华人民共和国民法典〉婚姻家庭编的解释（一）》第41条将其规定为：尚在校接受高中及其以下学历教育，或者丧失、部分丧失劳动能力等非因主观原因而无法维持正常生活的成年子女。

上述案例中，王小石已经完成高中学历教育且并未丧失劳动能力，也无其他非因主观原因而无法维持正常生活。王小石是已经成年的完全民事行为能力人，不属于法律规定的“不能独立生活的子女”，故法院不会支持王小石的诉请。至于离婚协议中“抚养费付至王小石独立生活时止”的约定，“独立生活”应做通常意义的解读，即年满 18 周岁。王小石、芮春华认为“独立生活”是指走向社会并就业，不符合法律规定以及生活常理。故法院会驳回王小石要求支付抚养费的诉讼请求。

## 律师提示

1. 成年子女丧失、部分丧失劳动能力的，其本人有要求父母给付抚养费的权利，这项权利不因年龄增长而消失。除非经过医学治疗或其他措施，该成年子女恢复了劳动能力，父母就无须继续支付抚养费了。

2. 司法实践中，成年子女抚养费的数额可根据子女的实际需要、父母双方的负担能力和当地的实际生活水平确定。抚养费一般可按父或母月总收入的 20%~30% 的比例给付，与未成年人的抚养费标准相仿。

3. 客观上，成年子女在高校在读期间虽然可以勤工俭学或争取奖学金等各类补助，但若无其他经济来源，该成年在读子女的学费和生活费也可能不稳定、没有保障，学习、生活势必面临一定困难。笔者建议在日后的司法解释中将“不能独立生活的成年子女”标准中的“尚在校接受高中及以下学历教育”调整为“尚在校接受本科及以下学历教育”，同时为了鼓励成年在读大学生尽快自立，可规定“抚养费不多于未成年时抚养费的 50%”，以便成年在读大学的学生能顺利完成学业，保障基本生活，并积极谋求独立自主。

# 问题 52：父母在何种情形下可以索要赡养费？

袁小真从记事起就害怕、厌恶自己的父亲袁世仁。袁世仁身上总是带着一股酒气，经常好几天不回家，可只要一回到家，他动辄就吹胡子瞪眼睛，打骂袁小真的母亲方海棠。袁世仁不仅不给方海棠钱，还向她要钱，甚至把她的嫁妆也偷偷变卖掉了。

袁小真七八岁时，方海棠因不堪忍受，和袁世仁在法院调解离婚了。袁小真归方海棠抚养，袁世仁每月承担 800 元抚养费。

离婚后，袁世仁断断续续地付过几个月抚养费，探望过袁小真两次，之后就再没露过面，也没再付抚养费。

没想到，等到袁小真谈婚论嫁时，袁世仁突然跛着腿出现了。他找到男方家，张口就要 50 万元的彩礼。袁小真的未婚夫给了袁世仁 20 万元彩礼。袁小真让袁世仁写下了字据："今收到袁小真和其丈夫交来的养老钱 20 万元。即日起，袁世仁与袁小真断绝父女关系，永不往来。袁世仁不得再以任何理由向袁小真提出任何要求"。袁世仁眉开眼笑地拿了钱，签了字，捺了手印。

一晃又十几年过去了。袁世仁又来了，他以自己身体残疾缺乏劳动能力、生活困难为由，向袁小真索要赡养费。

袁小真认为，袁世仁还不到 60 周岁，且自己已经给过袁世仁养老钱，双方也立下字据断绝父女关系，她不应再支付所谓赡养费了。

请问：袁小真还需要给付袁世仁赡养费吗？

## 律师解答

缺乏劳动能力或者生活困难的父母，有要求成年子女给付赡养费的权利。故袁小真应给付袁世仁赡养费。

**《民法典》第一千零六十七条**　父母不履行抚养义务的，未成年子女或者不能独立生活的成年子女，有要求父母给付抚养费的权利。

成年子女不履行赡养义务的，缺乏劳动能力或者生活困难的父母，有要求成年子女给付赡养费的权利。

## 律师评析

《民法典》第 1067 条为【父母的抚养义务和子女的赡养义务】条款。从此条规定看，只有“缺乏劳动能力或者生活困难的父母”才可以依法要求给付赡养费，且给付赡养费的子女仅限于成年子女。

赡养父母是子女应尽的法定义务。任何人不得以任何方式加以改变，也不得附加任何条件进行限制。

上述案例中，袁小真的父亲袁世仁虽然还不到 60 周岁，尚未年老，但他出现了因腿部残疾而缺乏劳动能力或者生活困难的情形，这种情况下，袁世仁可以要求赡养费。

虽然袁小真和袁世仁签署协议“断绝父女关系”，但依照我国法律规定，除非子女和其他人依法建立了收养关系，否则，亲生父母和子女之间是没有办法断绝关系的。原本就是收养关系的父母和子女，则可以通过解除收养关系，从而“断绝”父母子女关系。

父母抚养子女，与子女赡养父母，是两个独立的法律关系。法律层面，就算是如袁世仁这样不负责任的父母，出现了缺乏劳动能力或者生活困难的情形，也有权要求子女给付赡养费。

## 律师提示

1. 给付赡养费和履行赡养义务既有关联又有区别。即便父母有钱、有房，或尚有劳动能力，子女也应对父母尽赡养义务，我国《宪法》《老年人权益保障法》都明确规定了成年子女有赡养扶助父母的义务。在父母有一定经济来源的情况下，可以相应减少子女对其的物质赡养，但是子女对父母精神层面的赡养不可或缺。《老年人权益保障法》第 18 条明确规定，家庭成员应当关心老年人的精神需求，不得忽视、冷落老年人。与老年人分开居住的家庭成员，更应当经常看望或者问候老年人。

2. 司法实践中，赡养费的数额首先由当事人协议，协议不成，由法院依照原告诉请裁量后进行判决。赡养费是保证被赡养人的基本生活需要的，一般不应低于当地的最低生活保障水平。具体给老人多少赡养费，要看子女人数的多少和子女自身的经济条件。

3. 常见的抚养费裁量标准为：首先计算子女家庭的人均月收入，子女家庭的人均月收入低于最低生活保障线时，视为该子女无力付赡养费。子女家庭的人均月收入高于最低生活保障线时，超出部分，二个子女以内的可按 50% 计算赡养费；三个子女以上的可按 40% 计算赡养费。应付的赡养费 ÷ 被赡养人数 = 付给每个被赡养人的赡养费。

# 问题53：未成年子女造成他人损害，谁来赔？

任重远今年面临“小升初”考试，但他酷爱阅读的不是课本，而是课外书，最近尤其喜欢看侦探小说。

爸爸任建设认为，现在任重远正是“小升初”的关键时刻，因此严禁任重远看“闲书”。任重远每次跟同学借来小说，都把自己的房门锁了偷偷地看。任建设“突袭检查”发现了两次后，就不许任重远锁门了，并且警告任重远，再看就把书没收。

为了应付爸爸的检查，任重远琢磨出一个好办法——开着窗看书。一听到任建设过来，就站起来假装关窗户，趁机把书扔到楼下的草坪上，然后再找个借口下楼，把书捡回来。如此这般操作后，任重远就再没被爸爸抓到过了，他觉得这是个好办法。

这天晚上，任重远正在看侦探小说，隐约又听到任建设过来了，他赶紧故技重施，把书扔出了窗外。接着，就听见楼下传来了一声惨叫。原来，任重远扔出去的书正巧打在了楼下一位在草坪上散步的居民肩膀上，结结实实地把这位居民砸伤了。

该居民看病花了三四千元，还产生了误工费、交通费、医药费等损失，于是就向任建设提出索赔。但任建设认为，该居民不应该在草坪上散步，再说又不是自己砸伤该居民的，不愿意赔偿。

请问：任重远砸伤他人，任建设应该赔偿吗？

## 律师解答

**未成年子女造成他人损害的，父母应当依法承担民事责任。对于邻居的损害，任建设应当赔偿。**

**《民法典》第一千零六十八条** 父母有教育、保护未成年子女的权利和义务。未成年子女造成他人损害的，父母应当依法承担民事责任。

## 律师评析

《民法典》第1068条为【父母教育保护未成年子女的权利义务】条款。父母照料子女是一种本能，一种“享受”，所以父母对未成年子女抚养、教育和保护，是一种权利。而未成年子女在成年以前，缺乏独自生活、学习和进行社会活动的能力，所以父母对未成年子女进行抚养、教育和保护也是一种责任，是一项必须完成的义务。

未成年子女要么是无民事行为能力人，要么是限制民事行为能力人，一般也没有独立的财产，所以，未成年子女造成他人损害的，父母应当依法承担民事责任。

首先必须指出，高空抛物是要承担刑事责任的！《刑法》第291条之二第1款规定：“从建筑物或者其他高空抛掷物品，情节严重的，处一年以下有期徒刑、拘役或者管制，并处或者单处罚金。”上述案例中，因为高空抛物的任重远尚不满12周岁，故不用承担刑事责任。

具体到民事责任，正在上小学的任重远是未成年人，他高空抛书的行为给他人造成了身体上的伤害，由此导致他人产生了医药费等各项损失。任建设作为任重远的父亲、监护人，依法应当予以赔偿。而该居民在草坪散步的行为，如果小区无禁止性规定，属于该居民的自由。即便小区有类似不得擅自进入草坪的规定，也不代表在草坪散步被高空抛物砸伤就应该自行承担责任。因此，任建设应该对该居民的损失予以全部或大部分的赔偿。

## 律师提示

1. 父母与子女间的关系，不因父母离婚而消除。离婚后，未成年子女造成他人损害的，同该子女共同生活的一方应当承担相应的民事责任。如果其独立承担民事责任确有困难，未与该子女共同生活的一方需要共同承担民事责任。

2. 未成年人造成他人损害，监护人将监护职责委托给他人的，监护人应该承担侵权责任；受托人有过错的，承担相应责任。此类情形常见的就是在幼儿园、学校或其他教育机构内未成年人给他人造成伤害，幼儿园、学校或其他教育机构有过错的，应承担相应赔偿责任。

3. 如果未成年人有自己的财产，比如压岁钱、零花钱、勤工俭学的收入等，父母可以用未成年人的钱来支付其给他人造成损害的赔偿费用。如果未成年人没有自己的财产，或者其财产不足以进行赔偿的，父母应当用自己的钱来赔偿。

# 问题 54：父母的婚事，子女能干涉吗？

华有为七八岁时，他爸爸就因意外去世了，他和妈妈岳秋月成了孤儿寡母。当时，岳秋月才 30 岁出头，有不少人给她说媒，但是，岳秋月担心自己再婚会影响华有为，也怕后爸对华有为不好，就都拒绝了。

岳秋月一心一意照顾华有为。华有为人如其名，本来就聪明的他，经历丧父之后更加自律努力，很快就成了那种“别人家的孩子”。

转眼间，华有为硕士毕业参加工作，搬出去住了。岳秋月也 50 岁出头，退休了。不用上班也不用再照料华有为的生活起居，为了打发时间，岳秋月报了老年大学里的烘焙、声乐、书法等课程。在老年大学，岳秋月认识了和她属相一样，但比她大 12 岁的秦国寿。秦国寿风趣幽默、多才多艺、会照顾人，跟岳秋月一样是丧偶。在秦国寿温柔真诚的沟通之下，岳秋月逐渐打开了心扉。

两人准备结婚了，于是岳秋月把秦国寿和华有为都约到家里，做了一桌子菜，想让两人见个面，熟悉一下，顺便商量一下自己结婚的事情。谁知道，一提起这件事，华有为立刻变了脸色，声称如果岳秋月再婚，他就和岳秋月断绝母子关系，永不往来，以后岳秋月也不要和他要赡养费。

请问：华有为有权阻止岳秋月再婚吗？

## 律师解答

华有为不得干涉岳秋月再婚，也不能因岳秋月再婚而不履行子女对父母的赡养义务。

**《民法典》第一千零六十九条** 子女应当尊重父母的婚姻权利，不得干涉父母离婚、再婚以及婚后的生活。子女对父母的赡养义务，不因父母的婚姻关系变化而终止。

# 律师评析

《民法典》第 1069 条为【子女应尊重父母的婚姻权利】条款。此条规定体现了“婚姻自由”“赡养是法定义务”两个原则。

婚姻自由的主体不局限于中青年人，老年人也有婚姻自由。父母不得干涉子女的婚姻自由，同理，子女也不得干涉父母的婚姻自由。《民法典》此条是保障父母（尤其是老年人）婚姻权利的规定，从法律上有针对性地强调父母（尤其是老年人）的婚姻自由，特别是离婚或丧偶后的再婚自由。

成年子女赡养父母不仅是传统文化、道德要求，也是法律规定的强制性义务。子女对父母的赡养是法定义务，不得附加任何条件，赡养人不得以任何理由拒绝履行赡养义务。子女的赡养义务也不会因父母再婚而消除。

上述案例中，华有为不体谅母亲养育他的辛苦与付出，不理解母亲也有追求爱情、缔结婚姻的权利，仅从自己的角度出发，以断绝母子关系、不给付赡养费为由阻挠母亲再婚的行为，不仅伤害了母亲的感情，也违反了《民法典》的相关规定。

当然，从维护家庭和谐、维系亲情的角度而言，父母一方也不能只强调自己婚姻自由的权利，一味拿法律规定来打压子女，而应该开诚布公地把事情讲清楚，问清子女反对的原因，打消子女的顾虑。协商不成的，父母也可向共同的亲友或子女所在单位、村委会、居委会等组织求助，请他们来说服教育子女。如果百般努力之下仍无法解决，或者子女有严重的违法行为（如暴力干涉等），父母可以拿起法律武器来维护自己的婚姻权利。

## 律师提示

1. 父母与子女间的关系，不因父母离婚、再婚而消除，亲生子女与父母之间不应因此而“断绝关系”。而且，就法律层面而言，亲生子女与父母之间是不能也无法“断绝关系”的。

2. 子女反对父母离婚、再婚的，未必全是为了面子，或者是出于对财产分配问题的担忧。有些时候，子女害怕父母离婚、再婚也有一定感情方面的原因：舍不得离开亲生父亲（母亲）；害怕受到后爸后妈的情感伤害；害怕父母再婚遇到“骗子”“坏人”等。要化解这些问题和矛盾，仅靠法律规定是不够的，还需要当事人真诚的沟通、感情的交流。父母与子女应本着“家和万事兴”的理念，尽可能达成共识。

## 问题55：非婚生子女由谁来抚养？

华凤梨非常喜欢小孩子。她与俞增光结婚后，一心想赶快生个小宝宝。然而两人为此努力了一年多，华凤梨一直没怀孕。夫妻两人去医院检查，发现是因为俞增光精子质量太差，没办法生育。

为此，华凤梨开始埋怨俞增光，俞增光也觉得挺内疚的，就提出了一个荒唐的建议——让华凤梨找自己的好兄弟仇永力“借种”生孩子。俞增光、华凤梨找到仇永力协商。仇永力一开始是拒绝的，但禁不住夫妻二人的软磨硬泡，同意了。后来，华凤梨怀孕并生下了一对龙凤胎，起名俞小龙、华小凤。两个孩子出生后就随华凤梨、俞增光夫妇共同生活。

华凤梨、俞增光本以为小孩出生后，人生就没有了遗憾，婚姻就会走向美满。结果，看着和自己没有血缘关系的两个孩子一天天长大，俞增光不仅爱不起来，还慢慢产生了屈辱与不堪忍受的情绪。两个小孩刚满2周岁，俞增光就起诉要求与华凤梨离婚，并以俞小龙、华小凤与自己没有血缘关系为由，拒绝抚养两个孩子，也不同意支付抚养费。

无奈之下，华凤梨去找仇永力，想让他承担一部分抚养费。但仇永力说自己本来就是帮忙的，没报酬就算了，哪有再掏钱的道理？

华凤梨工资不高，独自抚养两个孩子十分吃力，于是她以俞小龙、华小凤的名义向法院起诉，要求生父仇永力支付抚养费。仇永力承认其是俞小龙、华小凤的生父，但称事出有因，自己并无生育小孩的意愿，故不同意支付抚养费。

请问：仇永力应该支付俞小龙、华小凤的抚养费吗？

## 律师解答

非婚生子女享有与婚生子女同等的权利。不直接抚养非婚生子女的生父母，应当负担未成年子女或者不能独立生活的成年子女的抚养费。故仇永力应该支付俞小龙、华小凤的抚养费。

**《民法典》第一千零七十一条**　非婚生子女享有与婚生子女同等的权利，任何组织或者个人不得加以危害和歧视。

不直接抚养非婚生子女的生父或者生母，应当负担未成年子女或者不能独立生活的成年子女的抚养费。

## 律师评析

《民法典》第1071条为【非婚生子女的权利】条款。不在婚姻关系存续期间与配偶所生的子女，即为非婚生子女。无论非婚生子女的父母之间有何种法律关系及是非纠葛，父母的行为和状态均不应该危及孩子的基本权利。因此《民法典》规定，非婚生子女享有与婚生子女同等的权利，任何组织或者个人不得加以危害和歧视。

婚生子女和非婚生子女都享有被抚育、教养的权利。因此，“不直接抚养非婚生子女的生父或者生母，应当负担未成年子女或者不能独立生活的成年子女的抚养费”。

上述案例中，虽然俞小龙、华小凤来到这个世界上的原因和过程有些荒唐，但生而为人，法律就赋予了其相应的权利。他们的生母华凤梨、生父仇永力应担负起为人父母的责任，不能“只管生不管养”，这不仅是不道德的，也是违法的。因此，仇永力应该依法支付俞小龙、华小凤的抚养费。

除此之外，虽然俞增光从法律层面讲并不需要承担抚养小孩的责任，但正是由于他荒唐的提议及之后的“反悔”，才导致了本纠纷的发生，在道德层面，俞增光应受到谴责。

## 律师提示

1. 一般而言，非婚生子女是指在依法确立婚姻关系前生育或因婚外性行为生育的子女，如因同居、婚前性行为、姘居、通奸、一夜情乃至被强奸后所生的子女。

2. 不抚养非婚生子女的生父、生母应负担子女抚养费的一部分或全部，直至子女成年或能独立生活为止。负担多少及负担方式应根据生父、生母的经济状况，先由父母双方协商确定，协商不成，可诉请法院判决解决。

3. 虽然法律明文规定任何组织或者个人不得对非婚生子女加以危害和歧视，但是必须承认，现实生活中很多人对非婚生子女还是“另眼相看”的，甚至很多非婚生子女的父母因为觉得丢人而不愿意去探望非婚生子女。因此，除了在法律层面给非婚生子女必要的物质保障之外，政策层面、文化层面及社会观念上也应给予非婚生子女相应的关注与精神上的关爱、抚慰。

# 问题 56：继女一定要赡养继父吗？

霍英子的前夫刘拥军极度重男轻女，因为霍英子生了两胎都是女儿而跟她离了婚，两个女儿刘芳菲、刘婵娟均归霍英子抚养。

离婚后，霍英子本不想再结婚了，一心养育两个宝贝女儿。直到她遇见了温柔体贴的任意飞，她又结婚了。这一年，老大刘芳菲已经19岁，上大学三年级；老二刘婵娟14岁，上初中三年级。婚后，任意飞不但把自己的工资卡交给了霍英子，对两名继女也是视如己出、疼爱有加，十分照顾。平时任意飞会辅导刘婵娟学习，周末刘芳菲从学校回来，他还会精心准备一桌好菜。一家人和睦相处，其乐融融。

一晃十几年过去了，当年的初中生刘婵娟也当上了工程师，儿子都会打酱油了。这一年，霍英子去世了。

又过了五六年，任意飞出了车祸，左腿被截掉了大半截。因为肇事车辆逃逸，一直没找到，任意飞的医药费只能自理。为了治病，任意飞的积蓄几乎都花完了。生活困难且无力自行谋生的任意飞找刘芳菲、刘婵娟姐妹俩商量，能不能付些赡养费给他。可两姐妹却表示，她们和任意飞没有血缘关系，现在妈妈也去世了，她们和任意飞已经没有瓜葛，没理由支付赡养费。

任意飞交涉无果，起诉到法院，要求刘芳菲、刘婵娟支付赡养费。

法院经审理后，判决刘婵娟支付赡养费，驳回了任意飞要求刘芳菲支付赡养费的诉讼请求。

请问：法院为什么会这样判决呢？

## 律师解答

刘婵娟受到了任意飞的抚养教育，故需要支付赡养费；刘芳菲未与任意飞之间形成抚养教育的关系，故无须支付赡养费。

**《民法典》第一千零七十二条**　继父母与继子女间，不得虐待或者歧视。

继父或者继母和受其抚养教育的继子女间的权利义务关系，适用本法关于父母子女关系的规定。

## 律师评析

《民法典》第 1072 条为【继父母与继子女间的权利义务关系】条款。本条规范的是继父母与继子女之间的权利义务关系。此条规定，“继父母与继子女间，不得虐待或者歧视”“继父或者继母和受其抚养教育的继子女间的权利义务关系，适用本法关于父母子女关系的规定”，也就是说，只有当继父母与继子女之间存在“抚养教育”关系时，才能适用《民法典》中的父母子女关系。

什么情况下，继父母与继子女之间存在“抚养教育”关系呢？目前法律层面并无成文的明确规定。司法实践中，生父或生母再婚时，继子女未成年或未独立生活，由继父或继母给付全部抚养费或分担部分抚养费，或者抚养费虽主要由生父或生母提供，但其与继父或继母共同生活，继父或继母对继子女给予生活上的照顾与抚育，这种继父母继子女关系，即形成法律上的“抚养教育”关系，产生法律拟制的父母子女关系，适用《民法典》有关父母子女关系的规定。

上述案例中，任意飞与霍英子结婚时，刘芳菲已经是年满 18 周岁的成年人，且主要居住在学校里，没有和任意飞共同居住生活，故任意飞没有“抚养教育”刘芳菲。因此，法院没有判决刘芳菲给付任意飞赡养费。

而任意飞与霍英子结婚时，刘婵娟年仅14周岁，还是未成年人，且刘婵娟和任意飞、霍英子共同居住生活，任意飞辅导刘婵娟功课，工资也用于三人生活开支。故任意飞“抚养教育”了刘婵娟，形成了法律上的“抚养教育”关系，适用《民法典》有关父母子女关系的规定，因此，法院最终判决刘婵娟向任意飞给付赡养费。

当然，如果刘芳菲感念于任意飞当年对自己不错且陪伴妈妈霍英子多年而自愿给付钱款给任意飞，作为其生活开销及支付医疗费用，法律也不禁止，但也不强制。

## 律师提示

1. 如果生父或生母再婚时，继子女已成年或已独立生活，继子女没有与继父母共同生活，也没有得到继父母的抚养教育，这种继父母继子女关系虽有父母子女的名分，彼此之间并不产生法律上的父母子女的权利义务关系。

2. 如果生父或生母再婚时，继子女虽然未成年或未独立生活，但抚养费由生父母负担，且其并没有与继父或继母共同生活，也没有受到继父或继母的抚养教育，这种继父母继子女关系也不产生法律上的父母子女的权利义务关系。

3. 已经形成了抚养教育关系的继父母继子女，在生父与继母离婚或生母与继父离婚时，如果继父母不同意继续抚养未成年继子女的，仍应由生父或者生母抚养。

## 问题 57：怀疑儿子不是亲生的怎么办？

颜亮亮和童青青因为感情不和，在二人的儿子颜卓越还不到 2 周岁的时候离婚了。颜卓越由童青青抚养。

离婚后，颜亮亮也经常去探望颜卓越，父子感情很好。颜亮亮相貌平平，颜卓越却长相出众，学习也好，才艺也多，是颜亮亮的骄傲。颜亮亮最大的爱好就是“晒娃”，微博、朋友圈、手机屏保各种“晒”，乐此不疲。

直到有一次饭局，一个喝得醉醺醺的朋友把颜亮亮拉到一边说：“兄弟，你整天‘晒娃’，就没觉得孩子和你一点儿也不像吗？”

朋友的“醉话”在颜亮亮的心中埋下了猜疑的种子。

颜卓越 9 岁时，童青青再婚了。颜亮亮看着童青青朋友圈里发的她和现在丈夫的合影，越看越觉得颜卓越和他继父长得很像。不由暗想：难道，我被“绿”了？替别人养了好多年的儿子？

颜亮亮和童青青商议，给他和颜卓越做个亲子鉴定，童青青说他是“神经病”，没有同意。

于是，颜亮亮起诉到法院，要求否认他和颜卓越的亲子关系。

请问：颜亮亮有权提起否认他和颜卓越的亲子关系的诉讼吗？

### 律师解答

**对亲子关系有异议且有正当理由的，父或者母可以向法院提起诉讼，请求确认或者否认亲子关系。所以，颜亮亮有权向法院起诉，请求否认他和颜卓越的亲子关系。**

**《民法典》第一千零七十三条** 对亲子关系有异议且有正当理由的，父或者母可以向人民法院提起诉讼，请求确认或者否认亲子关系。

对亲子关系有异议且有正当理由的，成年子女可以向人民法院提起诉讼，请求确认亲子关系。

## 律师评析

《民法典》第 1073 条为【亲子关系异议】条款。我国法律奉行婚生子女推定制度，即在合法婚姻关系存续期间受胎或出生的子女推定为婚生子女，与具备合法婚姻关系的其父母具有亲子关系，享有被抚养、继承遗产等法律规定的权利，同时也承担赡养、被继承遗产等相应的义务。同时，为了保护生父母的亲权、知情权、选择权，《民法典》规定，“对亲子关系有异议且有正当理由的，父或者母可以向人民法院提起诉讼，请求确认或者否认亲子关系”。所谓“有正当理由”，是指足以使当事人产生怀疑的生活常理、日常经验法则、科学结论（如血型、DNA 鉴定等）及其他证据（如载有父母子女关系的出生医学证明、对方与他人在特定时段同居、男女双方在特定时段有或没有性生活）等依据。

要注意的是，同样是“对亲子关系有异议且有正当理由的”，父母可以起诉请求确认亲子关系，也可以起诉请求否认亲子关系；而成年子女只能起诉请求确认亲子关系。

上述案例中，颜亮亮内心显然已经否认了他和颜卓越的亲子关系。结合颜卓越和颜亮亮外貌的显著差异，及其与童青青再婚对象外貌的相似性，应该属于有一定“正当理由”。因此，颜亮亮有权提起否认他和颜卓越亲子关系的诉讼。

## 律师提示

1. 法院受理请求确认或者否认亲子关系的诉讼后，会委托相关司法鉴定机构进行亲子鉴定，而后依据亲子鉴定结论来判决确认或者否认亲子关系。

2. 司法实践中，一方提供的证据能够证明当事人之间可能存在或不存在亲子关系，另一方没有相反的证据又拒绝亲子鉴定的，法院会推定请求否认或确认亲子关系一方的主张成立，不配合进行亲子鉴定的一方要承担败诉的法律后果。

3. 因为孩子是母亲生育的，所以父亲确认或者否认亲子关系，大家都可以理解。那么《民法典》为何要规定母亲也可以确认或者否认亲子关系呢？其实在离婚争取孩子抚养权、怀疑孩子抱错了或被调包了等特定情况下，母亲也会需要确认或者否认亲子关系。

# 问题 58：子女可以提起否认亲子关系的诉讼吗？

无论从身高还是外貌，代超宇和他的爸爸代海涛看起来都不像一对父子。懂事以来，代超宇一直怀疑代海涛不是自己的生父，但又觉得这想法挺对不住一直以自己为骄傲，为自己辛勤付出的代海涛，也有点对不住自己的母亲，所以他也没有深究。

参加工作后，代超宇有次在家找东西，翻到了代海涛的义务献血证，上面记载着代海涛的血型是 B 型。而代超宇知道自己的血型是 A 型，母亲的血型是 O 型。他隐约觉得不对劲，上网一查，果然，O 型血的母亲和 B 型血的父亲，不可能生出 A 型血的孩子！

代超宇被震撼了，他跑去和他的母亲求证，母亲什么都不告诉他。他又跑去和代海涛沟通，代海涛也不接这个话茬。他希望和代海涛去做亲子鉴定，代海涛也不理不睬。代超宇要疯了，他只是想搞明白代海涛到底是不是自己的生父！

代超宇咨询朋友，朋友说法律允许对亲子关系有异议且有正当理由的成年子女向法院起诉。于是，代超宇就想提起一个否认他和代海涛亲子关系的诉讼，让法院来委托相关鉴定机构鉴定他和代海涛的亲子关系。

请问：代超宇能提起否认他和代海涛亲子关系的诉讼吗？

## 律师解答

对亲子关系有异议且有正当理由的，成年子女可以向法院提起诉讼，请求确认亲子关系。故代超宇不能提出否认亲子关系的诉讼。

**《民法典》第一千零七十三条** 对亲子关系有异议且有正当理由的，父或者母可以向人民法院提起诉讼，请求确认或者否认亲子关系。

对亲子关系有异议且有正当理由的，成年子女可以向人民法院提起诉讼，请求确认亲子关系。

## 律师评析

《民法典》第 1073 条为【亲子关系异议】条款。我国法律奉行婚生子女推定制度，即在合法婚姻关系存续期间受胎或出生的子女推定为婚生子女，与具备合法婚姻关系的其父母具有亲子关系。当然，亲子关系推定制度设立的目的是维护家庭的和谐与稳定，客观上亲子关系的成立须以真实的血缘关系为前提，而不是基于婚生子女推定制度。为了使法律推定与客观事实相一致，并让应尽义务的真正的生父母不逃避责任，法律允许利害关系人提出亲子关系确认或否认之诉。

但如果当事人已与非亲生子女产生了浓厚的感情，并愿意与其以父（母）子（女）的关系继续生活在一起，其他人是没有权利来破坏这种稳定的。

因此，就该类诉讼的诉讼请求而言，“对亲子关系有异议且有正当理由的”，父母可以起诉请求确认亲子关系，也可以起诉请求否认亲子关系，而成年子女只能起诉请求确认亲子关系。这主要是为了避免成年子女通过提起亲子关系否认之诉逃避推诿对抚养教育其多年的父母的赡养义务，防止出现被否认的“父母”已对该子女尽了抚养义务，但子女以不存在亲子关系为由拒绝赡养的情况。

上述案例中，代海涛未必不知道代超宇不是他的亲生儿子，但他仍然自愿选择去抚养教育代超宇，尽心呵护他。这意味着代海涛实际上放弃了去探寻客观事实的真相，愿意以父亲身份陪伴在代超宇身旁，愿意接受相关法律权利义务的约束。这种行为是代海涛自己的选择，不违背法律强制性规定，法律不应也不宜过多干涉个体的不违法的选择。

## 律师提示

1. 依照婚生子女推定制度确立的亲子关系，仅凭外貌比对、血型遗传规律，甚至亲子鉴定报告，都不能在法律层面否定父母子女关系。按照《民法典》的规定，确认或者否认亲子关系，需要利害关系人向法院起诉，所以，只有法院出具的生效法律文书才能在法律层面否定父母子女关系。

2. 从《民法典》第 1073 条的规定看，否认亲子关系的诉权仅赋予了“对亲子关系有异议且有正当理由”的父或者母，确认亲子关系的诉权仅赋予了“对亲子关系有异议且有正当理由”的父或母以及有相同情况的子女。其他家庭成员如祖父母、外祖父母、兄弟姐妹等，都是无权提起此类诉讼的。

# 问题 59：什么情况下孩子应由祖父母抚养？

为了给得癌症的丈夫大林治病，阿榕欠了一屁股债。但最终也没挽回大林的生命。祸不单行的是，悲伤、劳累交织的阿榕在上楼梯时不小心摔了一跤，多处骨折、骨裂，不能继续上班，只能办了病休。雪上加霜之下日子就更难过了，阿榕感觉自己已经无力抚养年仅十岁的儿子小林。

考虑到小林的学校离小林爷爷奶奶家很近，小林爷爷奶奶的经济条件也不错，阿榕就和老两口商议，能不能由他们暂时抚养小林一段时间。但是老两口以自己年纪也大了，怕“照顾不周全”小林为由，拒绝了阿榕。

转眼到了年底，阿榕、小林住的老房子突然贴出公告，要动拆迁。按照公告的标准计算，这套承租人是阿榕、同住人是小林的老房子的动迁款居然有 300 多万元，还能以优惠价购买安置房。此时，小林的爷爷奶奶突然来找阿榕，一方面说阿榕自顾不暇，无力抚养小林；另一方面说小林是林家的血脉，担心阿榕改嫁。总之，希望由他们来抚养小林。

阿榕心想，眼看着动迁款就要拿到了，自己的身体也调养得差不多，估计春节后就能上班，这样家里的日子就能缓过来了，于是拒绝了公婆的要求。小林也表态，要和妈妈在一起，不愿意由爷爷奶奶来抚养他。

结果，没过几天，阿榕居然接到了法院的传票，小林的爷爷奶奶起诉到法院，要求依照《民法典》有关规定，变更抚养权，由爷爷奶奶抚养小林。

请问：小林的抚养权该归谁呢？

## 律师解答

有负担能力的祖父母、外祖父母，对于父母已经死亡或者父母无力抚养的未成年孙子女、外孙子女，有抚养的义务。小林的母亲阿榕还健在，也有能力抚养小林，故小林爷爷奶奶的诉请应该被驳回，小林仍由阿榕继续抚养。

**《民法典》第一千零七十四条** 有负担能力的祖父母、外祖父母，对于父母已经死亡或者父母无力抚养的未成年孙子女、外孙子女，有抚养的义务。

有负担能力的孙子女、外孙子女，对于子女已经死亡或者子女无力赡养的祖父母、外祖父母，有赡养的义务。

## 律师评析

《民法典》第1074条为【祖孙之间的抚养和赡养义务】条款。包括祖父母、外祖父母对未成年的孙子女、外孙子女的抚养义务，以及孙子女、外孙子女对祖父母、外祖父母的赡养义务。

需要祖辈来抚养的未成年子女要具备“父母已经死亡”或者“父母无力抚养”的前提条件。“父母已经死亡”，是指应该尽法定抚养义务的父母均已死亡，出现了抚养人的空缺；“父母无力抚养”，是指虽然父母仍活着，但基于其身体状况、劳动能力缺失、经济状况不佳、服刑、外派、出国等各方面原因无力抚养未成年子女，出现了抚养人履行义务的客观不能。

此外，承担抚养义务的祖父母、外祖父母需要具备“负担能力”。也就是说，祖父母、外祖父母应具备抚养未成年孙子女、外孙子女的客观条件，其身体状况、居住条件、经济状况、品行嗜好等方面都应符合抚养人的基本要求。

上述案例中，小林的父亲虽然去世了，但小林的母亲阿榕仍健在，不符合“父母已经死亡”的情形。虽然确实有一段时间，阿榕的身体出现了一定的问题，导致其“暂时无力抚养”小林，但小林的爷爷奶奶提出变更抚养权时，该情形已经消失了，不能再将之作为变更抚养权的理由。而且小林已经是限制民事行为能力人，他表示希望和母亲一起生活、不愿意被祖父母抚养的意愿也应得到尊重。至于小林是林家血脉、害怕阿榕改嫁等理由，显然是干涉他人婚姻自由的违法之举。

## 律师提示

1. 经济因素并非法院判定抚养权变更的唯一要件，被抚养人的年龄、意愿及抚养人的品行等也是重要的参考因素。

2. 虽然从情理上看，孙子女、外孙子女是家族血脉的延伸，是死去儿子（女儿）活过的证明，安排其与祖辈一起生活可能会缓解祖辈的丧子（女）之痛。但从法律角度而言，除非父母自愿变更或者出现了法定的不宜再继续抚养未成年人的行为，否则，祖父母、外祖父母是不能与父母争夺未成年人的抚养权的。

3. 注意，该条规定的祖父母、外祖父母抚养未成年孙子女、外孙子女不是权利，而是义务。也就是说，如果出现了本条规定的情形，一旦未成年人或未成年人的父母提出了请求，祖父母、外祖父母是不能拒绝或不履行的。

# 问题 60：孙子女需要负担祖父母的赡养费吗？

刘华、蒋花夫妇都是农民，蒋花因为身体原因，流产了好几次，好不容易才生下了独子刘建军。刘建军读了大学，毕业后留在城里工作，并与林丽结婚，生育了女儿刘盈月、儿子刘盈星。

虽然刘建军一家都住在城里，和刘华老两口隔了三四百千米路程。但刘建军很孝顺，几乎每个月都要回去探望老两口，每次来都给钱送物。老两口也觉得儿子是自己下半生的依靠。

然而，人生无常，刘华 66 岁那年，刘建军突然出意外去世了，老两口悲痛万分。又过了几年，刘华、蒋花的身体都开始出现各种毛病，年过七旬的他们也干不动农活了，老两口的基本生活出现了困难。

百般无奈之下，刘华、蒋花只好和已经参加工作的孙女刘盈月、正在外地读大学的孙子刘盈星商量，希望姐弟二人每月适当地给点赡养费。

刘盈月、刘盈星两人从小就生活在城里，跟爷爷奶奶的接触并不多，因此与老两口之间的感情并不深厚。父亲去世后这些年，两人只回去探望过老两口两次。而且两人认为，祖父母也没有抚养过他们，现在凭什么还跟他们要赡养费呢？两人认为，在法律上他们对老人没有赡养义务。

刘华、蒋花与孙女、孙子协商无果，遂到法院提起诉讼，请求法院判决刘盈月、刘盈星支付赡养费。

请问：刘盈月、刘盈星需要赡养祖父母吗？

## 律师解答

有负担能力的孙子女、外孙子女，对于子女已经死亡或者子女无力赡养的祖父母、外祖父母，有赡养的义务。因此，有负担能力的刘盈月应赡养祖父母，无负担能力的刘盈星暂时不用赡养祖父母。

**《民法典》第一千零七十四条**　有负担能力的祖父母、外祖父母，对于父母已经死亡或者父母无力抚养的未成年孙子女、外孙子女，有抚养的义务。

有负担能力的孙子女、外孙子女，对于子女已经死亡或者子女无力赡养的祖父母、外祖父母，有赡养的义务。

## 律师评析

《民法典》第 1074 条为【祖孙之间的抚养和赡养义务】条款。

一般而言，孙子女（外孙子女）并无法定的赡养祖父母（外祖父母）的义务，但特定情形下除外。这种特定情形是指，“有负担能力的孙子女、外孙子女，对于子女已经死亡或者子女无力赡养的祖父母、外祖父母，有赡养的义务”。由此可见，孙子女、外孙子女赡养祖父母、外祖父母须具备两个条件：（1）孙子女、外孙子女有必要的负担能力；（2）祖父母、外祖父母的子女已经死亡或者子女无力赡养。其中，“子女已经死亡”“子女无力赡养”两种情形只要具备其一即可。

上述案例中，孙女刘盈月已经参加工作，有了经济收入，有一定负担能力，而孙子刘盈星是在校大学生，没有稳定的经济收入，无负担能力。刘华、蒋花唯一的儿子刘建军已经死亡，符合“子女已经死亡”的条件。因此，有负担能力的刘盈月需要对祖父母刘华、蒋花履行赡养义务。

## 律师提示

1. 祖父母、外祖父母出现了缺乏劳动能力或者生活困难的情形，同时具备《民法典》第1074条的情形，才可以要求孙子女、外孙子女支付赡养费。

2. 孙（外孙）子女对祖（外祖）父母的赡养义务是一项具有前提条件的法定义务。这与子女对父母的法定、无条件的赡养义务有一定的区别。

3. 特别需要注意的是，本条规定的祖父母、外祖父母对孙子女、外孙子女的抚养义务与孙子女、外孙子女对祖父母、外祖父母的赡养义务是两个独立的义务，互不干扰。孙子女、外孙子女不能以祖父母、外祖父母没有抚养过自己为由，拒绝赡养祖父母、外祖父母。

# 问题61：兄弟姐妹间也有扶养义务吗？

楼攀登读初中的时候，父母在树下避雨时被雷电劈中，不幸去世了。只剩楼攀登和读高二的姐姐楼招娣相依为命。

为了扶养楼攀登，学习成绩不错的楼招娣退学了，一个人含辛茹苦、省吃俭用地将楼攀登扶养成人。楼攀登也很争气，以当年全县高考第二名的好成绩，考上北京某名牌大学。

楼攀登毕业后顺利留京工作，娶妻生女，还把姐姐楼招娣从家乡叫来为其照看孩子、料理家务。楼招娣没有工资，楼攀登夫妇会不定期给她几百元的零花钱。

后来，楼招娣被诊断患上了淋巴癌。楼攀登夫妇在交纳了8000元的住院费后，就极少到医院探望，对楼招娣的态度也日趋冷淡。倒是楼攀登的女儿时常在放学后去探望姑姑。

经过3个多月治疗后，楼招娣的病情逐渐稳定，可以出院了。住院期间，楼招娣花去医药费近7万元，其中有楼招娣的多年积蓄5万余元，还有楼攀登女儿偷偷拿出的1.2万元压岁钱。

出院后，楼攀登给楼招娣买好了火车票，提议让她回早已废弃的家乡老屋居住，并拒绝承担楼招娣看病的花费。楼招娣在万般无奈的情况下起诉至法院，要求楼攀登支付其住院医疗费，同时每月向其支付生活费1000元。

请问：楼攀登需要支付扶养费给楼招娣吗？

## 律师解答

**楼攀登应支付扶养费给姐姐楼招娣。**

**《民法典》第一千零七十五条** 有负担能力的兄、姐，对于父母已经死亡或者父母无力抚养的未成年弟、妹，有扶养的义务。

由兄、姐扶养长大的有负担能力的弟、妹，对于缺乏劳动能力又缺乏生活来源的兄、姐，有扶养的义务。

## 律师评析

《民法典》第 1075 条为【兄弟姐妹间的扶养义务】条款。狭义的扶养义务主要是指平辈之间的相互扶养，如夫妻之间、兄弟姐妹之间。广义的扶养则包括赡养、扶养及抚养。本条中的扶养应作狭义理解。

在一般情况下，兄弟姐妹应由他们的父母抚养，兄弟姐妹之间相互不发生扶养与被扶养的权利义务关系。但是在特定情况下，兄、姐与弟、妹之间会产生有条件的扶养义务。

根据《民法典》第 1075 条的规定，兄、姐扶养弟、妹须同时具备三个条件：（1）兄、姐有必要的负担能力；（2）父母已经死亡或者父母无力抚养；（3）弟、妹为未成年人。弟、妹扶养兄、姐也须同时具备三个条件：（1）弟、妹由兄、姐扶养长大；（2）弟、妹有必要的负担能力；（3）兄、姐缺乏劳动能力又缺乏生活来源。需要注意的是，此处的“缺乏劳动能力”“缺乏生活来源”之间是“又”，即两种情形必须同时具备。

上述案例中，楼攀登在父母去世后，由其姐姐楼招娣扶养成人，在楼招娣身患重大疾病、缺乏劳动能力又无生活来源的情况下，根据楼攀登的经济能力，其完全应该对楼招娣承担扶养义务。

# 律师提示

1. 兄弟姐妹之间的扶养义务不同于父母子女之间的抚养义务，也不同于夫妻之间的扶养义务。前者是附一定条件才会产生的义务，后两者是法定的、必然会产生的义务。

2. 兄弟姐妹包括同父同母的兄弟姐妹、同父异母或同母异父的兄弟姐妹、养兄弟姐妹和继兄弟姐妹。《民法典》对兄弟姐妹间扶养义务的规定，主要是从同父同母的兄弟姐妹之间的关系来确定的。对于半血缘的同父异母或者同母异父兄弟姐妹，以及无血缘关系的养兄弟姐妹和继兄弟姐妹，如果符合法律规定的条件和情形，相互之间也将产生扶养与被扶养的权利义务关系。

3. 需要注意的是，如果兄、姐当初没有扶养未成年的弟、妹，即便兄、姐缺乏劳动能力又缺乏生活来源，即便弟、妹有必要的负担能力，弟、妹也无法定的扶养兄、姐的义务。

# 收　养

# 问题62：被收养人需要具备什么条件？

小科马上要15周岁了，品学兼优，是班级里的学习委员。但最近，小科的班主任孙老师发现小科的状态很不对劲：衣服脏兮兮的，精神也有点恍惚，作业做得也比以前潦草敷衍。

眼看离中考只剩两个多月时间了，关键时刻不能掉链子。孙老师通过微信、电话都联系不到小科父母，决定去家访。开门的是小科奶奶，小科父母都不在家。小科奶奶告诉孙老师，几个月前，小科爸爸在单位工作时发生意外，死了。小科妈妈去“讨说法”，不慎放火点着了办公室，烧伤了一名领导，烧坏了若干桌椅、电脑、资料等。现在，小科妈妈被抓起来了，听检察官说可能要判十年以上。

孙老师听了又震惊又唏嘘。

小科奶奶接着说，她在城里住不惯，小科学习的事她也听不明白，帮不上忙。小科爷爷有重病，她迟早要回去照料老头子。她很发愁，不知道以后要怎么办才好。

孙老师结婚多年，一直没有子女，听了小科奶奶这番话后，产生了收养小科的念头。小科奶奶听了之后犹豫了一会儿，表示同意，说反正孩子跟着他们老两口也是遭罪，不如让老师好好照顾、教育。但这事最好再问问小科和他妈妈的意见。孙老师和小科奶奶把小科叫来询问意见，小科考虑之后也同意了。

孙老师又找到小科妈妈案件的承办检察官，检察官就此专门去找小科妈妈做了笔录，小科妈妈也赞成由孙老师收养小科。但孙老师听说法律只准收养不满14周岁的未成年人，小科已经快15周岁了，这种情况下，还能办理收养手续吗？

请问：小科符合被收养的条件吗？孙老师能收养小科吗？

## 律师解答

**小科符合被收养的条件，孙老师可以收养小科。**

**《民法典》第一千零九十三条** 下列未成年人，可以被收养：

（一）丧失父母的孤儿；

（二）查找不到生父母的未成年人；

（三）生父母有特殊困难无力抚养的子女。

## 律师评析

《民法典》第1093条为【被收养人的范围】条款。在我国，收养应该符合相关法律规定，依法进行收养登记，才能建立受法律保护的收养关系。其中，被收养人只能是“未成年人”，即年龄未满18周岁的自然人。

《民法典》载明的被收养人有三种类型：(1)丧失父母的孤儿；(2)查找不到生父母的未成年人；(3)生父母有特殊困难无力抚养的子女。所谓“丧失父母的孤儿”，是指父母已经死亡或者经法院宣告其父母死亡的未成年人。所谓“查找不到生父母的未成年人”，是指被其生父母遗弃、丢失，经查找未找到其生父母的未成年人。所谓“生父母有特殊困难无力抚养的子女”，是指生父母因有残疾、患严重疾病、正在服刑等原因造成的特殊困难，没有能力抚养子女。

上述案例中，小科父亲因意外去世，母亲仍健在，所以他不属于“丧失父母的孤儿”和“查找不到生父母的未成年人”。但因父亲死亡，母亲被羁押，且将长期服刑，小科已属于“生父母有特殊困难无力抚养的子女”。同时，按照《民法典》的规定，即便小科已经年满14周岁，但因其未满18周岁，仍然是未成年人，符合被收养的条件。

## 律师提示

1. 收养应依法办理登记手续，否则不成立法律上的收养关系，不受法律保护。

2. 法院宣告死亡的生父生母，只是在法律上的“死亡”，在现实世界中，其仍然可能生存。被宣告死亡的人在死亡宣告被撤销后，仅以未经本人同意而主张收养关系无效的，一般不应准许，但收养人和被收养人同意的除外。

3. 可证明“生父母有特殊困难无力抚养”的材料包括：(1)生父母所在单位或者村(居)委会根据县级以上医疗机构出具的重特大疾病证明；(2)县级以上残疾人联合会出具的重度残疾证明；(3)法院判处有期徒刑或无期徒刑、死刑的判决书等。

# 问题 63：谁能送养未成年人？

一天，某民政机关送养登记的地方有四组人排起了队，一位工作人员在对他们进行预登记。

第一组是一位老大爷带着一名十一二岁的小男孩。老大爷说："这孩子叫小赵，他爸爸妈妈出车祸去世了，我是小赵的爷爷，也是他的监护人。我年纪大了，身体不好，照顾不了他了，所以想送养他。"

"哦。"工作人员记了下来，没有说什么。

第二组是一位二十几岁的姑娘带着一名七八岁的小姑娘。姑娘说："我是福利院的老师，这是我们福利院的小钱，我是按照院里的安排来送养她的。"

工作人员点点头，继续往下一组走去。

第三组是一位坐在轮椅上的中年男子带着一名五六岁的小男孩。

中年男子说："这是我儿子小孙，他妈前年去世了。我是三级残疾，干不了活，家里也很困难，无力抚养他，没办法，只好送养他了。"

工作人员叹了口气，欲言又止。

工作人员走向了第四组，这组是一位愁眉苦脸的老奶奶带着一位三四岁的小姑娘。

老奶奶介绍道："这是我孙女小李，她的爸爸妈妈都得了精神分裂症，孩子一直由我带着。可是她爸妈这两个疯子老来'祸害'孩子……"老奶奶边说边撩起小李的衣服，孩子身上都是伤痕。

工作人员被震撼了，刚想安慰下小李和她奶奶，一位怒气冲冲的老妇人突然跑了过来。

排在第一组的小赵叫了声："外婆。"

老妇人冲过去，拉起小赵的手，大声对老大爷说："亲家，我有退休金，我愿意抚养孩子，我不同意送养他！您监护不了，我来！"

请问：小赵爷爷、小钱所在的福利院、小孙父亲、小李奶奶都可以作送养人吗？

## 律师解答

**小赵爷爷、小钱所在的福利院、小孙父亲、小李奶奶都可以作送养人。但小赵因有抚养义务的外婆反对送养，无法送养。**

**《民法典》第一千零九十四条**　下列个人、组织可以作送养人：

（一）孤儿的监护人；

（二）儿童福利机构；

（三）有特殊困难无力抚养子女的生父母。

**《民法典》第一千零九十五条**　未成年人的父母均不具备完全民事行为能力且可能严重危害该未成年人的，该未成年人的监护人可以将其送养。

**《民法典》第一千零九十六条**　监护人送养孤儿的，应当征得有抚养义务的人同意。有抚养义务的人不同意送养、监护人不愿意继续履行监护职责的，应当依照本法第一编的规定另行确定监护人。

## 律师评析

《民法典》第 1094 条为【送养人的范围】条款、第 1095 条为【监护人送养未成年人的特殊规定】条款、第 1096 条为【监护人送养孤儿的特殊规定】条款。

依据《民法典》第1094条、第1095条的规定，第一组，小赵是父母双亡的孤儿，小赵爷爷依法取得小赵的监护权，他可以作为小赵的送养人。第二组，福利院属于儿童福利机构，故其可以作为小钱的送养人。第三组，小孙母亲去世，父亲重度残疾，符合“有特殊困难无力抚养子女的”情形，小孙的父亲可以作为小孙的送养人。第四组，小李父母均是严重的精神病患者，是无民事行为能力人，且他们有暴力行为，可能严重危害未成年人小李的身心健康，小李奶奶作为小李的监护人可以送养小李。这种情况下包含了两个条件：(1)父和母都不具备完全民事行为能力，即符合无民事行为能力或限制民事行为能力中的任意一种；(2)父母有可能严重危害未成年人，此处强调要有危害未成年人的举动或倾向，且达到严重的程度。上述两个条件必须同时具备，缺一不可。

依据《民法典》第1096条的规定，小赵的爷爷作为孤儿小赵的监护人送养小赵，应当征得有义务抚养小赵的外婆的同意。现在，小赵的外婆不同意送养小赵，作为监护人的小赵爷爷又不愿意继续履行监护职责，那么就应当确定小赵外婆担任小赵的监护人。

## 律师提示

1. 办理收养登记的机关为县级人民政府民政部门。收养社会福利机构抚养的未成年人的，在社会福利机构所在地办理登记；收养非社会福利机构抚养的、查找不到生父母的未成年人的，在该子女发现地办理登记；收养生父母有特殊困难无力抚养的子女或者由监护人监护的孤儿的，在被收养人生父母或者监护人常住户口所在地办理登记。

2. 按照《民法典》的规定，送养时应当征得其他有抚养义务的人同意的，还需要其他有抚养义务的人表态，表态可亲自到场表态或者提交有效的书面意见。

# 问题64：收养人应具备什么条件？

尚佳音生完儿子雷润辰以后，还想再生一个女儿。但因为疾病的原因，她丧失了生育能力。每次看到别人家的女儿，她总是禁不住幻想，自己如果有个女儿，该是什么样子呢？

她的丈夫雷雨看她这个样子，提议："要不咱们收养一个女儿吧？"尚佳音上网搜索了关于收养人的条件规定，发现自己完全符合。于是，第二天，尚佳音就去本地福利机构提交了收养一名小女孩的申请，填写了表格，提交了资料。福利院的工作人员说，他们审核后，如果符合条件，会再安排尚佳音来寻找适合被收养的小女孩。

几天后，正当尚佳音指挥着雷雨和已经上高中的雷润辰在家里为女儿的到来布置房间时，她接到了福利院工作人员打来的电话。电话里，工作人员告诉她，因为她的丈夫雷雨在二十几年前有猥亵幼女的犯罪记录，不符合收养人的条件，所以她的收养申请没有通过。挂了电话，一脸阴沉的尚佳音冲着不明就里的父子俩甩下一句："姓雷的，离婚！"然后就进了卧室，反锁房门，久久没有出来。

请问：《民法典》对收养人条件有什么规定？

## 律师解答

《民法典》对收养人条件的规定为：(1)无子女或者只有一名子女；(2)有抚养、教育和保护被收养人的能力；(3)未患有在医学上认为不应当收养子女的疾病；(4)无不利于被收养人健康成长的违法犯罪记录；(5)年满30周岁。

**《民法典》 第一千零九十八条** 收养人应当同时具备下列条件：

（一）无子女或者只有一名子女；

（二）有抚养、教育和保护被收养人的能力；

（三）未患有在医学上认为不应当收养子女的疾病；

（四）无不利于被收养人健康成长的违法犯罪记录；

（五）年满三十周岁。

## 律师评析

《民法典》第1098条为【收养人的条件】条款。此条规定的5项收养人的条件必须同时具备，有任意一项或多项不具备的就不符合收养人的条件，禁止收养子女。

这里要特别注意的是第4项：无不利于被收养人健康成长的违法犯罪记录。与《收养法》（已失效）相比，这是《民法典》增加的一个条件。虽然说有犯罪记录的人大部分会被改造好，重新回归社会。但是，不可否认的是，有犯罪记录的人重新犯罪的概率比普通人要高。基于此，在涉及未成年人权益保护的收养人条件上，要避免或尽量减少这种可能的、潜在的侵害被收养人身心健康的情形发生，以保障被收养人的合法权益。目前，对于什么样的犯罪记录属于"不利于被收养人健康成长的违法犯罪记录"尚无具体、明确的规定，但性犯罪记录肯定属于"不利于被收养人健康成长的违法犯罪记录"。

上述案例中，尚佳音本人完全符合收养人的条件，但因尚佳音是已婚人士，收养关系的建立必然及于其丈夫雷雨。收养关系建立后，尚佳音是养母，雷雨就是养父，被收养人必然要和尚佳音、雷雨共同生活。因此，也需要对雷雨是否具备收养人的条件进行审查。而雷雨在二十几年前有猥亵幼女的犯罪记录，这显然是一种"不利于被收养人健康成长的违法犯罪记录"，由此尚佳音也被雷雨牵连，无法收养念念不忘的女儿。

# 律师提示

1.《民法典》并未载明“医学上认为不应当收养子女的疾病”的种类。司法实践中，主要是指以下两类疾病：(1)鼠疫、霍乱、艾滋病等严重的传染病；(2)精神分裂症、躁狂抑郁型精神病及其他重型精神病。

2.《民法典》并未载明“不利于被收养人健康成长的违法犯罪记录”的种类。笔者认为，如果收养人有强奸、猥亵、虐待、遗弃未成年人或严重的暴力犯罪（如故意杀人、故意伤害等）等违法犯罪记录，无疑是不适合再收养未成年人的。若收养人有与“不利于被收养人健康成长”无关的其他违法犯罪记录，在符合本条其他条件的情况下，应该还是可以收养子女的。

3. 如前所述，有配偶者收养子女的，不仅其本人应具备《民法典》规定的收养人的条件，其配偶也应该同时具备《民法典》规定的收养人条件。

## 问题 65：收养三代以内旁系同辈血亲有什么特殊规定？

定居国外多年的华侨段素秋离婚了，儿子判给了前夫，她为了散心，带着女儿回到了国内。

段素秋的大哥段素春是当地小有名气的画家，有三个儿子：一对双胞胎段思梅、段思兰，小儿子段思竹。段思竹才 8 岁，不仅长得和姑姑段素秋十分相像，而且和段素秋母女两人十分投缘，相处融洽。一来二去，段素秋就萌生了收养段思竹的念头，她向段素春夫妇提出后，他们夫妻二人也没有异议。

因为对国内的收养政策不了解，段素秋拨通了民政局的咨询电话。

接电话的工作人员在得知段素春夫妇没有因特殊困难无力抚养子女的情形，段素秋和段思竹也才相差二十几岁，段素秋已经生育了一子一女等情形后。答复段素秋：她不符合收养条件，不能收养段思竹。

当天晚上，段素秋上网查询有关规定，得知收养三代以内旁系同辈血亲的子女是有特殊规定的，而且华侨收养三代以内旁系同辈血亲的子女也有相应的特殊规定。

第二天，她又一次拨通了民政局的咨询电话，这次接电话的工作人员在得知她是被收养人的姑姑且是华侨后，答复她可以收养段思竹。

段素秋糊涂了，不清楚自己该听谁的。

请问：段素秋依法能否收养侄子段思竹？

### 律师解答

**段素秋可以收养侄子段思竹。**

**《民法典》第一千零九十三条** 下列未成年人，可以被收养：

（一）丧失父母的孤儿；

（二）查找不到生父母的未成年人；

（三）生父母有特殊困难无力抚养的子女。

**《民法典》第一千零九十四条** 下列个人、组织可以作送养人：

（一）孤儿的监护人；

（二）儿童福利机构；

（三）有特殊困难无力抚养子女的生父母。

**《民法典》第一千零九十八条** 收养人应当同时具备下列条件：

（一）无子女或者只有一名子女；

（二）有抚养、教育和保护被收养人的能力；

（三）未患有在医学上认为不应当收养子女的疾病；

（四）无不利于被收养人健康成长的违法犯罪记录；

（五）年满三十周岁。

**《民法典》第一千零九十九条** 收养三代以内旁系同辈血亲的子女，可以不受本法第一千零九十三条第三项、第一千零九十四条第三项和第一千一百零二条规定的限制。

华侨收养三代以内旁系同辈血亲的子女，还可以不受本法第一千零九十八条第一项规定的限制。

**《民法典》第一千一百零二条** 无配偶者收养异性子女的，收养人与被收养人的年龄应当相差四十周岁以上。

## 律师评析

《民法典》第 1099 条为【收养三代以内旁系同辈血亲子女的特殊规定】条款。血亲可分为直系血亲和旁系血亲两种：直系血亲，是指有直系关系的亲属，包括祖父母、外祖父母、父母、子女、孙子女、外孙子女；兄弟姐妹、伯伯、叔叔、姑母、姨母和侄子侄女、外甥外甥女等非直接关系的亲属都是旁系血亲。

收养三代以内同辈旁系血亲的子女俗称“过继”，基于血亲之间天然的联系、传统文化、风俗习惯等原因，法律对此不应有过多限制。因此，《民法典》规定，此种情形的收养可以不受被收养人生父母有特殊困难无力抚养子女、送养人为有特殊困难无力抚养子女的生父母以及无配偶者收养异性子女时收养人与被收养人的年龄应当相差40周岁以上的限制。同时，如果是华侨收养三代以内同辈旁系血亲的子女，除前述特殊规定外，还可以不受收养人“无子女或者只有一名子女”规定的限制。

上述案例中，被收养人段思竹是收养人段素秋的哥哥的儿子，两人为姑侄关系，段思竹是段素秋同辈旁系血亲（段素春）的子女，且段素秋为华侨，故其可以适用前述所有的特殊规定。

## 律师提示

1. 三代血亲的算法：从自己算起为一代，向上数至父母为二代，至（外）祖父母为三代；往下数自己算起为一代，至子女为二代，至（外）孙子女为三代。三代以内的旁系血亲包括：同辈的同源于父母的兄弟姊妹；同辈的同源于祖父母、外祖父母的表兄弟姐妹和堂兄弟姐妹；不同辈的叔、伯、姑、舅、姨与侄（女）、外甥（女）。

2. 华侨，是指定居在国外的中国公民，华侨必须是中国国籍。一旦加入了外国国籍，就是外籍华人，不能称为华侨了。定居，是指中国公民已取得住在国长期或者永久居留权，并已至少在住在国连续居留两年，两年内累计居留不少于18个月。

3. 中国公民虽未取得住在国长期或者永久居留权，但已取得住在国连续5年以上（含5年）合法居留资格，5年内在住在国累计居留不少于30个月的，视为华侨。需要注意的是，中国公民出国留学（包括公派和自费）在外学习期间，或因公务出国（包括外派劳务人员）在外工作期间，即便符合“视为华侨”的情形，也均不能视为华侨。

## 问题 66：继父母可以收养继子女吗？

程厚佳和妻子丁琳离婚后，带着 10 岁的二儿子程翔与丧偶、有一对双胞胎女儿的邬君茜再婚，五口人住在了一起。

邬君茜将程翔视为己出，悉心抚养、教育。何玫、何瑰两个姐姐也对程翔关怀备至，两年下来，一家人的感情越来越融洽。邬君茜因此产生了收养程翔，从继母成为养母的想法。

邬君茜征询了程翔生父程厚佳、生母丁琳的意见，两人都同意送养程翔给她。她又在网上查询了有关收养的规定，按照要求备齐了资料，约齐了相关人员，约好了时间，兴冲冲地来到民政机关，办理收养程翔的手续。

工作人员发现程翔已经 12 周岁了，就问程翔愿不愿意被邬君茜收养。程翔看了看一脸期待的继母邬君茜、微笑的生父程厚佳以及一脸无所谓的生母丁琳，摇了摇头，说："我不愿意。"

程翔指了指邬君茜，说："我愿意叫她妈妈。"又指了指丁琳，说："但我真正的妈妈只有一个。"大人们都愣住了。

请问：继母邬君茜到底能否收养继子程翔呢？

### 律师解答

**继母邬君茜具备收养继子程翔的条件，但因为已经年满 8 周岁的程翔本人不同意被收养，所以邬君茜无法收养程翔。**

**《民法典》第一千一百条** 无子女的收养人可以收养两名子女；有子女的收养人只能收养一名子女。

收养孤儿、残疾未成年人或者儿童福利机构抚养的查找不到生父母的未成年人，可以不受前款和本法第一千零九十八条第一项规定的限制。

**《民法典》第一千一百零三条** 继父或者继母经继子女的生父母同意，可以收养继子女，并可以不受本法第一千零九十三条第三项、第一千零九十四条第三项、第一千零九十八条和第一千一百条第一款规定的限制。

**《民法典》第一千一百零四条** 收养人收养与送养人送养，应当双方自愿。收养八周岁以上未成年人的，应当征得被收养人的同意。

## 律师评析

《民法典》第 1100 条为【收养子女的人数】条款、第 1103 条为【继父母收养继子女的特殊规定】条款、第 1104 条为【收养送养自愿】条款。

继父母收养继子女不同于一般的收养情况，双方实际上已经共同生活，有了特定的“继父母与继子女”的法律关系，也形成了继父母对未成年继子女的抚养关系。而且继子女的生父或生母和准备收养该子女的继母或继父也共同生活在一起，便于抚养教育保护该子女。因此，继父母收养继子女的条件非常宽松，不受“生父母有特殊困难无力抚养的”条件限制，也不受收养子女的人数限制。

收养关系属于民事法律关系的范畴，必须遵循平等自愿的原则。即收养人收养与送养人送养，须双方自愿。收养年满 8 周岁以上未成年人，应当征得被收养人的同意。8 周岁以上的未成年人在法律上是限制民事行为能力人，其可以就自己被收养这样的重大事宜发表自己的意见，相关部门及当事人应尊重其意愿，不得违背其意愿办理收养登记手续。

因此，依照《民法典》第 1104 条的规定，因为已经年满 8 周岁的程翔本人不同意被收养，所以邬君茜无法收养程翔。

## 律师提示

1. 收养子女的人数限制，是指办理收养登记手续时的客观情况，一般不及于过去（如有子女但之前夭折的）与将来（如若干年后又再生育子女的）。

2. 继父母依法收养继子女后，双方之间的法律关系就为养父母和养子女了。此种情形，即便之后养父母、养子女之间解除收养关系的，只要继父母与继子女之间形成抚养教育关系，继父母与继子女间的相应权利义务也仍然存在。

3. "收养年满八周岁以上未成年人的，应当征得被收养人的同意"中的"同意"，一般以书面意见为佳；被收养人书写有困难的，应全程录音录像留存；有条件的，可到公证机构办理收养公证。

## 问题 67：什么是收养评估？

A 市居民张某向派出所报警称捡到一名八九个月大的女婴，派出所遂将女婴交由 A 市儿童福利院代养。A 市儿童福利院在 A 市日报上刊登了寻找弃婴生父生母的公告，期满后无人认领。派出所向 A 市民政局出具证明，载明未查找到该女婴的生父母。一个月后，傅小菊在 A 市福利院工作的同学电话告知了因疾病原因无法生育，一直想收养一个孩子的薛杰宝、傅小菊夫妇。薛杰宝、傅小菊夫妇表示愿意收养该女婴。

薛杰宝、傅小菊夫妇查阅了《民法典》中关于收养登记的一些程序性要求，其中有一条“县级以上人民政府民政部门应当依法进行收养评估”令两人很疑惑，便去问傅小菊的同学。

傅小菊的同学想了想说，“我们福利院算是市民政局直管的一个‘部门’，级别够了，部门也对口，我们给你出个收养评估报告吧。”

于是薛杰宝、傅小菊夫妇按照傅小菊同学的指点备齐了资料，拿着 A 市儿童福利院出具的收养评估报告，在傅小菊同学的陪同下，到 A 市民政局申请收养该女婴。当天就办妥了收养登记。

然而，女婴被收养刚刚 3 个多月，她的生父汪某就出现了。汪某说，他和之前的报警人张某的妹妹是同居关系，非婚生育了该女婴。因为他和张某的妹妹都在 B 市工作，没条件照料女婴，遂把女婴托付给在 A 市的张某照料。后张某的妹妹与张某因女婴抚养事宜在电话中发生口角，张某妹妹一时口不择言称：“这孩子我不要了，随便你怎么处理。”张某为和妹妹赌气，遂报警称捡到被遗弃的女婴。张某告诉妹妹已经把女婴送人了，妹妹以为张某是在开玩笑，没有相信。之后，张某妹妹还在向张某支付女婴的抚育费，张某也收取了该费用。汪某对女婴被送养一事更是毫不知情，直到他近期来 A 市探望女婴，才发觉此事，几番周折之下找到了傅小菊他们。

薛杰宝、傅小菊夫妇认为自己是通过民政机关依法收养的，不同意解除收养关系。于是，汪某向法院提起行政诉讼，要求撤销该收养登记。最终，法院判决因 A 市民政局存在办理收养前应公告未公告、未依法进行收养评估等错误，撤销其发放的收养登记证。

请问：福利院出具的收养评估报告为什么“不作数”呢？

## 律师解答

**县级以上人民政府民政部门应当依法进行收养评估，A 市儿童福利院不是收养评估的适格主体。**

**《民法典》第一千一百零五条** 收养应当向县级以上人民政府民政部门登记。收养关系自登记之日起成立。

收养查找不到生父母的未成年人的，办理登记的民政部门应当在登记前予以公告。

收养关系当事人愿意签订收养协议的，可以签订收养协议。

收养关系当事人各方或者一方要求办理收养公证的，应当办理收养公证。

县级以上人民政府民政部门应当依法进行收养评估。

## 律师评析

《民法典》第 1105 条为【收养登记、收养公告、收养协议、收养公证、收养评估】条款。其中，收养评估是《民法典》新增的内容。

收养评估主要是为了更加准确、客观地确定收养人所具备的抚养教育被收养未成年人的能力，使符合条件、具备能力的主体成为收养人，保障被收养的未成年人不至于因收养而遭受本可避免的侵害，体现最有利于被收养人的收养原则。同时，收养评估制度也可以保持收养关系的稳定与良性发展，减少收养过程中出现的消极因素、不良后果给整个社会发展造成的不利影响。

收养评估通过约见、面谈、查阅资料、调查走访等途径，全面评价收养人的收养动机、婚姻家庭状况、经济状况、经济能力、健康状况、养育安排、有无相关犯罪记录等内容，从而判断其收养能力。县级以上人民政府民政部门应当依法进行收养评估，这是收养中一项必备的程序与条件。

上述案例中，首先，《民法典》规定，查找不到生父母的未成年人可以被收养，但事实上，张某报了假警，女婴并不属于“查找不到生父母”的情况，其本身不符合法定的收养条件。其次，《民法典》明确规定收养查找不到生父母的未成年人的，办理登记的民政部门应当在登记前予以公告。而A市民政局违反了法定程序，在薛杰宝夫妇提出收养申请的当天即进行了收养登记。最后，如上所述，A市儿童福利院只是民政机关管理的事业单位，并不是县级以上人民政府民政部门，故其无权进行“收养评估”。

## 律师提示

1. 注意，中国公民收养子女办理收养登记的机关是县级以上人民政府的民政部门，这与婚姻登记对民政部门级别没有要求是不同的。这主要是考虑收养登记数量比婚姻登记少，政策性更强，收养登记机关设在县级以上民政部门更加适宜。

2. 外国人收养我国未成年人的，必须亲自到收养地的省、自治区、直辖市人民政府的民政部门办理收养手续。

3. 收养查找不到生父母的未成年人的，办理收养登记的民政部门应当在登记前予以公告，公告期为自公告之日起60日。

## 问题68：亲属的抚养和收养一样吗？

10岁的黄林远在姑姑黄苗苗家住了两个多月，终于见到了一直“失联”的爸爸黄麦穗，只见黄麦穗左腿大腿以下都没了，歪着脑袋坐在轮椅上。原来，黄林远的爸爸妈妈出了车祸，妈妈林周媛当场身亡，爸爸黄麦穗少了一条左腿，颈椎也受了伤，但好歹捡回了一条命。

黄林远和黄麦穗回自己家住了几天，黄林远吃也吃不好，穿也穿不好，作业也做不好。黄麦穗自顾不暇，根本没有能力照顾好黄林远，还经常要黄苗苗过来帮忙。于是，黄苗苗提议还是由她来抚养黄林远，黄麦穗和黄林远都同意了。

这一天，黄麦穗打电话叫黄苗苗带黄林远到自己家来一趟。原来，被瞒了好几个月的林周媛的父母终于知道了女儿出车祸去世的事情，他们赶紧赶了过来。因为黄麦穗无力抚养黄林远，老两口提出应该让他们来抚养黄林远。

黄林远的意见是，自己跟谁都行。

黄麦穗虽不情愿让黄林远的外公外婆抚养孩子，但他说不出口，便使了个眼色给黄苗苗。黄苗苗领会了，她开口道：“叔叔阿姨，现在林远和我住在一起，挺好的，就不麻烦你们了。再说，麦穗把林远送到我这里抚养，就是送养，我和林远现在这样的关系，是法律上的收养关系。我们想着哪一天抽空去办理一下收养手续呢。”

黄林远的外公外婆听了黄苗苗的话，一时愣住了，也不确定她说得是否正确。

请问：黄苗苗和黄林远之间是收养关系吗？黄林远应该由谁来抚养？

## 律师解答

黄苗苗和黄林远之间不是收养关系，黄林远应该由外公外婆来抚养。

**《民法典》第一千一百零七条** 孤儿或者生父母无力抚养的子女，可以由生父母的亲属、朋友抚养；抚养人与被抚养人的关系不适用本章规定。

**《民法典》第一千一百零八条** 配偶一方死亡，另一方送养未成年子女的，死亡一方的父母有优先抚养的权利。

## 律师评析

《民法典》第1107条为【生父母的亲属或朋友抚养其子女不适用收养规定】条款、第1108条为【抚养优先权】条款。孤儿，是指父母双亡的未成年人；生父母无力抚养的子女，是指生父母因疾病、丧失劳动能力、经济困难、被羁押等原因而没有能力抚养的未成年人。前述两种未成年人可以由生父母的亲属、朋友抚养。

抚养人与被抚养人的关系不适用收养的有关规定。收养关系反映的是收养人与被收养人之间的父母子女关系。收养关系成立后，收养人与被收养人之间就形成了养父母子女间的权利义务关系，被收养人与生父母及亲属间的权利义务关系因收养关系的成立而消除。此处的抚养，是指未成年人的亲属或其他人对未成年人承担供养、保护和教育的责任。抚养关系反映的是抚养人与被抚养人之间不以建立父母子女关系为目的的供养关系。这种抚养关系，有的是基于法律规定的权利义务关系而建立的，有的是基于当事人之间的自愿而形成的。抚养关系不变更双方的权利义务关系，即抚养人与被抚养人之间原有的人身关系不因抚养关系的成立而发生变化，双方不产生父母子女间的权利与义务。

《民法典》还规定，配偶一方死亡，另一方送养未成年子女的，死亡一方的父母有优先抚养的权利。构成优先抚养权的法定条件有三个：(1)优先抚养权人必须是死亡一方配偶的父母，其他任何亲属，包括生存一方配偶的父母都不是优先抚养权的权利主体。(2)生存一方配偶必须送养未成年子女。优先抚养权是一种期待权，死亡一方配偶的父母不是在任何时候都享有优先抚养权。生存一方配偶送养未成年子女之前，死亡一方配偶的父母仅存在实现优先抚养权的可能性。只有当生存一方配偶送养其未成年子女时，死亡一方配偶的父母才能实现优先抚养权。(3)被抚养人应同时具备两个条件：未成年人；丧失父亲或母亲。

上述案例中，黄苗苗和黄林远之间虽然有抚养和被抚养的关系，但当事人各方均无建立收养关系的意愿，也并未依法办理收养登记手续。所以，黄苗苗和黄林远之间不存在收养关系，只是抚养关系。按照《民法典》的规定，黄林远的妈妈林周媛去世，假如黄麦穗确实有送养的打算，黄林远的外公外婆作为林周媛的父母，享有优先抚养黄林远的权利。

## 律师提示

1. 生父母的亲属、朋友抚养孤儿或者生父母无力抚养的未成年子女，如果依法办理了收养登记手续，就建立了收养关系。要注意的是，这里的亲属、朋友的范围很宽泛，可作扩张性解释。

2. 优先抚养权可以被放弃，该权利的放弃可以分为明示放弃和默示放弃。明示放弃，是指优先抚养权人在送养人送养子女时，明确地（一般为书面形式）表示不抚养未成年子女。默示放弃，是指优先抚养权人明知或应当知道送养人在送养其未成年子女，既不作出优先抚养的主动、明白、直接的表示，又不阻止他人收养，据此可以推定为优先抚养权人放弃优先抚养权。

## 问题 69：收养关系成立后，还需要赡养生父母吗？

阿瑾是家里的第二个女儿，5岁时就被送养了，她的亲生父母极度“重男轻女”，阿瑾对于被送养前的记忆只有饥饿和动辄被辱骂呵斥、拳打脚踢的不堪。

阿瑾的养父母给了阿瑾从未有过的关怀与温暖。阿瑾上初中二年级时，养父生病去世了，养母没有再婚，一心一意抚育阿瑾。转眼间，阿瑾已经28岁了，她在省城某名牌大学一直读到硕士毕业，又在省城找到了一份工资挺高、令人羡慕的工作。阿瑾在省城买了房，把养母接了过来，日子过得平静又温馨。而另一边，阿瑾的生母生父近些年身体都不好，尤其是生父，因脑卒中偏瘫了，医药费花掉了不少钱。

阿瑾的大姐对老两口谈不上不闻不问，但也不咸不淡的；阿瑾生父生母好不容易盼来的儿子，不仅不孝顺，还是闻名乡里的“二流子”，整天偷鸡摸狗，惹是生非，总让老两口闹心。这个时候，生父生母想到了他们还有个有出息的女儿——阿瑾，而且阿瑾的经济条件也不错。于是他们找上门来，告诉阿瑾，血浓于水，一家人打断骨头连着筋，现在亲生父母有困难，阿瑾不能不帮。他们想让阿瑾负担他们的医药费、赡养费。

请问：阿瑾有赡养生父生母的义务吗？

### 律师解答

养子女与生父母间的权利义务关系，因收养关系的成立而消除。因此，阿瑾没有赡养生父母的法定义务。

**《民法典》第一千一百一十一条** 自收养关系成立之日起，养父母与养子女间的权利义务关系，适用本法关于父母子女关系的规定；养子女与养父母的近亲属间的权利义务关系，适用本法关于子女与父母的近亲属关系的规定。

养子女与生父母以及其他近亲属间的权利义务关系，因收养关系的成立而消除。

## 律师评析

《民法典》第 1111 条为【收养效力】条款。收养关系的成立与自然血亲不同，收养关系自收养登记之日起成立，自然血亲关系自出生之日起成立。

收养关系成立后，养父母与养子女间就建立了法律上的父母子女关系，养子女与养父母的近亲属间也随之建立了法律上的近亲属关系。与此同时，养子女与生父母以及其他近亲属间的权利义务关系，因收养关系的成立而消除。

换言之，收养后，养子女与养父母就是一家人了，养父母的近亲属也成了养子女的近亲属；与此同时，养子女与生父母就不是一家人了，生父母的近亲属也就与养子女无关了。

上述案例中，阿瑾与养父母的收养关系在办理收养手续之日成立，之后，阿瑾与生父母的父母子女关系也随之消除。

所以，阿瑾没有赡养生父母的法定义务。

## 律师提示

1. 虽然养子女在法律上没有对生父母的赡养义务，但是当事人基于道德义务自愿赡养的，法律也不予以干涉、禁止。

2. 通过收养，养父母与养子女之间产生了如同亲生父母子女之间的权利义务关系，即法律拟制的血亲关系。拟制血亲关系不同于自然血亲，自然血亲天然产生，一般不能解除；拟制血亲可以依法产生，也可以依法解除。

3. 被收养人与其生父母之间法律上的身份关系和权利义务随着收养关系的成立消灭了，但被收养人与生父母及其他亲属间的血缘关系依然客观存在，因此，关于禁止近亲结婚的法律规定依然对他们有约束力。

# 问题 70：何种情形可以解除收养关系？

曲某的妻子龚某因病去世，曲某独自一人抚养两个男孩，感到十分吃力，遂把次子曲奇送养给了一直单身的表弟聂某。办理收养登记手续后，曲奇被改名为聂微。

没想到聂某染上了酗酒的恶习，酒后经常无故斥骂、殴打聂微。聂微不堪忍受，给生父曲某写信哭诉被虐待的事情。有次被打得受不了，聂微甚至半夜徒步七八个小时走了几十千米，一瘸一拐地逃回了原来的家。

曲某虽然知道聂微确实遭受了虐待，但一则觉得儿子已经“送”人，不好再要回来；二则觉得自己抚养两个孩子太吃力了，就让聂某接走了聂微。

19 岁那年，聂微工作了，多次冲突后，聂微与养父关系恶化，无法共同生活，聂微提出解除收养关系。聂某称解除收养关系需要补偿他 20 万元“抚养费”，聂微倾其所有，又借了十几万元，凑足 20 万元交给了聂某。

聂微和聂某遂去民政机关登记，解除了收养关系。

曲某闻讯，提出让聂微回家，欲修复断了多年的父子关系。聂微说：“我 10 岁那年连夜一瘸一拐地回家，你又亲手把我送回了‘火坑’。在我走出房门的那一刻，我就决定这辈子都不会原谅你了。你这样的父亲，我高攀不起！”

请问：收养关系解除后，聂微可以不恢复与生父的关系吗？

**律师解答**

收养关系解除后，成年养子女聂微可以不恢复与其生父的关系。

**《民法典》第一千一百一十四条** 收养人在被收养人成年以前，不得解除收养关系，但是收养人、送养人双方协议解除的除外。养子女八周岁以上的，应当征得本人同意。

收养人不履行抚养义务，有虐待、遗弃等侵害未成年养子女合法权益行为的，送养人有权要求解除养父母与养子女间的收养关系。送养人、收养人不能达成解除收养关系协议的，可以向人民法院提起诉讼。

**《民法典》第一千一百一十五条** 养父母与成年养子女关系恶化、无法共同生活的，可以协议解除收养关系。不能达成协议的，可以向人民法院提起诉讼。

**《民法典》第一千一百一十六条** 当事人协议解除收养关系的，应当到民政部门办理解除收养关系登记。

**《民法典》第一千一百一十七条** 收养关系解除后，养子女与养父母以及其他近亲属间的权利义务关系即行消除，与生父母以及其他近亲属间的权利义务关系自行恢复。但是，成年养子女与生父母以及其他近亲属间的权利义务关系是否恢复，可以协商确定。

## 律师评析

《民法典》第 1114 条为【未成年被收养人的收养关系解除】条款、第 1115 条为【成年养子女的收养关系解除】条款、第 1116 条为【解除收养关系登记】条款、第 1117 条为【解除收养关系后的身份效力】条款。

收养关系是通过一定程序建立的拟制的父母子女关系，同样可以通过一定程序解除。解除收养关系有两种情形，双方协议解除；依照一方当事人的要求解除。解除收养关系有两种途径：能协商一致的，去民政机关登记解除；不能协商一致的，去法院诉讼解除。

养子女成年以前，原则上不得解除收养关系。但是如果收养人和送养人协商一致，可以到民政部门登记解除收养关系。养子女年满 8 周岁以上的，还应征得本人同意。

如果在养子女成年以前，收养人不履行抚养义务，有虐待、遗弃等侵害未成年养子女合法权益行为的，送养人有权单方面提出要求解除养父母与养子女间的收养关系。送养人与收养人不能协商一致的，送养人可以向法院提起诉讼。

养子女成年以后，如果养父母与成年养子女关系恶化、无法共同生活，可以协议解除收养关系。收养人与被收养人协商一致，即可至民政机关登记解除。此时已无须原送养人的同意。养子女与养父母不能达成协议的，可以向法院提起诉讼。

未成年人与生父母及其他近亲属间的权利义务关系自收养关系解除时自行恢复，无须进行登记，不附加任何条件。但成年养子女与生父母以及其他近亲属间的权利义务关系是否恢复，可以协商确定，协商不一致，或者不愿意协商的，可以不恢复。

上述案例中，解除收养关系时聂微已经成年，他可以选择不与生父恢复父子关系。

## 律师提示

1. 协议解除收养关系的当事人应当持居民户口簿、居民身份证、收养登记证和解除收养关系的书面协议，共同到被收养人户口所在地的收养登记机关办理解除收养关系登记，民政机关会发给解除收养关系证明。

2. 法院解除收养关系的判决书、调解书生效后，当事人无须另行签订书面协议，也无须再办理解除收养的登记或公证证明。已生效的判决书、调解书，就是收养关系解除的法律文件。

# 问题 71：收养关系解除后，为何还要向养父母给付生活费？

秦国良、郑桂香夫妇因婚后多年未能生育，收养 7 岁的秦月娥为养女，后又生育一子秦友兵。

秦友兵出生后，得到了更多的偏爱，但秦国良、郑桂香夫妇对秦月娥也算照顾有加，不仅将她抚养长大并供其上大学，秦月娥大学毕业后，还为其介绍安排了工作。秦月娥结婚，秦国良、郑桂香夫妇为她操办了结婚事宜，陪嫁若干家用电器和家具。

后来，秦友兵结婚需要购买婚房，秦国良、郑桂香夫妇要求秦月娥给弟弟“赞助”30 万元首付款。秦月娥一口回绝，双方由此产生了矛盾。

再后来，秦国良脑卒中住院，秦月娥因出差原因，直到秦国良住院七八天后才赶到医院探望。郑桂香十分不满，与秦月娥吵了起来，不但一气之下把秦月娥轰出了病房，还提出要解除收养关系。

于是，在秦国良出院后，双方协议解除收养关系，并到民政局进行了登记。解除收养关系后，秦月娥和生父母恢复了关系。

几年过去了，秦国良突发脑出血，卧病在床，生活无法自理；郑桂香在照料秦国良的过程中也不慎摔伤，行动不便。秦国良、郑桂香与秦月娥协商无果，向法院提起诉讼，以两人缺乏劳动能力又缺少生活来源为由，要求秦月娥给付生活费每月 2500 元。秦月娥认为，是养父母提出解除收养关系的，自己也和生父母恢复了父母子女关系，养父母应找秦友兵索要生活费，故不同意支付生活费。

请问：收养关系解除后，秦月娥还需要支付秦国良、郑桂香生活费吗？

## 律师解答

收养关系解除后，经养父母抚养的成年养子女，对缺乏劳动能力又缺乏生活来源的养父母，应当给付生活费。因此，秦月娥需要支付秦国良、郑桂香生活费。

**《民法典》第一千一百一十八条** 收养关系解除后，经养父母抚养的成年养子女，对缺乏劳动能力又缺乏生活来源的养父母，应当给付生活费。因养子女成年后虐待、遗弃养父母而解除收养关系的，养父母可以要求养子女补偿收养期间支出的抚养费。

生父母要求解除收养关系的，养父母可以要求生父母适当补偿收养期间支出的抚养费；但是，因养父母虐待、遗弃养子女而解除收养关系的除外。

## 律师评析

《民法典》第1118条为【解除收养关系后的生活费、抚养费】条款。收养关系解除后，养父母在以下三种情形下可要求当事人给付费用。

1. 要求养子女给付生活费。此种情形下需注意以下两点：(1)养子女经养父母抚养且已成年。也就是说，未经养父母抚养的养子女、未成年养子女、没有负担能力的养子女不需要给付生活费。(2)养父母既缺乏劳动能力又缺乏生活来源。也就是说，具有劳动能力或有生活来源的养父母无权要求养子女给付生活费。

2. 要求养子女补偿抚养费。此种情形下需注意以下三点：(1)是因养子女成年后虐待、遗弃养父母而解除收养关系。(2)需要养父母主动提出相应要求。(3)养子女应予补偿的是“收养期间支出的抚养费”。此外，补偿的标准应该是“全部补偿”。

3. 要求生父母补偿抚养费。此种情形下需注意以下三点：(1)是由生父母而非养父母要求解除收养关系。(2)养父母可要求“适当”补偿而非“全部”补偿。(3)养父母若有虐待、遗弃养子女的行为，则无权要求生父母补偿抚养费。

上述案例中，秦国良、郑桂香自秦月娥儿童时期即收养了她。虽然秦国良、郑桂香有所偏心，但不能否认他们为抚养秦月娥付出了很多心血。在解除收养关系后，秦国良、郑桂香因病行动不便，夫妇二人均无生活来源，治病花费又较高，在此情况下，秦国良夫妇要求秦月娥给付生活费的主张合理合法，应予支持。

另外，考虑秦国良夫妇另有一子秦友兵，他也有赡养父母的法定义务，故不应只由秦月娥一个人来承担秦国良夫妇的生活费，最终法院应该会酌情处理秦月娥应付的生活费金额，不会完全按照秦国良夫妇的诉请金额判决。

## 律师提示

1. 收养关系解除后，成年养子女给付生活费的数额应视养父母的实际生活需要和成年养子女的负担能力而定。一般来说，应不低于当地居民普通的生活费用标准。

2. 生父母补偿养父母的抚养费金额，按照《民法典》“适当补偿收养期间支出的抚养费”的规定，应该理解为部分补偿。具体补偿数额由生父母与养父母协议解决；协议不成的，可以起诉至法院。

# 继　承

## 一般规定

# 问题72：同一事件中难以确定死亡时间，如何推定死亡顺序？

张建设排行老三，父亲已经去世了，姐弟三人都在外地工作，只有老母亲一人在家乡生活。全家最盼望的就是过年，姐弟三人拖家带口地从天南海北赶回老家团聚。十几口人有老有少、有男有女，热闹非凡，平时冷清空寂的祖屋也有了烟火气。

大年三十的早上，终于处理完工作的张建设归心似箭，载着妻子李国香、独生子张吉祥，驱车赶往400多千米外的老家。李国香是在福利院长大的孤儿，没有家人，所以格外喜欢这种阖家团圆的氛围。至于八九岁的张吉祥，一直在念叨那些兄弟姐妹、奶奶做得好吃的，还有镇上集市与村里的年味儿……

晚上10时半，再过一座桥就要进入老家地界了。结果在桥上，一辆集装箱卡车的司机因为疲劳驾驶，稍微打了个盹儿，车子失控了，生生把刚好路过的张建设一家的车挤下了桥。

桥下是山谷，桥面距离谷底有100多米，搜救人员找到张建设三人时，他们都已经死亡了。法医勘验后，也无法确定他们的死亡时间。事出突然，正当壮年的张建设、李国香两人均没有留下遗嘱。

请问：此时，法律上如何认定三人的死亡顺序？

## 律师解答

此种情形下，推定没有其他继承人的人先死亡；都有其他继承人，辈分不同的，推定长辈先死亡；辈分相同的，推定同时死亡，相互不发生继承。因此，推定李国香先死亡，其次是张建设死亡，最后是张吉祥死亡。

**《民法典》第一千一百二十条** 国家保护自然人的继承权。

**《民法典》第一千一百二十一条** 继承从被继承人死亡时开始。

相互有继承关系的数人在同一事件中死亡，难以确定死亡时间的，推定没有其他继承人的人先死亡。都有其他继承人，辈份不同的，推定长辈先死亡；辈份相同的，推定同时死亡，相互不发生继承。

## 律师评析

《民法典》第1120条为【继承权受国家保护】条款、第1121条为【继承开始的时间及死亡先后推定】条款。《民法典》中的继承，是指将死者生前的财产和其他合法权益转归有权取得该项财产和权益的人所有的法律制度。

关于第1120条，要注意的是《民法典》新规定的“自然人”的概念。自然人，即生物学意义上的人，是基于出生而取得民事主体资格的人，其外延包括本国公民、外国公民和无国籍人。

第1121条第1款规定“继承从被继承人死亡时开始”，换句话说，死亡是继承发生的唯一原因。所以，被继承人的死亡时间关系到何人可以成为继承人。一般情况下，死亡的具体时间对继承的影响不大，但当多个相互有继承权的自然人在同一事件中死亡时，确定他们的死亡顺序关乎谁是继承人，以及相关遗产如何分配。

第1121条第2款适用的前提是“相互有继承关系的数人在同一事件中死亡，难以确定死亡时间的”，换言之，如果能确定死亡时间，则无须“推定”死亡时间。这种推定仅为解决法律适用问题的一种规定，如果有相反证据证实客观情况与“推定”不符合，应依照客观情况。“其他继承人”，是指除在同一事件中死亡的继承人之外的其他继承人，包括第一顺序继承人——配偶、子女、父母，第二顺序继承人——兄弟姐妹、祖父母、外祖父母。

上述案例中，张建设的其他继承人有：母亲、哥哥、姐姐；李国香是孤儿，没有其他继承人；张吉祥的其他继承人有祖母。因为李国香没有其他继承人，推定她最先死亡；张建设和张吉祥都有其他继承人，但张建设是长辈，所以推定张建设其次死亡；张吉祥被推定为最后死亡。

李国香死亡后，其遗产由张建设和张吉祥继承；张建设死亡后，其遗产由其母亲和张吉祥继承；张吉祥死亡后，其遗产由作为第二顺序继承人的祖母继承。最终，三人的遗产全部归于张吉祥的祖母。

## 律师提示

1. 法律层面，被继承人的死亡包括两种情况：(1) 自然死亡，即自然人生命丧失且不可逆转地永久性终止。自然死亡时间的确定通常以死亡证明记载的时间为准；没有死亡证明的，以户籍登记或者其他有效身份登记记载的时间为准。有其他证据足以推翻以上记载的死亡时间的，以该证据证明的时间为准。(2) 宣告死亡。即法律意义上的生命终结。当自然人下落不明满4年或者因意外事件下落不明满2年时（自然人因意外事件下落不明，经有关机关证明该自然人不可能生存的，申请宣告死亡不受2年时间的限制），利害关系人可以向法院申请宣告该自然人死亡。被宣告死亡的人，法院宣告死亡的判决作出之日视为其死亡的日期；因意外事件下落不明宣告死亡的，意外事件发生之日视为其死亡的日期。

2. 只有被继承人死亡的时间，才是继承开始的时间。故被继承人仍在世时，其继承人之间达成的遗产分配协议，应当认定为无权处分。在被继承人没有以遗嘱的方式确认继承人之间达成的协议的前提下，不能按协议约定方式处分被继承人的遗产。同理，被继承人死亡前，继承人放弃继承权的承诺、协议，由于不能满足基本的时间要求，也不能作为放弃继承的意思表示。

# 问题 73：遗赠扶养协议与遗嘱冲突了怎么办？

林家辉有两套房屋，他自住在两室一厅的房子里，三室一厅的房子则用于出租。他的儿子林希金、女儿林希水都在外地工作，很少回来。平日林家辉最大的爱好就是打电脑游戏，投入了不少时间和金钱，是游戏里的“氪金大佬”。

50 多岁时，林家辉得了肝癌，辞了工作在家休养。因为生病，林家辉的生活能力变差，需要人照顾，邻居高某见状提议由自己来照料林家辉，为其养老送终，但要求在林家辉去世之后，把这套两室一厅的房子给他。林家辉考虑之后同意了。两人遂签署了一份协议。之后，高某尽心尽力照顾林家辉，履行了扶养义务。

5 年后，林家辉因病情恶化而住院。住院期间，为防不测，他避开高某偷偷写好遗嘱，交给了前来探视他的儿子和女儿。遗嘱主要内容为：三室一厅的房子归儿子，两室一厅的房子归女儿，存款儿女按六四开的比例分别继承。

林家辉去世后，高某提出两室一厅的房子应依约归其所有，林希水认为高某拿的协议实质上是遗赠，她有在后的遗嘱，两室一厅的房子应由她继承。

另外，林希金在整理父亲的遗物时，发现林家辉在一个本子里详细记录了其名下几个游戏账号的 ID 和密码及里面的游戏币、装备、道具等，还有相关交易记录。按照这些交易记录推算，林家辉与游戏有关的虚拟资产的价值竟然超过了百万元，比两室一厅的房子都值钱。

请问：游戏资产算遗产吗？如果算，林家辉的主要遗产，如房屋、存款、游戏资产等该由谁继承？

## 律师解答

自然人死亡时遗留的个人合法财产均为遗产，故游戏资产也算遗产。

两室一厅的房子由高某依照遗赠扶养协议取得，三室一厅的房子由林希金依照遗嘱继承，存款依照遗嘱由林希金、林希水分别继承六成、四成；游戏资产适用法定继承，由林希金与林希水一人一半继承。

**《民法典》第一千一百二十二条** 遗产是自然人死亡时遗留的个人合法财产。

依照法律规定或者根据其性质不得继承的遗产，不得继承。

**《民法典》第一千一百二十三条** 继承开始后，按照法定继承办理；有遗嘱的，按照遗嘱继承或者遗赠办理；有遗赠扶养协议的，按照协议办理。

## 律师评析

《民法典》第 1122 条为【遗产的定义】条款，第 1123 条为【法定继承、遗嘱继承、遗赠和遗赠抚养协议的效力】条款。

第 1122 条并未对遗产的范围进行列举，而是笼统地规定为“遗产是自然人死亡时遗留的个人合法财产”。这意味着只要是自然人合法取得的财产，都属于遗产，都可以被继承，网络财产、虚拟货币等也包括在内。以便最大限度地保障自然人私有财产继承的需要。

第 1123 条规定的是继承开始后的遗产处理及继承顺序：有遗赠扶养协议的，按照协议办理；没有遗赠抚养协议的，按照遗嘱继承或者遗赠办理；没有遗嘱继承或者遗赠的，按照法定继承办理。换言之，当遗赠扶养协议、遗嘱和法定继承发生冲突时，遗赠扶养协议先于遗嘱和法定继承，而遗嘱继承又先于法定继承。

所谓遗赠抚养协议，是遗赠人（被继承人）与扶养人签订的、由扶养人负担遗赠人生养死葬的义务，遗赠人将自己的合法财产的一部分或全部于其死后转移给扶养人所有的协议。遗赠扶养协议是我国确立的一项独特的法律制度，其本质是一种有偿的等价交换的协议，是一个双方的法律行为。

遗嘱，是指遗嘱人生前在法律允许的范围内，按照法律规定的方式对其遗产所作的个人处分，并于遗嘱人死亡时发生效力的法律行为。遗赠是遗嘱人通过遗嘱方式将其遗产的一部分或全部赠与法定继承人以外的个人或者社会组织，并于遗嘱人死亡时发生法律效力的行为。遗嘱和遗赠都是遗嘱人单方面的法律行为，本质是为了调整、改变、否定法定继承的发生。而法定继承，顾名思义就是在没有遗赠扶养协议、遗嘱的情形下，适用法律规定进行继承。

上述案例中，林家辉与邻居高某签订有遗赠抚养协议，在该遗赠抚养协议与遗嘱冲突时，应优先按照遗赠扶养协议办理。林家辉所立的遗嘱不能与遗赠扶养协议抵触，但法定继承也不能与遗嘱抵触。林家辉的遗赠扶养协议与遗嘱中均未涉及自己的游戏虚拟财产，因此这部分财产适用法定继承处理。

## 律师提示

1. 网络虚拟财产已经被写进了《民法典》，纳入民法的保护之下，对网络虚拟财产的继承问题可直接适用《民法典》。

2. 被继承人不能与其法定继承人签订遗赠扶养协议，因为法定继承人与被继承人之间具有法定的互相扶养和互相继承的权利义务关系，不需要也不应该以遗赠扶养协议的形式来确定。遗赠扶养协议签订后，遗赠人与其子女之间的权利义务关系并不因此而解除；遗赠人的子女对遗赠人的赡养扶助义务，不因遗赠扶养协议而得以免除。

3. 被继承人生前与他人订有遗赠扶养协议，同时又立有遗嘱的，继承开始后，如果遗赠扶养协议与遗嘱没有抵触，遗产分别按协议和遗嘱处理；如果有抵触，按协议处理，与协议抵触的遗嘱全部或者部分无效。

# 问题 74：法定继承人与受遗赠人不表态的法律后果有何不同？

甄波是名小有成就的生意人，经过数年打拼，积累下了不菲的财富。但为了和新欢——比自己小 15 岁的赵思思在一起，甄波不顾父母及众人的劝阻，与原配廖云离婚了，7 岁的儿子甄时新由廖云抚养。

甄时新 13 岁时，甄波的爸爸得了肝癌，甄波的妈妈常年身体不好，老两口都需要人照料。屋漏偏逢连夜雨，甄波也在之后不久被确诊为肝癌，病情比他爸爸还重。

甄波出钱雇了护理人员、家政人员照顾父母，但老人不习惯、不接受。这时，廖云一边抚育甄时新，一边主动担负起照顾甄波父母的事情，抽空还给已经住院的甄波做些他爱吃的饭菜送到医院。

甄波深受感动，写下遗嘱，将占其总财产约 1/3 的财产遗赠给了前妻廖云，占其总财产约 1/4 的财产由赵思思继承，其余财产依法继承。

不久，甄波因医治无效去世了。在他去世当天，廖云拿到了甄波的遗嘱，面对这样一笔价值不菲的遗赠，她十分震惊。因甄波的身后事牵扯的主体、资产较多，处理了漫长的一段时间。其间，廖云忙于照料、安抚老人和孩子，加上对是否接受这笔遗赠还有点儿犹豫，所以她迟迟没有表态。

直到甄波去世后第 64 天，廖云才表态接受遗赠。谁知，赵思思的律师告诉廖云，因为她表态接受遗赠的时间过晚，法律上视为其放弃遗赠，所以，这笔遗产应该由赵思思、甄波的父母、甄时新来法定继承。廖云问："赵思思也没表态啊，为什么她就能继承呢？"律师答："你们两个人的情况是不一样的。"

请问：法定继承人与受遗赠人对于是否接受继承均没有表示的，如何推定他们的意思表示？

## 律师解答

继承开始后，继承人没有表示的，视为接受继承。因此，赵思思可以继承相应遗产。

受遗赠人应当在知道受遗赠后60日内作出表示；到期没有表示的，视为放弃受遗赠。故廖云因未表态被视为放弃受遗赠。

**《民法典》第一千一百二十四条** 继承开始后，继承人放弃继承的，应当在遗产处理前，以书面形式作出放弃继承的表示；没有表示的，视为接受继承。

受遗赠人应当在知道受遗赠后六十日内，作出接受或者放弃受遗赠的表示；到期没有表示的，视为放弃受遗赠。

## 律师评析

《民法典》第1124条为【继承的接受与放弃】条款。继承人放弃继承需要在“遗产处理前”放弃。“遗产处理前”，是指遗产还未转移给相关继承人之前的时间，这个时间按照实际情况，可长可短，未必确定，也并不固定。继承人放弃继承“口说无凭”，作出放弃继承的表示应为有据可查的书面形式。如果继承人在“遗产处理前”没有任何表示，依法推定其是想继承遗产的，故“视为接受继承”。

受遗赠人，是指遗赠人在遗嘱中指定的接受其遗赠财产的人。受遗赠人可以是法定继承人以外的自然人，也可以是集体组织或社会团体，还可以是国家。受遗赠人的受遗赠权的保护期限、受遗赠人不作表示的法律后果与继承人不同：(1)受遗赠人的受遗赠权的保护期限是一个固定的除斥期间，是自受遗赠人知道受遗赠之日的次日起算的 60 日内。(2)《民法典》并未将受遗赠人作出接受或者放弃受遗赠表示的形式规定为“书面形式”。(3)受遗赠人在 60 日的除斥期间内没表示的(既不表示接受，也不表示放弃)，视为放弃受遗赠。这显然和继承人没表示视为接受继承是截然相反的。

继承权和受遗赠权都是权利。当事人可以选择行使或者放弃权利，因此继承人、受遗赠人可以自主决定行使或放弃继承。那为何继承人不表示，视为接受继承，而受遗赠人不表示，却视为放弃受遗赠呢？

这是因为，继承权是继承人法定的权利，如果其不以书面形式放弃继承权，该权利就应该是存在的。而受遗赠人没有法定、天然地参与遗产继承的权利，只因为被继承人在遗嘱中指定其接受遗赠，才取得了受遗赠权。从法律本质上看，遗赠行为在某种程度上可视为一种双方法律行为，遗赠人作出赠与的意思表示，受遗赠人需要作出接受遗赠的意思表示，才能达成合意，遗赠才能完成。因此，如果受遗赠人在法定期限内不作任何意思表示，赠与的合意难以形成，法律不宜强迫当事人达成合意，故不直接推定受遗赠人接受遗赠。

上述案例中，赵思思是甄波的现任配偶，是法定继承人，所以她不表态视为接受继承。而廖云是甄波的前任配偶，并非继承人，而是由于甄波的遗赠取得了受遗赠权，所以她不表态就视为放弃受遗赠。

## 律师提示

1. 在继承纠纷诉讼中，继承人向法院以口头方式表示放弃继承的，法院要制作笔录，由放弃继承的继承人签名，用“书面形式”确认继承人的口头放弃行为。

2. 继承人放弃继承的意思表示，应当在继承开始后、遗产分割前作出。遗产分割后表示放弃的不再是继承权，而是所有权。

3. 继承开始后，受遗赠人表示接受遗赠，但于遗产分割前死亡的，受遗赠人接受遗赠的权利应转移给其继承人。

# 问题 75：继承权丧失和恢复的情形有哪些？

张财与许秀结婚后育有一女二子：张群、张众、张民。张财、许秀和老三张民共同生活在祖屋里。老两口身体硬朗，不需要张民照顾，反而是他们在照顾张民的日常生活起居。而且两人也都有退休金，不仅不要张民支付赡养费，还经常贴补日常支出给张民。张群、张众时常来探望父母，偶尔也会主动给父母一些零花钱。

一天，街道组织便民服务，有律师免费提供法律咨询，张民路过时顺便咨询了一下继承问题，得知如果父母都去世的话，自家的祖屋不是他原本以为的那样只由他和哥哥张众继承，而且自己的情况也不算"赡养"老人，不大可能多分遗产。如果没有遗嘱的话，祖屋很可能将由姐弟三人均分。

张民闻言，心有不甘，回家后就用反锁房门、恐吓威胁、不给吃喝、不让上厕所等手段逼迫两位老人写遗嘱，把祖屋由他一人继承。两位老人迫于无奈，只得按照张民的意思分别写了一份遗嘱。

事后，两位老人越想越不是滋味，于是偷偷写了另一份遗嘱。该遗嘱载明：祖屋由张群、张众、张民分别按四成、四成、两成的份额来继承。没想到老人偷藏起来的这份遗嘱被张民无意中发现了，他偷偷把遗嘱抽出来，往信封里面随便塞了张废纸，重新封好口放了回去。

后来，母亲许秀病重，张民良心不安，拿出自己的积蓄准备给母亲看病。但许秀执意不肯，不想拖累张民。张民深受触动，被母爱感化，不仅主动撕掉了之前逼迫两位老人写的遗嘱，还交出了藏匿的两位老人后写的遗嘱。在张民的精心照料下，许秀的病情逐渐稳定。张民的行为也获得了两位老人的充分谅解，两位老人重新起草了一份遗嘱，载明，祖屋由张群、张众、张民分别按三成、三成、四成的份额来继承。

请问：曾逼迫父母写遗嘱的张民，现在还有权继承父母的遗产吗？

## 律师解答

张民确实曾有丧失继承权的行为，但因他有悔改表现，父母表示宽恕且事后在遗嘱中将其列为继承人，故张民不丧失继承权。

**《民法典》第一千一百二十五条** 继承人有下列行为之一的，丧失继承权：

（一）故意杀害被继承人；

（二）为争夺遗产而杀害其他继承人；

（三）遗弃被继承人，或者虐待被继承人情节严重；

（四）伪造、篡改、隐匿或者销毁遗嘱，情节严重；

（五）以欺诈、胁迫手段迫使或者妨碍被继承人设立、变更或者撤回遗嘱，情节严重。

继承人有前款第三项至第五项行为，确有悔改表现，被继承人表示宽恕或者事后在遗嘱中将其列为继承人的，该继承人不丧失继承权。

受遗赠人有本条第一款规定行为的，丧失受遗赠权。

## 律师评析

《民法典》第 1125 条为【继承权的丧失与恢复】条款。其中，《民法典》在《继承法》（已失效）基础上新增了隐匿遗嘱，以欺诈、胁迫的手段影响被继承人遗嘱自由两种丧失继承权的情形。

同时，《民法典》新增了被继承人宽恕制度，即特定情形下丧失继承权的继承人可以恢复继承权。因为被继承人一般与继承人之间存在亲属关系，且调整家庭成员之间财产关系和人身关系的民事法律规定一般都是刚柔并济的，原谅不原谅、宽恕不宽恕、自己的遗产由谁继承，法律不宜作太多硬性规定。

《民法典》的这一创新性规定，一方面充分尊重被继承人对自己遗产的处分，另一方面也是给继承人一个改过自新的机会，更加体现人伦道德和家庭生活中的意思自治。

在丧失继承权的诸项行为中，被继承人宽恕制度仅限于“遗弃被继承人，或者虐待被继承人情节严重”“伪造、篡改、隐匿或者销毁遗嘱，情节严重”“以欺诈、胁迫手段迫使或者妨碍被继承人设立、变更或者撤回遗嘱，情节严重”三种情形。故意杀害被继承人、为争夺遗产而杀害其他继承人的，不适用被继承人宽恕制度。

“受遗赠人有本条第一款规定行为的，丧失受遗赠权”，说明继承人不可为的五种丧失继承权的行为，受遗赠人也同样不可为。而且，受遗赠人不适用“被继承人宽恕制度”，其在丧失继承权后，不能因遗赠人的宽恕而恢复受遗赠权。

## 律师提示

1. 有权宽恕有上述行为继承人的主体仅限于被继承人。被继承人死亡后，其他继承人无权宽恕有前述过错的继承人。

2. 继承人故意杀害被继承人的，无论是既遂还是未遂，均应当确认其丧失继承权。继承人有故意杀害被继承人，为争夺遗产而杀害其他继承人行为，而被继承人以遗嘱将遗产指定由该继承人继承的，可以确认遗嘱无效，并确认该继承人丧失继承权。

3. 继承人虐待被继承人情节是否严重，可以从实施虐待行为的时间、手段、后果和社会影响等方面认定。虐待被继承人情节严重的，无论是否被追究刑事责任，均可确认其丧失继承权。

4. 继承人伪造、篡改或者销毁遗嘱，侵害了缺乏劳动能力又无生活来源的继承人利益，并造成其生活困难的，应认定为行为情节严重。

# 法定继承

# 问题 76：谁是遗产的法定继承人？

舒新与崔萍婚后育有一子舒文，后又收养了一名女婴，起名舒佳，视如己出，疼爱有加。

舒佳长大后，在外地安家落户。她每年回家探望两三次，每次都会给父母留一些钱，平时也经常与父母打电话、发微信沟通交流。儿子舒文结婚后，仍与舒新、崔萍居住生活在舒新名下的一套三室两厅的房屋内。

后来，舒新因病去世，没有留下遗嘱。

办理完舒新的丧事，舒文、崔萍提出，舒文是亲生儿子，舒佳是养女；舒文照顾了父亲，舒佳没有照顾父亲；且本地习俗为“房产传男不传女”；故房屋应由舒文一人继承。而舒佳认为，该房屋中属于舒新的份额是遗产，自己也有权继承。

协商未果，舒文、崔萍遂起诉至法院，请求法院判令将该房屋由舒文一人继承。

诉讼过程中，法院要求舒文、崔萍提供舒新父母的死亡证明。舒文很纳闷，怎么继承父亲的遗产还扯上了祖父母？

舒佳辩称，自己虽是养女，但自婴儿起即由舒新抚养，父女感情深厚；近年来自己虽然不和舒新共同居住生活，但也尽己所能地尽到了赡养义务。故自己也有权继承舒新的遗产。

请问：舒佳有权继承舒新的遗产吗？

## 律师解答

继承权男女平等；配偶、子女、父母均为第一顺序继承人。舒佳作为养女，属于第一顺序继承人中的“子女”，应当和其他第一顺序继承人平等继承舒新的遗产。

**《民法典》第一千一百二十六条** 继承权男女平等。

**《民法典》第一千一百二十七条** 遗产按照下列顺序继承：

（一）第一顺序：配偶、子女、父母；

（二）第二顺序：兄弟姐妹、祖父母、外祖父母。

继承开始后，由第一顺序继承人继承，第二顺序继承人不继承；没有第一顺序继承人继承的，由第二顺序继承人继承。

本编所称子女，包括婚生子女、非婚生子女、养子女和有扶养关系的继子女。

本编所称父母，包括生父母、养父母和有扶养关系的继父母。

本编所称兄弟姐妹，包括同父母的兄弟姐妹、同父异母或者同母异父的兄弟姐妹、养兄弟姐妹、有扶养关系的继兄弟姐妹。

## 律师评析

《民法典》第1126条为【男女平等享有继承权】条款、第1127条为【法定继承人的范围及继承顺序】条款。

“继承权男女平等”是《民法典》明确规定的法律原则，在法定继承中，无论是丈夫还是妻子，也无论是儿子还是女儿、父亲还是母亲、兄弟还是姐妹、（外）祖父还是（外）祖母等，都男女平等地享有继承权。在继承人所尽义务基本相近的情况下，分配遗产时应当不分性别地平等分配。即使有妻子可能在丧偶后改嫁、女儿已经结婚出嫁或者母亲日常开销不大等情况，都不影响她们对相应遗产所享有的继承权，也不影响她们的继承权与男性继承人平等。

第 1127 条所称的继承人为“法定继承人”，该条所规定的继承顺序也是“法定继承”顺序。所谓法定继承，是指遵照法律规定的继承人范围、继承人顺序、遗产分配原则的继承方式。这种继承方式只有在没有遗赠抚养协议、没有遗嘱时，才发生法律效力。法定继承人包括第一顺序的配偶、子女、父母和第二顺序的兄弟姐妹、祖父母、外祖父母。

此处需要注意两点：(1)继承开始后，由第一顺序继承人继承，没有第一顺序继承人继承的，由第二顺序继承人继承。即只要有第一顺序的继承人(哪怕只有一名)，一般就轮不到第二顺序的继承人来继承遗产。当然，没有第一顺序继承人、第一顺序的继承人全部放弃继承财产、第一顺序的继承人全部被剥夺继承权的情况下，就由第二顺序继承人继承遗产。(2)同一顺序的法定继承人中，各继承人的法律地位是平等的，无论属于何种亲属(血亲、收养关系或有扶养关系的继父母子女)，也不分辈分、年龄、性别，均享有继承被继承人遗产的平等权利。除法律另有规定外，应均等继承遗产。

《民法典》继承编所说的子女、父母、兄弟姐妹的范围很明确。要注意的是，如果是继子女、继父母、继兄弟姐妹，必须“有扶养关系”才拥有该类身份。继子女继承了继父母遗产的，不影响其继承生父母的遗产。继父母继承了继子女遗产的，不影响其继承生子女的遗产。

## 律师提示

1. 司法实践中，配偶继承死亡配偶遗产中往往所得财产份额较大，但这并不是因为配偶在第一顺序继承人中有优先权或者能多分，而往往是因为死亡配偶遗留的财产中有些是夫妻共同财产，活着的配偶原本就拥有其中一半或相应的份额。

2. 不同于一般语境下的继承是指“晚辈继承长辈的财产、权益、传统”等，在法律上，父母、(外)祖父母作为长辈也可以继承作为晚辈的子女、(外)孙子女的遗产。

3. 丧偶儿媳对公婆、丧偶女婿对岳父母尽了主要赡养义务的，该丧偶儿媳、丧偶女婿应作为第一顺序继承人。

# 问题77：侄、甥能代位继承吗？

谢松、谢柏、谢桐三人的父母早年因故去世，兄妹三人相依为命，互相扶持。老二谢柏从小就痴迷雕刻，虽然家庭条件艰苦，哥哥谢松和妹妹谢桐始终尽力呵护、支持着谢柏成为雕刻家的梦想。

转眼间，十几年过去了。谢松娶妻生育一女谢竹；谢桐嫁人生育一子甘峰。而谢柏一直未婚，一个人住在祖屋里，和那些木头、石头之类的东西"搏斗"。虽然他的大部分作品无人问津，日常生活还要哥哥和妹妹接济，但谢松、谢桐一直在支持、鼓励他，期待着他成为雕刻家的那一天的到来。不幸的是，一次，他们在探望谢柏后返程的路上遭遇车祸，双双去世。

谢竹、甘峰接过了谢松、谢桐的任务——支持、照料谢柏。谢柏悲痛欲绝，化悲痛与思念为力量，雕刻了一系列以亲情为题材的作品。这些作品引起了强烈的反响与广泛的关注，谢柏终于成了知名的雕刻家。

成了雕刻家的谢柏除了作品越来越抢手、作品价格越来越贵之外，仍旧和过去一样，每天一个人在祖屋里埋头创作。

一天，好几天联系不上谢柏的谢竹担心叔父，跑来祖屋，一开门却发现谢柏拿着刻刀，趴在一组还没完成的作品上，去世了。

在整理谢柏的遗物时，谢竹、甘峰听某自学成才的"法律通"说，像谢柏这样没有遗嘱，又没有法定继承人的人，遗产都是要归国家所有的。谢竹、甘峰惊讶地互相看了一眼：真的吗？谢柏的遗产，包括我们的祖屋也要归国家吗？谢柏未完成的绝笔作品也要上交国家吗？

请问：谢竹、甘峰有权继承谢柏的遗产吗？

## 律师解答

被继承人的兄弟姐妹先于被继承人死亡的，由被继承人的兄弟姐妹的子女代位继承。故谢竹、甘峰可以继承谢柏的遗产。

**《民法典》第一千一百二十八条** 被继承人的子女先于被继承人死亡的，由被继承人的子女的直系晚辈血亲代位继承。

被继承人的兄弟姐妹先于被继承人死亡的，由被继承人的兄弟姐妹的子女代位继承。

代位继承人一般只能继承被代位继承人有权继承的遗产份额。

## 律师评析

《民法典》第 1128 条为【代位继承】条款。代位继承又称间接继承，是指被继承人的继承人先于被继承人死亡，由该已死亡继承人的晚辈直系血亲代位继承被继承人遗产的一种法定继承方式。体现了以人为本、尊重和保护自然人的合法财产、国家不轻易剥夺私产的法律精神。

在《民法典》实施以前，代位继承人仅限于第一顺序继承人中“子女”的晚辈血亲，即孙子女、外孙子女、曾孙子女、曾外孙子女等。此种情形的代位继承人是不受辈数限制的。

《民法典》新增了一种代位继承的情形：“被继承人的兄弟姐妹先于被继承人死亡的，由被继承人的兄弟姐妹的子女代位继承。”即被继承人的侄子侄女、外甥外甥女也可以代位继承了。但侄、甥代位继承仅发生于被继承人的第一顺序继承人（配偶、子女、父母）全部缺位的情况下。另外，要注意的是，此种情况的代位继承有辈数限制，仅限于“被继承人的兄弟姐妹的子女”，不同于“子女的直系晚辈血亲”代位继承不受辈数限制的规定。

《民法典》还规定“代位继承人一般只能继承被代位继承人有权继

承的遗产份额”。但如果代位继承人缺乏劳动能力又没有生活来源，或者对被继承人尽过主要赡养义务，分配遗产时可以适当多分。

上述案例中，谢柏没有第一顺序法定继承人，他的法定继承人只有第二顺序法定继承人哥哥谢松、妹妹谢桐，因为哥哥妹妹已经先于谢柏去世，故依照《民法典》关于侄、甥代位继承的规定，应该由谢竹、甘峰继承谢柏的遗产。

## 律师提示

1. 代位继承人代位第一顺序继承人中的“子女”来参与继承的，其身份相当于第一顺序继承人；代位继承人代位第二顺序继承人中的“兄弟姐妹”来参与继承的，其身份相当于第二顺序继承人。但从有第一顺序继承人则第二顺序继承人不参与继承的规定看，同一个继承案件中，不可能同时发生两种代位继承情形。

2. 依照《民法典》的有关规定，被继承人的养子女、已形成扶养关系的继子女的亲生子女可以代位继承；被继承人的亲生子女的养子女可以代位继承；被继承人的养子女的养子女可以代位继承；与被继承人已形成扶养关系的继子女的养子女也可以代位继承。

3. 继承人丧失继承权的，其晚辈直系血亲不得代位继承。如该代位继承人缺乏劳动能力又没有生活来源，或者对被继承人尽赡养义务较多，可以适当分给遗产。

## 问题 78：儿媳、女婿什么情况下有继承权？

邵阿婆与乔大爷育有两子一女：大儿子乔东、二儿子乔西、女儿乔南。邵阿婆与乔大爷本来住在老小区的6楼，二儿子乔西考虑两位老人年纪大了，爬不动楼梯，就主动邀请父母和自己一家三口共同生活。

邵阿婆与乔大爷住过来后，乔西和妻子巩凡把老两口照顾得很好，孙子乔木对爷爷奶奶也非常孝顺。但乔大爷本身有重大疾病，两年后，还是病逝了。乔大爷去世后，邵阿婆继续住在乔西家。

2017年，乔西外出旅游时意外溺水身亡。此时，邵阿婆已经70多岁了，不仅腿脚不方便，还患有多种疾病。邵阿婆本来准备回自己家住，或者投靠别的子女，但经儿媳巩凡劝说，仍旧留了下来和儿媳、孙子共同生活。

巩凡对待年迈多病的婆婆不离不弃，精心照顾。她给老人洗澡、剪指甲、换洗衣服、做可口的饭菜。天气好的时候，她还经常开着车，和儿子一起带老人外出游玩、散心、购物、吃饭、看演出等。

2021年春节后，邵阿婆也去世了，留下了老小区的房屋一套（乔大爷去世时没有分割）和20余万元的银行存款。乔东、乔南认为巩凡是“外人”，也不是法定继承人，再说乔木已经代位继承了乔西的继承份额，所以巩凡不能再参与继承。

巩凡与乔东、乔南数次交涉无果后，诉至法院，要求继承邵阿婆的遗产。

请问：巩凡有权继承邵阿婆的遗产吗？

## 律师解答

**丧偶儿媳对公婆，丧偶女婿对岳父母尽了主要赡养义务的，作为第一顺序继承人。故巩凡有权继承邵阿婆的遗产。**

**《民法典》第一千一百二十九条** 丧偶儿媳对公婆，丧偶女婿对岳父母，尽了主要赡养义务的，作为第一顺序继承人。

## 律师评析

《民法典》第1129条为【丧偶儿媳、丧偶女婿的继承权】条款。儿媳、女婿不是公婆或岳父母的法定继承人，一般不享有继承权，但是在特定情况下，儿媳，女婿具备以下两个条件的，也可以作为第一顺序法定继承人继承遗产：(1)丧偶。该儿媳、女婿的配偶，即被继承人的儿子、女儿已经去世。(2)尽了主要赡养义务。丧偶儿媳、女婿需要对公婆、岳父母尽到了主要赡养义务，才可以取得继承权。在没有丧偶的情况下，即使该儿媳、女婿再如何孝顺也是没有继承权的。该儿媳、女婿如果丧偶，不对老人尽赡养义务，或者虽然也对老人尽了赡养义务，但不是主要赡养义务，同样不能取得继承权。

何为“尽了主要赡养义务”呢？赡养义务一般包括经济供养、生活照料和精神慰藉等几方面。“主要赡养义务”既有量上的比较，也有时间上的比较。具体而言，经济供养方面的主要赡养义务，是指该丧偶儿媳、女婿在经济上给予老人居住、生活、医疗等方面的主要资助——这种赡养行为，通俗地说就是“出钱”。生活照料方面的主要赡养义务，是指该丧偶儿媳、女婿与老人共同生活，经常照料，把老人的日常生活打理得井井有条，并且这种行为具有长期性、经常性。换言之，儿媳、女婿一年来个两三天，就算每次都做一桌子菜，把地板打扫得纤尘不染，也不算“尽了主要赡养义务”——这种赡养行为，通俗地说就是“出力”。而精神慰藉，无法从客观上予以考量，但该丧偶儿媳、丧偶女婿至少不能虐待、打骂、无端指责、冷落、干涉老人，应该关爱老人、尊敬老人，使他们在感情上得到慰藉，愉快地安度晚年。综上所述，对被继承人生活提供了主要经济来源，或者在劳务等方面给予了主要扶助的，应当认定其尽了主要赡养义务。

一旦丧偶儿媳、女婿对公婆、岳父母尽到了主要赡养义务，就可以“作为第一顺序继承人”来继承老人的遗产。这种规定，一方面保护了公婆、岳父母的合法权益，另一方面也保护了尽孝儿媳、女婿的合法权益，并对其他有类似境遇的丧偶儿媳、丧偶女婿有着不可忽视的倡导意义。能够实现鼓励赡养老人、表扬公序良俗的目的，对构建和谐社会，弘扬尊重、赡养老人的孝道文化传统，具有重要意义和积极作用。

上述案例中，巩凡在丈夫去世后，为婆婆提供住所并共同居住；对婆婆不离不弃，精心照顾；长期陪伴、安慰婆婆，为婆婆安排丰富的娱乐活动。因此，巩凡符合《民法典》相关规定，可作为婆婆的第一顺序继承人。

## 律师提示

1. 本条规定的丧偶儿媳、丧偶女婿尽了主要赡养义务后取得的第一顺序继承人所发生的继承，与死亡配偶的子女（公婆、岳父母的孙子女、外孙子女）的代位继承权并存，可以同时行使。

2. 丧偶儿媳对公婆、丧偶女婿对岳父母因尽了主要赡养义务而作为第一顺序继承人，不受其是否再婚影响。

# 问题79：继承人继承遗产的份额应该怎么分？

秦礼与前妻离婚后，儿子秦天归他，女儿秦云归前妻。两年后，秦礼和游芳结婚，后生育一子秦风。

转眼间，20多年过去了，一年冬天，秦礼突发心梗，猝死了。秦礼留下了两套房子、若干存款、股票等遗产，没有遗嘱。料理完秦礼的丧事，大家坐在一起，开始商议遗产继承的事情。

游芳说："你爸留下的遗产，我看我们四人均分就行了。"

秦风说："爸爸留下的房子、存款、股票等都是夫妻共同财产，得先扣除我妈的份额，剩下的一半才算是爸爸的遗产。而且爸爸是和我妈一起生活的，平常也是她照料爸爸，我觉得我妈应该多分一些，起码多分10%吧？"

秦云不高兴地反驳道："我觉得，阿姨平常对爸爸也算不上多好！爸爸整天说饿得慌，得亏我住得近，经常喊爸爸去我家'开开荤'！依我看，阿姨不少分就不错了，就别多分了吧？"

游芳解释道："老头子怎么可能饿着啊，他有'三高'，吃东西当然要注意！他那是馋的，你说话可要讲良心啊！"

秦云还想争辩，秦天拦住了她，说："咱们这事，还得依着法律规定来。我就说三点，讲得不对的话，大家多指教。第一，我炒股赔了，欠了一屁股债，房子都抵押出去了，我这个应该算'生活有特殊困难'，《民法典》规定，这种情况应该予以照顾。第二，我们几个呢，除了小风，都是要么出过钱，要么出过力的，小风大学刚毕业，没给爸爸花过一分钱，他这种情况算'不尽扶养义务'，分配遗产时，应当不分或者少分。第三，分配遗产应当按照方便实际的原则来处理，现在这套房子，就归阿姨；股票呢，就归我；另一套房子和存款呢，就大家分分好了。”

最终四个人也没商量出一个结果来，不欢而散。

请问：四个继承人继承遗产的份额应该怎么分呢？

## 律师解答

**四个继承人中，游芳应适当多分遗产，秦天、秦云、秦风三人继承的遗产份额应均等。**

**《民法典》第一千一百三十条** 同一顺序继承人继承遗产的份额，一般应当均等。

对生活有特殊困难又缺乏劳动能力的继承人，分配遗产时，应当予以照顾。

对被继承人尽了主要扶养义务或者与被继承人共同生活的继承人，分配遗产时，可以多分。

有扶养能力和有扶养条件的继承人，不尽扶养义务的，分配遗产时，应当不分或者少分。

继承人协商同意的，也可以不均等。

## 律师评析

《民法典》第 1130 条为【遗产分配的原则】条款。同一顺序继承人继承遗产的份额，一般应当均等，这是遗产分配的一般原则。即同一顺序的各个法定继承人所取得的被继承人遗产数额比例相同，没有明显差别，两个人就一人一半，三个人就每个各 1/3，以此类推。

所谓“一般情况”，是指同一顺序的各个法定继承人，彼此在生活状况、劳动能力方面的条件大致相近，对被继承人所尽的扶养义务基本相同。

假如出现了“不一般”的情况，相应继承人就可以受照顾、多分、少分乃至不分。具体情况如下：

（1）对生活有特殊困难又缺乏劳动能力的继承人，分配遗产时，应当予以照顾，即适当多分，优先分配（比如大家都要房子时，该继承人可优先取得房屋产权）。

（2）对被继承人尽了主要扶养义务或者与被继承人共同生活的继承人分配遗产时，可以多分。两个条件只需具备之一即可。对被继承人生活提供主要经济来源，或者在劳务等方面给予主要扶助的，应当认定其尽了主要扶养义务。另外，有扶养能力和扶养条件的继承人虽与被继承人共同生活，但不尽扶养义务，分配遗产时，可以少分或者不分。

（3）有扶养能力和有扶养条件的继承人不尽扶养义务的，分配遗产时，应当不分或者少分。此处两个条件必须同时具备。但是，继承人有扶养能力和扶养条件，愿意尽扶养义务，但被继承人因有固定收入和劳动能力，明确表示不要求其扶养的，分配遗产时，一般不应因此而影响其继承份额。

（4）继承人协商同意的，也可以不均等分配。继承是种权利，继承人当然也可以处分自己的继承权。因此，经过继承人协商同意的，可以不均等继承遗产。

上述案例中，秦天炒股亏损欠债并抵押房屋的情形，并不属于“生活有特殊困难”，且他也不“缺乏劳动能力”，故其不能依据此种情形要求多分遗产。游芳属于与被继承人共同生活且对被继承人尽了主要扶养义务的继承人，分配遗产时，可以多分。秦云指责游芳让父亲挨饿的讲法，不符合客观实际，不应据此让游芳少分遗产。秦风刚工作，收入有限，不属于“有扶养能力和有扶养条件”，不能以此为由给他少分或不分遗产。

## 律师提示

1.《民法典》第1130条的规定仅适用于法定继承。

2. 继承人主张自己应受照顾或多分遗产，应举证自己有“受照顾”或“多分遗产”的情形存在。继承人主张其他继承人有可以少分或不分遗产的，主张的继承人应举证其他继承人有相关情形存在。

3. 各继承人就遗产份额不能协商一致解决，可以诉至法院，请求法院判决。

# 问题80：不是继承人也可以分得遗产吗？

田维的妻子项某突然不告而别，再无音讯。从此，田维与年幼的女儿田禾相依为命，父女俩也经常一起去探望田维的亲叔叔田寿。田寿孤身一人，除了田维，再没有别的亲属。

后来田禾考取了某一线城市的大学，毕业后就在该城市成家立业了。于是，田维一个人上班、下班，一个人吃饭、睡觉，一个人去探望、照顾田寿。

田寿的退休金微薄，田维对叔叔是既出钱又出力，还给叔叔买了老年人手机，让叔叔有事给他打电话。田寿有时会打电话让田维去陪他看病，帮忙填些表格，有时喊田维来喝点小酒，拿他买给田维的瓜果蔬菜、鸡鸭鱼肉。

转眼间，田维也退休了。但他仍旧时常去田寿那里，除了一些力气活干不动了，其他一切照旧。

有天半夜，田维犯了急性阑尾炎，在屋子里疼得直打滚，不停呻吟。得亏年轻的邻居海涛听到，不仅开车送田维去医院，还跑前跑后帮忙办理住院手续。田维出院后特意登门感谢海涛，两人相谈甚欢，一来二去，成了忘年交。平常海涛会帮田维打扫卫生，干些力气活，也陪田维聊天、下棋，带上田维出去旅游，偶尔替田维缴纳一些可以网上缴纳的费用。田禾知晓后，十分感激，并拜托海涛多多照顾田维。

一天，田维在家换灯泡时，不慎触电身亡。此时，田寿仍然健在，但已身患重病。

田禾回来处理田维的后事。其间，居委会有人提醒田禾，海涛帮了田维很多忙，平时也经常照顾田维，田禾应该从田维的遗产里适当分给海涛一些。田禾深以为然。社区法律顾问某律师又提出，田寿主要依靠田维扶养，也应该适当分一些遗产给田寿。可田禾觉得，田维也好，自己也好，都没有法定义务赡养田寿，况且田寿自己也有退休金，故不应分给田寿遗产。

请问：田寿、海涛有权适当分得田维的遗产吗？

## 律师解答

**田寿、海涛都有权适当分得田维的遗产。**

**《民法典》第一千一百三十一条** 对继承人以外的依靠被继承人扶养的人，或者继承人以外的对被继承人扶养较多的人，可以分给适当的遗产。

## 律师评析

《民法典》第1031条为【酌情分得遗产权】条款。酌情分得遗产是与继承、受遗赠等方式并列存在的一种取得遗产的方式，其主体是继承人以外的人。

依靠被继承人扶养的人以及对被继承人扶养较多的非继承人，本来与被继承人之间均无法定扶养义务，但是出于道德因素或其他原因，客观上与被继承人形成了一种稳定的扶养扶助关系。

基于此，对非继承人赋予酌情分得遗产权，既有利于弘扬尊老爱老及矜老恤幼的传统文化，也体现了权利义务相一致原则，故《民法典》规定可以分给依靠被继承人扶养的人以及对被继承人扶养较多的非继承人适当的遗产份额。同时，继承人以外的对被继承人扶养较多的人，也可以分得适当的遗产。虽然《民法典》没有对非继承人酌情分得遗产应达到的扶养程度进行规定，但“扶养较多”显然应理解为该扶养行为并非偶然的、次要的、等价有偿的，而应为经常的、比较重要的、无偿的行为。

上述案例中，田寿是继承人以外的依靠被继承人田维扶养的人，故田寿可适当分得遗产。海涛的开支、日常照料、积极抚慰等行为可认定其为继承人以外的对被继承人扶养较多的人，也可以分得适当的遗产。

## 律师提示

1. 我国对法定继承人的范围规定较窄，所以该条规定的可适当分得遗产的继承人以外的人也有可能与被继承人之间存在某种血缘关系，但是否存在血缘关系并不是取得适当分得遗产权的要件。

2. 在分给《民法典》规定的适当分得遗产的继承人遗产时，按具体情况可以多于或者少于继承人。

3. 如果当事人对可以分给适当遗产的人分得遗产的比例协商不成，可以分给适当遗产的人在其依法取得被继承人遗产的权利受到侵犯时，本人有权以独立的诉讼主体资格向法院提起诉讼。

# 继　承

## 遗嘱继承

# 问题81：遗嘱可以自由处分个人财产吗？

富豪鲁鸿昌去世后的一天，他的继承人们齐聚一堂，等着指定的遗嘱执行人——鲁鸿昌的私人律师金律师宣读鲁鸿昌的遗嘱。

金律师环视一周，看到了鲁鸿昌的母亲周云仙、妻子赵琼、大儿子鲁德、二儿子鲁勤、女儿鲁贞等第一顺序继承人，家族的其他成员也都来了。金律师清了清嗓子，向众人点头致意，出示了鲁鸿昌委托自己做遗产执行人的文件后，然后开始宣读遗嘱。

遗嘱内容很多，大致分为以下几点：(1)鲁鸿昌控制的几家公司的股权，四成给了鲁德、三成给了鲁贞，一成均分给了赵琼和鲁勤，周云仙没有分得公司股权。(2)31套房产，8套归周云仙，7套归赵琼，鲁德、鲁勤、鲁贞各分得2套，赠送给长孙（鲁德的儿子）1套，捐赠给国家1套用做博物馆，赠送给母校某大学1套，赠送给自己的助理林小姐1套。(3)存款及有价证券，周云仙、赵琼各分得两成，鲁德、鲁勤、鲁贞各分得一成。(4)其余遗产如收藏品、飞机、船舶、车辆、赛马、奢侈品等也分配了约一半，另一半没有涉及。(5)剩余的两成公司股权、6套房产、五成存款及有价证券均信托给某信托公司管理，信托资产所产生的相应收益扣除成本后，每年拿出50%由所有第一顺位的继承人均分。

金律师读完遗嘱后，问大家有没有意见。

赵琼首先愤愤不平地说："别的没有意见，就是赠送给助理林小姐一套房产，我反对！因为他们有不正当的男女关系。"赵琼开了头后，在场的人也纷纷发表了自己的意见。有对金律师这个"外人"的遗嘱执行人身份不认可的；有认为自己分到的遗产太少的；有认为遗产赠送得太多了；有不认可遗嘱信托的……

请问：鲁鸿昌通过遗嘱这样处分自己的个人财产，是合法可行的吗？

## 律师解答

自然人有通过遗嘱处分自己个人财产的自由，故鲁鸿昌通过遗嘱这样处分自己的个人财产是合法可行的。

**《民法典》第一千一百三十三条** 自然人可以依照本法规定立遗嘱处分个人财产，并可以指定遗嘱执行人。

自然人可以立遗嘱将个人财产指定由法定继承人中的一人或者数人继承。

自然人可以立遗嘱将个人财产赠与国家、集体或者法定继承人以外的组织、个人。

自然人可以依法设立遗嘱信托。

## 律师评析

《民法典》第1133条为【遗嘱处分个人财产】条款。本条彰显了遗嘱自由的法律原则。

自然人拥有的个人合法财产，不仅可以在其生前按照自己的意愿进行处分，也可以通过遗嘱的方式予以处分。届时，虽然立遗嘱的自然人已经去世，但法律仍然保护其以遗嘱形式体现的真实意愿。这也是遗嘱可以排除法定继承的原因。

所谓"遗嘱执行人"，就是执行遗嘱内容，将遗嘱付诸实施的人。遗嘱执行人可以由立遗嘱的人指定，可以是继承人之外的人。

自然人可以通过遗嘱让自己全部的、部分的或者个别的法定继承人依照自己的意愿继承遗产，此时的遗嘱内容应该与法定继承的份额不尽相同，否则，立遗嘱就没有必要了。

自然人可以通过遗嘱把自己全部的、部分的或者个别的财产赠与法定继承人之外的主体，即法律上所称的“遗赠”。受遗赠的主体可以是国家、集体，以及法定继承人以外的组织、个人。

自然人还可以通过预先订立遗嘱，将自己的财产设立信托并将交付信托后财产的管理、分配、运用等在遗嘱中列明。在该自然人（被继承人、信托委托人）去世、遗嘱生效时，信托财产将转交于受托人，由其依据委托人订立的遗嘱处分信托财产。

所谓信托，是指由委托人依照契约或遗嘱的规定，为自己或第三人（受益人）的利益，将财产上的权利转给受托人（自然人或法人），受托人按规定条件和范围，占有、管理、使用信托财产，并处理其收益的法律行为。

## 律师提示

1. 遗嘱自由有两点限制：(1)需要给缺乏劳动能力又没有生活来源的继承人及胎儿保留必要遗产继承份额。(2)遗嘱人在立遗嘱时必须具有遗嘱能力，遗嘱必须是其真实的意思表示；同时，遗嘱方式要符合法律规定的条件与程序要求。上述限制为强制性规定，立遗嘱人不得违反。

遗嘱人立遗嘱时必须具有完全民事行为能力。无民事行为能力人或者限制民事行为能力人所立的遗嘱，即使其本人后来具有完全民事行为能力，仍属无效遗嘱。遗嘱人立遗嘱时具有完全民事行为能力，后来成为无民事行为能力人或者限制民事行为能力人的，不影响遗嘱的效力。

2. 遗嘱不得违背宪法和法律法规的强制性规定，不得违反道德准则和公序良俗。前文中，如鲁鸿昌与助理林小姐确实有不正当男女关系，则该遗赠行为因违背公序良俗而无效。

3. 遗嘱信托可以很好地解决家族财产传承，也可以通过遗嘱执行人的理财能力弥补继承人无力理财的缺陷，还可以减少因遗产继承而发生的纷争。遗产税开征后，一旦发生继承，就会产生巨额的遗产税，但遗嘱信托可以合法规避遗产税。

# 问题 82：自书遗嘱应具备什么要件？

2021 年 7 月，蔡敬禹去世，留下 A 小区 30 号 703 室（约 118 平方米）、B 小区 21 单元 201 室（约 63 平方米）两套房屋，以及四家银行的五个账户内的存款 70 余万元。蔡敬禹的老伴已于早年先于他去世了，他和老伴的父母也均已去世。蔡敬禹的两个儿子，大儿子蔡崇文和二儿子蔡尚礼，因父亲的遗产问题发生争议。

蔡尚礼拿出了一张蔡敬禹自己写的“遗嘱”，要求按遗嘱来办。该“遗嘱”题为《郑重声明》，声明记载内容为：本人蔡敬禹名下所有的财产，包括房屋、存款、家具家电等，均归我的二儿子蔡尚礼所有。上述内容是本人自愿，与他人无关。声明尾部有蔡敬禹的私章和指印，落款时间为 2017 年 10 月。蔡尚礼认为《郑重声明》系蔡敬禹所立遗嘱，遗产应该全部由自己继承。

蔡崇文则认为《郑重声明》不是遗嘱，父亲的遗产应该适用法定继承，两兄弟一人一半。主要理由为：这份文件的标题不是“遗嘱”，内容也未记载对死后财产的处分；未注明房产的具体位置和存款的开户行及数额；没有蔡敬禹的签名；落款日期没有“日”。

协商不成，蔡尚礼遂起诉到法院，要求按遗嘱继承父亲的全部遗产。

请问：蔡敬禹的这份自书遗嘱符合《民法典》的有关规定吗？

## 律师解答

自书遗嘱须遗嘱人亲笔书写，且要遗嘱人亲自签名，并注明年、月、日。故蔡敬禹的这份自书遗嘱不符合《民法典》的有关规定。

**《民法典》第一千一百三十四条** 自书遗嘱由遗嘱人亲笔书写，签名，注明年、月、日。

## 律师评析

《民法典》第 1134 条为【自书遗嘱】条款。遗嘱人有权依照法律的规定，根据自己的意志对死后的财产预先作出处分。自书遗嘱，是指遗嘱人亲笔制作的书面遗嘱，是最常见的一种遗嘱。

自书遗嘱必须同时具备三个形式要件：

（1）遗嘱人亲笔书写全文。一方面可以完全真实地表达本人的意思，另一方面也不易为他人伪造、篡改。如果是打印好内容再签名，或者由他人代笔，则不符合自书遗嘱的形式要件。至于是否属于有效的打印遗嘱或者代书遗嘱，另当别论。

（2）遗嘱人亲笔签名。既不能只有印章、指印，也不能由别人代签。遗嘱人亲笔签名，以示遗嘱为何人所立，内容为签名人的真实意思表示，是遗嘱有效的决定性要件。无亲笔签名的遗嘱一律无效。

（3）注明年、月、日。遗嘱书上写明日期，不仅在发生纠纷时有助于从时间方面辨明真伪，且能查明遗嘱人书写遗嘱时是否具有遗嘱能力；当有多份遗嘱时，还有助于判定哪份遗嘱是最后形成的、具有法律效力的遗嘱。

上述形式要件缺失或者不规范、有瑕疵，可能导致自书遗嘱无效或部分无效。至于自书遗嘱的格式、内容则因人而异，法律并无强制性规定，只要能清楚表达自己的意思，无语病、无歧义即可。

另外，有一种特殊的，可以视为自书遗嘱的情形：自然人在遗书中涉及死后个人财产处分的内容，确为死者的真实意思表示，有本人签名并注明了年、月、日，又无相反证据的，可以按自书遗嘱对待。

上文案例中，蔡敬禹所立“遗嘱”确实无效，但蔡崇文提出的抗辩理也不是都成立：(1)《郑重声明》的标题虽不贴切，但并不导致遗嘱无效。(2)“内容中也未记载对死后财产的处分”，显然不具备遗嘱的“实质要件”，这个抗辩理由成立。(3)“未注明房产的具体位置和存款的开户行及数额”，这个理由不成立，因为法律对此并无要求。(4)“没有蔡敬禹的签名”，这个理由成立，加盖印章和捺指印并不能替代签名。(5)“落款日期只有年和月”，这个理由成立，不符合自书遗嘱形式要件。

## 律师提示

1. 自书遗嘱具有操作方便、不需要他人配合、保密性强等优点，实践中绝大多数遗嘱都采用自书遗嘱的方式。同时，也有相当一部分自书遗嘱被法院认定无效或部分无效。建议立遗嘱人在书写自书遗嘱前，查阅相关法律规定或向专业人士咨询，以保证自书遗嘱合法有效。

2. 司法实践中，自书遗嘱效力的两大争议点为：(1) 自书遗嘱是否为遗嘱人亲笔书写。对此，建议相关当事人多搜集、保留与立遗嘱时间相差不久的时段内立遗嘱人的笔迹作为对比检验材料，也可以去调取立遗嘱人留存在档案、银行、医院、司法机关等处的客观中立的笔迹材料。(2) 立遗嘱人是否有遗嘱能力。判定该问题需要调取相关医学诊疗记录、鉴定报告、司法文书等。否定立遗嘱人遗嘱能力者如果举证不能或不足的话，法院一般推定立遗嘱人具有遗嘱能力。

3. 现实中，常有父母、夫妻或其他具有一定关系的立遗嘱人立一份共同遗嘱，一人亲自书写、两人亲笔签名的情况。法律虽对共同遗嘱未作明确规定，但司法实践中也未完全排除共同遗嘱的有效性。不过，为防止节外生枝，避免引发纠纷争议，还是建议大家各自写各自的遗嘱，不要采用共同遗嘱的形式。

## 问题 83:代书遗嘱应具备哪些要件?

谭小初、萧高中共生育三子:萧耀华、萧强华、萧卫华。谭小初、萧高中名下有一套房屋。

2014 年,萧高中去世,未留下遗嘱。因三个儿子未达成一致,最终没有继承该房屋。

2020 年秋,谭小初病重住院,为避免三个儿子再发生纠纷,文化程度低、书写困难的她打算找人代书一份遗嘱。

有一天,朋友李某来探望她,刚好萧卫华的妻子陈某也在。于是谭小初让陈某代书了遗嘱:本人谭小初现住某市某路 21 号 902 室,该房屋为本人和本人丈夫萧高中(2014 年去世)所有。本人去世后,属于本人所有的该房屋份额全部由小儿子萧卫华继承,他人不得干涉。

陈某代书完后,李某将遗嘱读给谭小初听,谭小初很满意。谭小初、陈某、李某均在该代书遗嘱上签名,注明了年、月、日。

一年后,谭小初去世。

萧卫华拿出该代书遗嘱,主张该房屋中属于谭小初的份额应该全部由自己继承。萧耀华、萧强华则不认可该代书遗嘱的效力。

请问:该代书遗嘱符合《民法典》的有关规定吗?

### 律师解答

该代书遗嘱不符合《民法典》的有关规定,是无效遗嘱。

**《民法典》第一千一百三十五条** 代书遗嘱应当有两个以上见证人在场见证，由其中一人代书，并由遗嘱人、代书人和其他见证人签名，注明年、月、日。

**《民法典》第一千一百四十条** 下列人员不能作为遗嘱见证人：

（一）无民事行为能力人、限制民事行为能力人以及其他不具有见证能力的人；

（二）继承人、受遗赠人；

（三）与继承人、受遗赠人有利害关系的人。

## 律师评析

《民法典》第1135条为【代书遗嘱】条款、第1140条为【不得担任遗嘱见证人的情形】条款。“代书遗嘱”即遗嘱人因种种原因不能书写、不便书写、不愿书写，委托他人代写的遗嘱。

《民法典》规定，代书遗嘱必须同时具备三个形式要件：

（1）应当有两个以上见证人在场见证。代书遗嘱须有见证人在场证实代书遗嘱的内容、过程等。要求有两个以上（包含两个）见证人，是为了让见证人之间互相证实、印证、约束、监督。

（2）由其中一人代书，并由遗嘱人、代书人和其他见证人签名。“由其中一人代书”，是指始终由代书人一人完成全部代书内容，不允许多人代书。遗嘱人签名是为确认遗嘱是本人真实意思表示；代书人签名是为确认本人代书并在场见证；其他见证人签名是为确认其在场见证了遗嘱人签名，确认遗嘱是遗嘱人本人真实意思表示，同时在场见证了代书人的代书行为及见证行为。遗嘱人、代书人和其他见证人无签名的，签名不全的代书遗嘱应属无效。

（3）注明年、月、日。代书遗嘱必须注明年、月、日，其作用为：有助于从时间方面辨明真伪；有助于查明遗嘱人书写遗嘱时是否具有遗嘱能力；有多份遗嘱时，有助于判明哪份遗嘱是最后形成的、具有法律效力的遗嘱。

上述三点形式要件缺失或者不规范、有瑕疵，可能导致代书遗嘱无效。

《民法典》第 1140 条规定，下列人员不能作为遗嘱见证人：

（1）无民事行为能力人、限制民事行为能力人以及其他不具有见证能力的人。见证遗嘱是一项复杂的、涉及遗产继承的法律行为，无民事行为能力人、限制民事行为能力人由于自身心智完善程度不够、能力不足，不能担任见证人。"其他不具有见证能力的人"，指的是因自身能力局限而不能担任见证人的完全民事行为能力人，如文盲、盲人、不知晓遗嘱所用语言的人等。另外，见证人在某些特定状态（如严重醉酒、吸毒）下"见证"遗嘱的，也应属于"其他不具有见证能力的人"。

（2）继承人、受遗赠人。遗嘱见证人必须是与继承遗产无利害关系的人，而继承人、受遗赠人本身就是遗嘱的相关方，是直接利害关系人，且他们在场不利于遗嘱人毫无顾忌、不受外界影响地表达自己的意愿。

（3）与继承人、受遗赠人有利害关系的人。继承人、受遗赠人的近亲属，如配偶、父母、子女、兄弟姐妹、祖父母、外祖父母等，继承人、受遗赠人的债权人和债务人、共同经营的合伙人等，都是与继承人、受遗赠人有利害关系的人，不能作为遗嘱见证人。由于利益关系的影响，这些人作为遗嘱见证人会使见证失去客观、真实、公正，易发生诱导、欺骗，或迫使遗嘱人做出违背真实意愿的行为。发生争议时，这些人也可能因利害关系而作伪证。

上文案例中，陈某是继承人萧卫华的配偶，与萧卫华有利害关系，其不能作为见证人。因此，该代书遗嘱是无效的。

## 律师提示

1. 遗嘱人在代书遗嘱上签名前，应阅读代书遗嘱，或由代书人、见证人向遗嘱人宣读代书遗嘱，以便让遗嘱人知晓并了解代书遗嘱的内容。如有条件，代书遗嘱的全过程最好现场录音录像。

2. 所有见证人必须全程见证代书遗嘱书写、签名的过程，不得中途离开，遗嘱人也不得中途离开。换言之，代书遗嘱全过程要形成于遗嘱人、代书人、见证人三者均在场的情况下。这种程序性的要求也适用于其他要求有"两个以上见证人在场见证"的遗嘱形式。

## 问题 84：打印的遗嘱是有效遗嘱吗？

丧偶多年的段天工准备和宫欣济结婚，他和儿子段开物商议此事时，段开物有点顾虑。因为宫欣济比段天工小了 10 多岁，段开物担心她图的是自己父亲名下的两套房产。

段天工名下的两套房子，一套三室两厅的自住，一套两室一厅的在出租，两套房子的总价接近八位数。

段天工一听生气了："我不许你这么说你宫阿姨！我看是你惦记着这两套房子吧？这样吧，我就立个遗嘱，也省得你操心。"段开物连忙分辩："爸，我不是这个意思。"段天工不理他，找出纸笔，快速地写了一份遗嘱，载明其死后名下两套房产由儿子段开物一人继承，遗嘱落款有段天工本人亲笔签名及年、月、日。

段开物嘴上说着"不要不要"，但还是郑重地收起了这份遗嘱。

段天工和宫欣济结婚后，两人感情融洽，生活得很开心。但天有不测风云，段天工突然被查出得了胰腺癌，住进了医院。宫欣济陪床做饭、跑前跑后，对段天工照顾得十分精心。

段天工的病情一天天恶化，宫欣济的担忧也越来越重。自己名下没房，退休金也不高，她害怕段天工去世以后，段开物会把她赶出现在的住房……

段天工得知后，对宫欣济说："我现在没力气写遗嘱了，要不你代我写一份遗嘱，我来签名捺手印，把现在的房子留给你，看谁敢赶你走！"宫欣济说："老段啊，要是我写的你签名，开物一定以为是我撺掇的，肯定记恨我。这样吧，我找人打印一份，再找两位老邻居作证，这样好一点。”

于是，宫欣济找来两位老邻居作为见证人，打印了一份一页纸的遗嘱，载明段天工死后名下的大房子由宫欣济继承，小房子由段开物继承。段天工阅读了打印遗嘱后，签了名并捺了指印，两位见证人也都签了名，遗嘱上注明了年、月、日。

段天工去世后，为了两套房子的事情，段开物与宫欣济各自拿着段天工的自书遗嘱和打印遗嘱对簿公堂，都称应该按照自己手中的遗嘱来继承房产。

请问：段天工的这份打印遗嘱符合规定吗？是有效遗嘱吗？

## 律师解答

**段天工的这份打印遗嘱是有效遗嘱。**

**《民法典》第一千一百三十六条** 打印遗嘱应当有两个以上见证人在场见证。遗嘱人和见证人应当在遗嘱每一页签名，注明年、月、日。

## 律师评析

《民法典》第 1136 条为【打印遗嘱】条款。打印遗嘱并非遗嘱人独自一个人使用电脑、打印机将自己的遗嘱打印出来自行签名，这样的“打印遗嘱”是无效的。打印遗嘱应当有两个以上见证人在场见证。遗嘱人和见证人应当在遗嘱每一页签名，注明年、月、日。

(1)“两个以上见证人在场见证”，与代书遗嘱、录音录像遗嘱、口头遗嘱的要求是一致的，作用也是一样的。简言之，就是需要有多人在场见证，确保打印遗嘱是遗嘱人的真实意思表示。

(2)“遗嘱人和见证人应当在遗嘱每一页签名”，此处“每一页”打印遗嘱都要签名是不同于其他遗嘱形式的特殊规定。这是因为，相对于书写遗嘱，打印遗嘱这一形式在实践中易被篡改、变造、增删，为此《民法典》特意设置了“在遗嘱每一页签名”的要求。

（3）“注明年、月、日”，有助于从时间方面辨明遗嘱真伪；有助于查明遗嘱人书写遗嘱时是否具有遗嘱能力；当有多份遗嘱时，还有助于判定哪份遗嘱是最后形成的、具有法律效力的遗嘱。

上文案例中，段天工的打印遗嘱符合《民法典》的规定，属于有效遗嘱，且打印遗嘱的形成时间在自书遗嘱之后，故应按照打印遗嘱来继承房产。

## 律师提示

1. 打印遗嘱作为一种新形式的遗嘱，不用书写、方便快捷、能容纳图形表格等更丰富的内容，应该会成为一种广受欢迎的遗嘱形式。但打印遗嘱毕竟是新形式的遗嘱，大家对其都还没有充分的认知与实践经验，所以，建议大家在订立打印遗嘱之前慎重考虑，多查询、多咨询、多准备，以避免因不规范、不严谨而产生争议乃至导致遗嘱无效。

2. 建议大家在选用代书遗嘱、打印遗嘱的遗嘱形式时，全程录音录像，佐证代书遗嘱、打印遗嘱的真实性、合法性。

3. 在《民法典》规定的六种遗嘱形式中，除了自书遗嘱、公证遗嘱外，代书遗嘱、打印遗嘱、录音录像遗嘱、口头遗嘱均要求有“两个以上见证人在场见证”。《民法典》第 1140 条规定的不能作为遗嘱见证人的情形，适用于所有要求有“两个以上见证人在场见证”的遗嘱。

# 问题 85：不用书写的遗嘱有哪些？

3月5日是学习雷锋纪念日，同时也是中国志愿者服务日。法律咨询便民服务摊位前走来一位衣着朴素的老大爷。

老大爷问负责咨询的白律师："律师同志，我不会写字，也不认识几个字，我想咨询一下，我这种情况有没有办法立遗嘱呀？"

"老先生，您可以用录音录像记录遗嘱，这个不用写字的。它需要有两个以上见证人在场见证，您和见证人应当在录音录像中记录姓名或者肖像，以及年、月、日。"

"哦，这个听上去挺方便的，还有没有更方便的、不用写字的遗嘱呢？"

"还有口头遗嘱，录音录像都不需要，只要两个以上见证人在场见证，遗嘱人嘴巴讲讲就可以了。"

"这个挺好的，那我能立这种口头遗嘱吗？"

"估计不行。遗嘱人处于某种危急的情况下才可以立口头遗嘱。"

"律师同志啊，我刚听您说，录音录像遗嘱、口头遗嘱都需要两个以上的见证人。就两个见证人可以吗？我爱人能当见证人吗？"

"两个见证人是可以的，但您爱人不能当见证人。见证人得有见证能力，不能是继承人、受遗赠人，也不能和继承人、受遗赠人有利害关系。"

"听上去好麻烦，说实话，我也听不大懂。还有没有不用我太费心的，更便捷的遗嘱呢？"

"有的。"白律师继续耐心地说，"公证遗嘱。您只要去公证机构办理即可，带什么资料证件、怎么弄，您咨询公证处就行了，特别方便，特别省心。不过，您得付一笔公证费。"

“哦，这个好。但是，我听说遗嘱都得落在纸上的，您刚说的这些真的管用吗？受法律保护吗？”

请问：录音录像遗嘱、口头遗嘱有法律效力吗？

## 律师解答

**录音录像遗嘱、口头遗嘱也是《民法典》保护的遗嘱形式。**

**《民法典》第一千一百三十七条** 以录音录像形式立的遗嘱，应当有两个以上见证人在场见证。遗嘱人和见证人应当在录音录像中记录其姓名或者肖像，以及年、月、日。

**《民法典》第一千一百三十八条** 遗嘱人在危急情况下，可以立口头遗嘱。口头遗嘱应当有两个以上见证人在场见证。危急情况消除后，遗嘱人能够以书面或者录音录像形式立遗嘱的，所立的口头遗嘱无效。

**《民法典》第一千一百三十九条** 公证遗嘱由遗嘱人经公证机构办理。

## 律师评析

《民法典》第1137条为【录音录像遗嘱】条款、第1138条为【口头遗嘱】条款、第1139条为【公证遗嘱】条款。多种多样的遗嘱形式可让遗嘱人的表达方式尽可能不受客观条件限制，更符合各自的生活方式和习惯，是最大限度保障遗嘱人处置个人财产方式灵活性的体现，也更加注重遗嘱人的真实意愿。

（1）录音录像遗嘱。以录音录像形式立遗嘱，应当有两个以上见证人在场见证。遗嘱人和见证人应当在录音录像中记录其姓名或者肖像（二者有其一即可），以及年、月、日。除了自书遗嘱与公证遗嘱外，其他遗嘱形式都需要两个以上见证人在场见证。

（2）口头遗嘱。遗嘱人在危急情况下，可以立口头遗嘱。口头遗嘱应当有两个以上见证人在场见证。危急情况消除后，遗嘱人能够以书面或者录音录像形式立遗嘱的，所立的口头遗嘱无效。口头遗嘱是唯一一个有限定前提的遗嘱形式，不是遗嘱人想立就立的。这是由于口头遗嘱有易于被篡改和伪造、在遗嘱人死后无法查证的缺点。口头遗嘱也需要两个以上见证人在场见证，而且如果遗嘱人立即去世的话，见证人的口述其实就是口头遗嘱的“载体”。

口头遗嘱的形式要件里未提及其他遗嘱形式里都要求具备的“年、月、日”，这是考虑在危急情况下，遗嘱人、见证人可能无法确定具体的日期。口头遗嘱不仅有限制条件，还附有法定的无效条件，“危急情况消除后，遗嘱人能够以书面或者录音录像形式立遗嘱的，所立的口头遗嘱无效”。

综上所述，口头遗嘱仅为危急情况下以备不测的应急遗嘱形式，对口头遗嘱有严格的限制条件和宽松的无效条件。

（3）公证遗嘱。公证遗嘱由遗嘱人经公证机构办理。《民法典》没有规定公证遗嘱的形式要件，并不是说公证遗嘱没有形式要求，而是因为公证机构要对遗嘱的真实性、合法性、形式要件进行认真审查，在确认其有效性后，由公证机构出具公证遗嘱。公证遗嘱的制作程序、要求，有《公证法》等专门法律进行特殊规定。

## 律师提示

1.《民法典》实施前，公证遗嘱效力优先，即有多种形式的遗嘱时，以公证遗嘱为准。立遗嘱人在公证遗嘱之后再新立遗嘱的，只要后立遗嘱未经公证，都无法推翻之前公证遗嘱的效力。《民法典》删除了公证遗嘱效力优先的规定，体现了对遗嘱人真实意愿的尊重。

2. 口头遗嘱所称的“遗嘱人在危急情况下”，一般理解为遗嘱人生命垂危或者遇到了重大灾害或意外等紧急情况，随时有生命危险而来不及或者没有条件立其他形式的遗嘱。

3.《民法典》规定的各种遗嘱形式并无好坏、高下之分，都具有法律效力，遗嘱人可根据自己的实际情况选择合适的遗嘱形式。

## 问题 86：遗嘱要为哪些人保留必要遗产份额？

代舒经历过两次婚姻。第一次，她嫁给了杜某，育有一女杜晶，二人协议离婚时，杜晶刚七八岁，归父亲杜某抚养。两年后，代舒又和李某结婚，婚后生育一子李唯晨、一女李唯夕。

虽然有两女一子，但李某去世后，代舒就一直独自居住、独自生活。她住的房子是儿子李唯晨的，70 周岁后她就请了个住家保姆照顾自己的日常起居。

代舒的退休金不低。各位儿女都有自己的家庭，偶尔会来探望代舒，有时会给代舒一些生活费。

可能是因为共同生活的时间比较短，没有建立起深厚的母女感情，三名子女中，她与前夫所生的女儿杜晶看望代舒的次数最少，给的生活费也最少。代舒对此颇有微词，但杜晶不为所动，也无任何改善的行为。

代舒 88 岁那年，大女儿杜晶去世了，留有房产一套。代舒认为自己有权继承该房产相应份额，遂与杜晶的丈夫贺亚洲、女儿贺清影协商此事。

贺亚洲、贺清影称：首先，该房产为夫妻共同财产，杜晶只能享有 50% 的份额。其次，杜晶生前自书了遗嘱，表明该房屋属于其所有的 50% 份额由贺亚洲继承。因此，代舒无权继承该房产。代舒不相信，要求贺亚洲、贺清影出示遗嘱。

贺亚洲于是出示了一份遗嘱，该遗嘱内容为：“本人杜晶法定继承人有丈夫贺亚洲、女儿贺清影、母亲代舒。现本人慎重考虑，自愿立此遗嘱。本人杜晶名下有位于本市幸福汇小区 68 号 806 号房产一处，该房产为夫妻共同财产，本人拥有一半产权。本人自愿在去世之后将上述房产属于自己的一半产权由丈夫贺亚洲一个人继承。本遗嘱是本人的真实想法，合法有效，请各继承人尊重本人的遗愿。”遗嘱尾部有杜晶签名及指印，落款有具体的年、月、日。

代舒不认可该遗嘱的真实性，而且认为即便该遗嘱为真，自己这样年老体衰，没有劳动能力的人，杜晶也应该保留必要的遗产份额给自己。于是，代舒起诉到法院，要求继承该房产 1/6 的份额。

诉讼过程中，经过笔迹鉴定，确认该遗嘱为杜晶本人亲笔书写。

请问：杜晶的遗嘱应否为代舒保留必要的遗产份额？

## 律师解答

**代舒虽然缺乏劳动能力，但她有较高的退休金，有住处，还有其他两名子女赡养，不属于没有生活来源的继承人。故杜晶的遗嘱可以不为代舒保留必要的遗产份额。**

**《民法典》第一千一百四十一条** 遗嘱应当为缺乏劳动能力又没有生活来源的继承人保留必要的遗产份额。

## 律师评析

《民法典》第 1141 条为【保留必要遗产份额】条款。遗嘱人可以自主决定在其死后如何分配、处置个人的财产，拥有遗嘱自由，但遗嘱自由不是完全无限制的自由，法律规定，遗嘱应当为缺乏劳动能力又没有生活来源的继承人保留必要的遗产份额。这种份额被称为“必留份”。《民法典》就遗产的必留份规定了如下条件：

（1）必留份的对象是法定继承人。即有权要求保留必要遗产份额的人必须是遗嘱人的法定继承人。需要注意的是，第一顺序继承人均在该范围内，但有第一顺序继承人时，第二顺序的继承人无法享受遗嘱必留份的权利。只有不存在第一顺序继承人、第一顺序继承人全部放弃继承或全部丧失继承权时，第二顺序继承人才拥有该权利。

（2）该法定继承人缺乏劳动能力。即在被继承人死亡时，该法定继承人不具备或不完全具备劳动的能力，不能凭其劳动获得必要的生活资料，保障其基本生活需要。

（3）该法定继承人没有生活来源。即该法定继承人不能从国家、集体或其他组织、个人处获得必要的生活资料，不能维持基本物质生活水平，不能保障其基本生活需要。

同时具备上述三个条件，该继承人才享有为其保留“必要的遗产份额”的权利。

上文案例中，代舒是遗嘱人杜晶的第一顺序继承人，已经88岁高龄，显然缺乏劳动能力。但代舒退休金不低，有地方住，还有其他两名子女赡养，不属于没有生活来源的继承人。

因此，杜晶的遗嘱可以不为代舒保留必要的遗产份额。

## 律师提示

1. 遗嘱人未保留缺乏劳动能力且没有生活来源的继承人的遗产份额，遗产处理时，应当为该继承人留下必要的遗产，所剩余的部分，才可参照遗嘱确定的分配原则处理。

2. 是否需保留必要遗产份额，由遗嘱生效时，即遗嘱人去世时该继承人的客观状况确定。遗嘱人去世时存在缺乏劳动能力且无生活来源情况的继承人，才需要为其保留必要遗产份额；否则，无须保留。例如，遗嘱人去世后，过了几年，继承人出现了“缺乏劳动能力又没有生活来源”的情况，该继承人不能据此要求“保留必要遗产份额”。

3. 出于尊重遗嘱人意愿的原则，必留份不等于该继承人依照法定继承应得的份额。应得份额是按照法定继承规定，继承人应分得的相应份额；而必留份是为满足继承人日常生活、医疗支出等基本生活保障，司法实践中，“保留必要遗产份额”一般以不超过当地人均消费支出为宜。

# 问题 87：遗嘱可以撤销、变更吗？

展腾飞与妻子结婚时，从自己单位分得了一套只有 21 平方米的小房子。后来他们先后生育了一女展舒颜、一子展扬眉，一家四口住在狭小的房屋内，十分不便。妻子最大的愿望就是能有一套宽敞明亮的房子，可惜她刚满 36 岁就因病去世了。展腾飞的女儿、儿子逐渐长大了，工作后，他们先后搬离了这个小小的家。

2012 年，展腾飞 55 岁，马上要退休了。蜗居了几十年的他突然"阔了"。原来，展腾飞的父亲去世时给他留下一套一室一厅 63 平方米的房子。结果赶上了动迁，展腾飞分得了一套三室两厅 107 平方米的房子，和一套两室一厅 89 平方米的房子。

为了几套房子继承的事情，展腾飞特意去做了公证遗嘱。该公证遗嘱载明，展腾飞去世以后，21 平方米的小房子、三室两厅的房子全部归儿子展扬眉继承；两室一厅的房子归女儿展舒颜继承。

之后，展腾飞住在 21 平方米的小房子内，三室两厅的房子给展扬眉做婚房，两室一厅的房子用来出租。

几年后，展扬眉结婚了，因为贪心，再加上他妻子孙某的挑唆，展扬眉向展腾飞提出，让他们小两口来收那套两室一厅的房子的租金，并把两室一厅的房子过户给自己，最不济也得写遗嘱确定两室一厅由他来继承，即三套房屋全归展扬眉继承。为此，展扬眉经常骚扰、恐吓展腾飞，父子关系日渐恶化。

其间，展舒颜一直在劝阻两人，悉心宽慰、照料展腾飞，展腾飞遂产生了重新分配房产的念头。

2021 年 10 月，展腾飞去世，展扬眉持公证遗嘱要求将 21 平方米的小房子、三室两厅的房子过户到自己名下时，发现了两件事：其一，2018 年 6 月，展腾飞将 21 平方米的小房子过户到了展舒颜名下。其二，2021 年 2 月，展腾飞又写了一份自书遗嘱。该份自书遗嘱载明：三室两厅的房子由展扬眉、展舒颜各继承 50% 的份额；两室一厅的房子全部归展舒颜继承。

请问：展腾飞有权将 21 平方米的房屋更名给展舒颜吗？内容相抵触的公证遗嘱与自书遗嘱以哪一份为准？

## 律师解答

**即便曾立有公证遗嘱，展腾飞也有权将 21 平方米的房屋更名给展舒颜。自书遗嘱是最后一份遗嘱，公证遗嘱与自书遗嘱内容相抵触，以时间在后的自书遗嘱为准。**

**《民法典》第一千一百四十二条** 遗嘱人可以撤回、变更自己所立的遗嘱。

立遗嘱后，遗嘱人实施与遗嘱内容相反的民事法律行为的，视为对遗嘱相关内容的撤回。

立有数份遗嘱，内容相抵触的，以最后的遗嘱为准。

## 律师评析

《民法典》第 1142 条为【遗嘱的撤回、变更以及遗嘱效力顺序】条款。遗嘱人可以撤回、变更自己所立的遗嘱。立遗嘱后，遗嘱人实施与遗嘱内容相反的民事法律行为的，视为对遗嘱相关内容的撤回。这是《民法典》新增的内容。除了明示撤回外，若遗嘱人做出与所立遗嘱相悖的行为，也可以推定撤回。“与遗嘱内容相反的民事法律行为”有两个要点：(1) 该行为是遗嘱人生前亲自实施的民事法律行为。(2) 该民事法律行为“与遗嘱内容相反”。例如，某财产本来依遗嘱记载由继承人甲继承，后遗嘱人在生前直接将该财产处分掉了，这就是一种典型的“与遗嘱内容相反的民事法律行为”。

立有数份遗嘱，内容相抵触的，以最后的遗嘱为准。

自 1985 年 10 月 1 日《继承法》(已失效) 施行以来，法律规定公证遗嘱的效力优先于其他遗嘱形式。但公证遗嘱效力优先在确保遗嘱的真实性、合法性、准确性、可实施性的同时，客观上确实带来了一定的负面效果，它限制了人们通过其他遗嘱方式处理自己财产的自由。而且撤销、更改公证遗嘱需要遗嘱人的身份证、房产证等证件资料，一些别有用心的继承人在遗嘱人立了公证遗嘱后，可能把遗嘱人的身份证、房产证等藏起来，防止遗嘱人撤销、变更公证遗嘱。

为切实尊重遗嘱人的真实意愿，《民法典》删除了关于公证遗嘱效力优先的规定，存在内容相抵触的多份遗嘱，在判定各份遗嘱之间的效力优先性时，以最后的遗嘱为准，哪怕这份最后的遗嘱是口头遗嘱。

## 律师提示

1. 遗嘱人生前的行为与遗嘱的意思表示相反，使遗嘱处分的财产在继承开始前部分灭失或部分转移的，视为遗嘱被部分撤回。遗嘱部分撤回的，继承人仍有权就未处分的剩余的财产进行继承，但不能主张遗嘱人已经处分的财产。

2.《民法典》施行后，即便公证遗嘱不再是效力优先的遗嘱，客观条件允许的话，公证遗嘱仍是一种不错的选择。毕竟，由于公证机构的专业性，公证遗嘱极少出现被认定无效的情形。而其他遗嘱形式遗嘱无效或部分无效的情况屡见不鲜。

## 问题 88：什么情况下的遗嘱是无效的？

邓小俪和孙明青梅竹马，两人恋爱多年后登记结婚，婚后感情一直很好。

后邓小俪因意外受到极大的惊吓与刺激，经诊断患上了间歇性精神病，久治不愈。2019 年 6 月，邓小俪在没有发病的状态下，主动自书了一份遗嘱，讲明自己去世后，属于夫妻共同财产的两套房屋，其中一套中属于自己的份额完全归孙明继承；另一套中属于自己的份额的 60% 归孙明继承，剩余部分由邓小俪的父母均分。

邓小俪的父母获悉该份遗嘱情况后，十分不满。2020 年 1 月，在未征得孙明同意的情况下，邓小俪的父母以春节团聚为由，擅自从精神卫生中心将正在住院的邓小俪接回了邻省老家。之后两人以不给吃饭、让邓小俪练习书法等理由，胁迫、欺骗邓小俪又写了一份自书遗嘱，他们还找了两名村干部做见证人。该自书遗嘱载明，邓小俪去世后，两套房屋中属于其的份额全部由其父母继承。

受新冠肺炎疫情影响，孙明获悉邓小俪被接走后无法及时接回妻子。邓小俪因被迫滞留在父母家，病情日渐加重。直到 2020 年 4 月，邓小俪才被送回孙明处。孙明立即把邓小俪送到精神卫生中心继续治疗。后来，他知晓了岳父母逼迫、欺骗妻子写遗嘱的事情。孙明有心让邓小俪再写一份遗嘱，但此时她已经发病，根本无法完成书写遗嘱这样的复杂活动。孙明一不做二不休，索性拿出了 2019 年 6 月妻子写的遗嘱，自己擅自把“60%”改为“80%”。

2020 年年底，邓小俪病情好转，主动要求出院回家居住。谁知道 2021 年 7 月，邓小俪再次发病，趁孙明外出买菜期间，她自行外出并失足溺水身亡。

办完丧事后，邓小俪的父母与孙明因遗产问题发生争议，均要求按照自己手中的遗嘱来继承两套房屋。邓小俪的父母为此起诉至法院。经法院查明，两份遗嘱的形式要件均符合《民法典》的规定。

请问：两份遗嘱以哪一份为准？为什么？

## 律师解答

应以 2019 年 6 月的遗嘱为准。因为 2020 年 1 月立遗嘱时，邓小俪处于发病期间，属于无民事行为能力人或者限制民事行为能力人，且该份遗嘱是邓小俪受其父母胁迫、欺诈所立，应属无效。不过，2019 年 6 月的遗嘱中，孙明把“60%”篡改为“80%”的部分无效。

**《民法典》第一千一百四十三条** 无民事行为能力人或者限制民事行为能力人所立的遗嘱无效。

遗嘱必须表示遗嘱人的真实意思，受欺诈、胁迫所立的遗嘱无效。

伪造的遗嘱无效。

遗嘱被篡改的，篡改的内容无效。

## 律师评析

《民法典》第 1143 条为【遗嘱的实质要件】条款。遗嘱不仅要具备《民法典》第 1134 条～第 1139 条规定的形式要件，还必须具备本条所规定的实质要件，两者缺一不可。

遗嘱的实质要件主要体现在两个方面：

第一个方面，遗嘱人须具备遗嘱能力。遗嘱能力，是指自然人依法享有的设立遗嘱，以遗嘱依法自由处分其财产的行为能力。立遗嘱是一项重大复杂的民事行为，所以法律规定，只有完全民事行为能力人才具备设立遗嘱的能力，限制民事行为能力人、无民事行为能力人依法不具有遗嘱能力。

第二个方面，遗嘱须是遗嘱人的真实意思表示。遗嘱人设立遗嘱须得自愿，不受他人的干涉、影响。遗嘱需要完全贯彻、反映遗嘱人自己的真实意愿，不容许他人仿冒伪造、篡改。对此，《民法典》有如下规定：

（1）受欺诈、胁迫所立的遗嘱无效。欺诈，通俗地说就是欺骗。胁迫，就是威胁、强迫，通常的表现形式有言语恐吓、暴力、软暴力、不提供必要生活物资等。

（2）伪造的遗嘱无效。伪造遗嘱就是非遗嘱人假冒、擅自借用遗嘱人的名义“炮制”的遗嘱。遗嘱人对此根本不知情，更谈不上同意，不是遗嘱人的真实意思表示。

（3）遗嘱被篡改的，篡改的内容无效。篡改遗嘱，是指在遗嘱形成后，非遗嘱人私自涂抹、删减、修改、添附遗嘱的行为。被篡改的内容是无效的，该遗嘱可以部分无效、部分有效。

上文案例中，没有发病的邓小俪是完全民事行为能力人，拥有遗嘱能力，其自书的遗嘱是受法律保护的有效遗嘱。而发病状态的邓小俪是限制民事行为能力人或者无民事行为能力人，再加上邓小俪父母有欺诈、胁迫的行为，2020年1月的自书遗嘱应属无效。另外，自书遗嘱不需要见证人，也不因有无见证人、见证人是何身份而影响自书遗嘱的效力。孙明篡改邓小俪的遗嘱，篡改部分当然无效，但并不影响未篡改部分的效力。另外，结合本案情况具体分析，孙明的篡改行为应不属于《民法典》第1125条“篡改遗嘱，情节严重”而丧失继承权的情形。

## 律师提示

1. 自然人的民事行为能力是可能发生变化的，判定遗嘱人是否有遗嘱能力，应以其立遗嘱时的行为能力为准。遗嘱人立遗嘱时是完全民事行为能力人，即便其后来丧失了行为能力，也不影响遗嘱的效力。遗嘱人立遗嘱时不是完全民事行为能力人，即便其后来具备了完全民事行为能力，该遗嘱仍属无效遗嘱。

2. 修改遗嘱和篡改遗嘱最核心的区别是：修改遗嘱是遗嘱人自己的真实意思表示；篡改遗嘱是他人假冒遗嘱人的“真实意思表示”。

# 问题 89：不履行附义务的遗嘱有何后果？

谢星瀚和左婉如结婚时，其子女谢诺琦和谢诺琼均已成年，左婉如没有孩子。结婚后，谢星瀚和左婉如一起居住在谢星瀚名下的一套位于二环外的房屋里。他名下还有一套位于二环内的房屋，由儿子谢诺琦居住。

后来，谢星瀚生病了，病重期间，他自书了一份遗嘱，大意为：本人百年后，二环内的房屋、二环外的房屋均由儿子谢诺琦一人继承，但谢诺琦须同意左婉如在二环外的房屋内居住直至去世，且谢诺琦每月须给付左婉如不少于 500 元的生活费。本人名下其他财产，由左婉如、谢诺琼均分。谢星瀚将该遗嘱原件交给谢诺琦保管，两份复印件经左婉如、谢诺琦、谢诺琼三人签字后，留存给了左婉如、谢诺琼。谢星瀚去世后，三人按照遗嘱处分了遗产：两套房屋均过户给谢诺琦，其他财产由左婉如、谢诺琼均分。

起初，谢诺琦尚能按照遗嘱要求履行。多半年后，谢诺琦声称要装修房屋，让左婉如搬出了二环外的房屋，另给她在远郊租房过渡。实际上，他将这套房屋出租给了他人。谢诺琦只支付了过渡房两个月的房租后就拒绝再支付，左婉如每月 500 元的生活费也不再给付。

左婉如与谢诺琦数次交涉无果，遂诉至法院，以谢诺琦不履行遗嘱所附义务为由，要求取消其接受二环外的房屋的权利。

法院受理此案后，依法追加谢诺琼为第三人参与诉讼。谢诺琼表示同意左婉如的诉讼请求，同时表态如自己最终获得二环外的房屋的全部或部分份额，其愿意保障左婉如在该房屋的居住权，直至左婉如去世，也愿意每月给付左婉如600元生活费。

请问：左婉如可以请求法院取消谢诺琦接受这套二环外的房屋的权利吗？

**律师解答**

左婉如可以请求法院取消谢诺琦接受这套二环外的房屋的权利。

**《民法典》第一千一百四十四条** 遗嘱继承或者遗赠附有义务的，继承人或者受遗赠人应当履行义务。没有正当理由不履行义务的，经利害关系人或者有关组织请求，人民法院可以取消其接受附义务部分遗产的权利。

## 律师评析

《民法典》第1144条为【附义务的遗嘱】条款。对于继承人或受遗赠人而言，接受附义务部分的遗产是一种权利，但这种权利又和遗嘱所附义务紧密结合，无法拆分。遗嘱继承人或受遗赠人不能只接受权利，而不承担义务，如果其“没有正当理由”不愿意履行遗嘱中所附的义务，即随之失去接受该部分遗产的权利。

司法实践中，继承人、受遗赠人不履行义务的“正当理由”一般有如下几种：(1)遗嘱中设定的义务违反法律、法规的强制性规定，侵犯了国家、集体、他人的合法权益，违背了社会公共利益。如丈夫的遗嘱称妻子改嫁了就不能继承遗产。(2)遗嘱中设定的义务在客观上不具有实现的条件和可能。如遗嘱称继承人必须每天无偿献血1000毫升以上才可继承遗产。(3)遗嘱中所设定的义务超过遗嘱继承人或受遗赠人所取得的遗产利益。如继承人、受遗赠人需要先为遗嘱人清偿一笔50万元的债务，才能继承市价35万元的房产。

“（继承人、受遗赠人）没有正当理由不履行义务的，经利害关系人或者有关组织请求，人民法院可以取消其接受附义务部分遗产的权利”有三层意思：(1)前提条件是“（继承人、受遗赠人）没有正当理由不履行义务”。反之，如果继承人、受遗赠人有正当理由不履行义务，是不能取消其相应权利的。(2)有请求权的人行使请求权。“利害关系人或者有关组织”可以请求法院取消继承人、受遗赠人接受附义务部分遗产的权利。利害关系人包括该义务履行后的受益人、遗嘱人的其他继承人等。有关组织是概括性规定，可以是居委会、村委会、妇联等组织。(3)取消的范围限于遗嘱中“附义务部分遗产”。如果遗嘱或遗赠中确定由该继承人或受遗赠人接受的财产有多份，在只有其中的一部分财产附有义务的情况下，没有附义务部分的财产的接受权利是不能被剥夺的。

上文案例中，谢诺琦接受的二环外的房屋是附有义务的遗产，即让左婉如继续居住至去世，并给付左婉如每月不少于500元的生活费。谢诺琦没有正当理由，却未履行该义务，因此，应左婉如的请求，法院可取消谢诺琦接受二环外的房屋的权利。

## 律师提示

1. 我国《民法典》没有对遗嘱所附义务作具体的规定，但结合我国相关法律的规定，可以认为，遗嘱中所附的条件或义务应符合国家法律规定，不能违反善良风俗，所附的义务应有实质意义且可以实现。

2. 本条规定使用的场景应是遗嘱人死亡后，“利害关系人或者有关组织”获得此种请求权。因为如果遗嘱人活着，其可以通过撤回、变更遗嘱的方式直接取消继承人、受遗赠人接受附义务部分遗产的权利，没必要通过法院诉讼解决。

3. 附义务的遗嘱继承或者遗赠，如义务能够履行，而继承人、受遗赠人无正当理由不履行，经受益人或者其他继承人请求，法院可以取消其接受附义务部分遗产的权利，由提出请求的继承人或者受益人负责按遗嘱人的意愿履行义务，接受遗产。

# 继 承

## 遗产的处理

# 问题 90：遗产管理人是如何产生的？

“法律进社区”惠民活动上，沐律师迎来了一同前来咨询的四个人。

年纪略长的中年人说：“律师您好，我们是兄妹四个，最近我妈去世了，我们听说《民法典》规定遗产要由‘遗产管理人’处理，我们搞不懂，特意来问问。”

沐律师问：“你们的父亲、外祖父母还健在吗？”

众人纷纷摇头：“都走了，比我妈走得还早。”

“子女辈一共就你们四个人吗？”

“对，就我们四个。”

“您母亲有遗嘱吗？如果有遗嘱，遗嘱里又指定了遗嘱执行人，那遗嘱执行人就是遗产管理人。”

“应该没有遗嘱吧？反正我没看到。”老大想了想，又问其他人：“你们手里有咱妈的遗嘱吗？”

其他人都表示没有遗嘱。

“哦，对了，律师同志，这个遗嘱执行人是必须是我们几个呢？还是也可以是外人呢？”

“都可以的。”

“那么，没有遗嘱也没有遗嘱执行人是不是就不需要遗产管理人了？”

“不是的，没有遗嘱执行人的，继承人，也就是你们，应当及时推选遗产管理人。”

四个人商议了一会儿，还是老大不好意思地对沐律师说：“我们推选不出来。这样是不是就不需要遗产管理人了？”

沐律师耐心地说："也不是的，继承人未推选的，由继承人共同担任遗产管理人。"

四个人都很吃惊，"我们都是遗产管理人？"

沐律师点了点头："照目前的情况看，是这样的。"

这时，一直没怎么说话的小弟突然问："那要是没有继承人，是不是也就没有遗产管理人了？"

沐律师笑了，答道："没有继承人或者继承人均放弃继承的，由被继承人生前住所地的民政部门或者村民委员会担任遗产管理人。"

四人听了半天，总结道："明白了，每个继承中都会有个遗产管理人。"

请问：《民法典》施行后，每个继承事件中都有遗产管理人吗？

## 律师解答

**《民法典》施行后，每个继承事件中都有遗产管理人。**

**《民法典》第一千一百四十五条** 继承开始后，遗嘱执行人为遗产管理人；没有遗嘱执行人的，继承人应当及时推选遗产管理人；继承人未推选的，由继承人共同担任遗产管理人；没有继承人或者继承人均放弃继承的，由被继承人生前住所地的民政部门或者村民委员会担任遗产管理人。

**《民法典》第一千一百四十六条** 对遗产管理人的确定有争议的，利害关系人可以向人民法院申请指定遗产管理人。

## 律师评析

《民法典》第1145条为【遗产管理人的选任】条款、第1146条为【遗产管理人的指定】条款。遗产管理人是《民法典》新增内容，遗产管理人按如下途径选任或指定：

（1）继承开始后，有遗嘱执行人的，遗嘱执行人为遗产管理人。即遗嘱执行人默认应尽遗产管理职责，担任遗产管理人。该类型的遗产管理人由当事人指定，既可以是继承人，也可以是非继承人的第三方；既可以是个人，也可以是法人或其他组织。

（2）没有遗嘱执行人的，继承人应当及时推选遗产管理人。该类型遗产管理人的选定和遗嘱指定遗嘱执行人一样，都充分尊重当事人的意思自治。

（3）继承人未推选遗产管理人的，由继承人共同担任遗产管理人。这种情况往往是因为继承人之间意见不统一或有矛盾冲突，常伴随遗产分配争议、遗产处置不及时、遗产保值不完善等情况。继承人共同担任遗产管理人难免效率低下、可执行性差，容易引发纠纷与矛盾。

（4）没有继承人或者继承人均放弃继承的，由被继承人生前住所地的民政部门或者村民委员会担任遗产管理人。这种情况下，一般不涉及继承人利益。值得注意的是，一般与“村民委员会”对应的“居民委员会”没有出现在这里，取而代之的是“民政部门”。

（5）对遗产管理人的确定有争议的，利害关系人可以向法院申请指定遗产管理人。该条规定为遗产管理人选任不能的情况设立了法院指定遗产管理人的救济途径。

综上所述，《民法典》施行以后，每个继承事件中，必然会有相应的遗产管理人出现。

## 律师提示

1. 从保护继承人和被继承人利益的角度考虑，遗嘱执行人担任遗产管理人、继承人共同推选遗产管理人这两种途径充分体现了当事人的真实意愿，比其他途径更有利于当事人。

2. 鉴于遗产管理的需求增长，遗产种类的多样化，有了法律依据的遗产管理人制度能更好地应对日益复杂的遗产继承问题，遗产管理会更加规范化和专业化，更好地兼顾继承人和债权人的利益。后续除了律师事务所、会计师事务所、信托公司等现存机构外，应该会衍生出遗产管理的专业机构、遗产管理的专门从业人士。

# 问题 91：遗产管理人是做什么的？

中午时分，“法律进社区”的沐律师忙碌了半天，刚准备喝口水歇一歇，早上来咨询的四兄妹又来了。四人里唯一的女性（妹妹）说话了：“不好意思啊，律师，我们早上忘了问遗产管理人具体都要做些什么呢？”

沐律师思索了一下，解答道：“遗产管理人的管理职责原则上就是对遗产尽到妥善管理的义务，《民法典》规定了遗产管理人的六大职责：第一，清理遗产并制作遗产清单。就是搞清楚到底有多少遗产，并且用书面形式列明。第二，向继承人报告遗产情况。如果遗产管理人就是全体继承人，这个就可以省略了。第三，采取必要措施防止遗产毁损、灭失。比如看到属于遗产的房屋门锁坏了，要修一修；看到属于遗产的动物，要圈养好。第四，处理被继承人的债权债务。就是摸排清楚被继承人的债权债务情况，与相应债务人、债权人进行沟通、协商、追索、清偿、履行等。第五，按照遗嘱或者依照法律规定分割遗产。这一点是继承中的核心，重中之重。第六，实施与管理遗产有关的其他必要行为。这个是概括性规定，方便以后丰富、补充遗产管理人的职责，并且留给法院一定的酌情裁量空间。”

妹妹继续问：“遗产管理人要做这么多工作啊！那万一遗产管理人不干活，或者故意捣乱、丢三落四呢？”

沐律师安慰道：“这个不用怕，《民法典》有规定的，遗产管理人因故意或者重大过失造成继承人、受遗赠人、债权人损害的，应当承担民事责任。”

“等一下，律师，为什么遗产管理人还要对什么债权人承担责任呢？”

“这里的债权人指的是被继承人的债权人，也就是被继承人的债主。如果遗产管理人不尽职，导致遗产损失的，债权人也有可能因此导致损失。”

“这个遗产管理人不好当呀，要做这么多工作，干不好了，还要负责，我能不能请你们律师来当‘遗产管理人’啊？”

“可以的，你们如果协商一致，可以推选律师来做遗产管理人。遗产管理人可以依照法律规定或者按照约定获得报酬。也就是说，请律师做遗产管理人的话，你们是要支付一定报酬的。”

“谢谢您，我们明白了。我们再考虑考虑吧。”

请问：《民法典》规定的遗产管理人的权利义务有哪些？

## 律师解答

遗产管理人有获取报酬的权利。

遗产管理人有清理遗产并制作遗产清单、向继承人报告遗产情况、采取必要措施防止遗产毁损、处理被继承人的债权债务、按照遗嘱或者依照法律规定分割遗产、实施与管理遗产有关的其他必要行为的义务。

遗产管理人因故意或者重大过失造成继承人、受遗赠人、债权人损害的，还应当承担民事责任。

**《民法典》第一千一百四十七条** 遗产管理人应当履行下列职责：

（一）清理遗产并制作遗产清单；

（二）向继承人报告遗产情况；

（三）采取必要措施防止遗产毁损、灭失；

（四）处理被继承人的债权债务；

（五）按照遗嘱或者依照法律规定分割遗产；

（六）实施与管理遗产有关的其他必要行为。

**《民法典》第一千一百四十八条** 遗产管理人应当依法履行职责，因故意或者重大过失造成继承人、受遗赠人、债权人损害的，应当承担民事责任。

**《民法典》第一千一百四十九条** 遗产管理人可以依照法律规定或者按照约定获得报酬。

## 律师评析

《民法典》第 1147 条为【遗产管理人的职责】条款、第 1148 条为【遗产管理人未尽职的民事责任】条款、第 1149 条为【遗产管理人的报酬】条款。上文案例中，沐律师已简要解释了遗产管理人的权利、义务，此处不再重复。但遗产管理人毕竟是新规定、新制度，《民法典》的相应规定还有待细化、补充。

例如，《民法典》要求遗产管理人“采取必要措施防止遗产毁损、灭失”“处理被继承人的债权债务”按照遗嘱或者依照法律规定分割遗产”，这些职责虽然是义务，可也有一定权利的性质，在相关方不配合、阻挠、侵害时，遗产管理人是否可以其自身的名义提出诉讼呢？《民法典》没有明确。此外，《民法典》赋予了遗产管理人获取报酬的权利，其他权利没有涉及。继承人消极不作为时，遗产管理人还应该拥有排除妨害请求权，可以代表继承人行使遗产取回权，为防止遗产毁损、贬值而拥有一定程度的应急处分权等。

但无论如何，遗产管理人制度的确立必将促进更好、更专业、更全面地处理遗产继承事宜，在提高效率、节省成本、防止纠纷矛盾的激化方面具有积极意义。

## 律师提示

1. 遗产管理人的具体职责、操作细节，可以通过遗嘱人、继承人与遗产管理人签订书面协议的方式予以明确。

2. 遗产管理人获取报酬可以在遗产范围内直接优先支付，也可以由继承人、受益人获取遗产后再另行支付。笔者建议当事人应就此达成明确约定，以避免不必要的纠纷。

## 问题 92：继承开始后由谁通知继承人？

隋时春与妻子何一莲结婚几年来常因小事吵架，矛盾日积月累，隋时春忍无可忍，一气之下离开家，去了广州。

隋时春在广州找了一份工作，并在单位附近的城中村租了一间小房子，条件虽不是很好，但周围生活设施齐全，租金也比较合适。

孤身在外，既有到了新单位，很多事情需要学习、熟悉的压力，也有孑然一身，悲喜无人分享、分担的无聊与惆怅。隋时春因此迷恋上了手机游戏，下载了好几款游戏，轮换着打。他经常从深夜激战到黎明，困得不行了才略微小睡片刻，然后接着去上班。不规律的作息和长时间的熬夜，对隋时春的健康状况造成了十分严重的影响。

多半年后，终于有一天，隋时春因为彻夜打游戏而疲劳过度，在出租屋内猝死了。

为了谁来通知隋时春的继承人，隋时春的单位和房东扯起了皮。单位认为，人是下班时间在出租屋内死亡的，房东收了隋时春的房租，就应该由房东来通知隋时春的继承人。房东则认为，人又不归自己管，猝死说不定是工作原因造成的，是工伤呢？应该由单位来通知隋时春的继承人。

请问：单位和房东，谁有义务通知隋时春的继承人？

**律师解答**

**被继承人死亡的，其生前所在单位有义务通知继承人，房东无义务通知继承人。**

**《民法典》第一千一百五十条** 继承开始后，知道被继承人死亡的继承人应当及时通知其他继承人和遗嘱执行人。继承人中无人知道被继承人死亡或者知道被继承人死亡而不能通知的，由被继承人生前所在单位或者住所地的居民委员会、村民委员会负责通知。

## 律师评析

《民法典》第 1150 条为【继承开始的通知】条款。继承开始后，有的继承人和遗嘱执行人可能不知道被继承人死亡、继承开始的事实。因此，应有人将被继承人死亡的事实及时通知继承人和遗嘱执行人，以便及时处理有关继承问题。这是继承开始的一个必要环节，也是继承人行使继承权的必要前提条件。

依据此条规定，继承开始后，被通知的主体为其他继承人和遗嘱执行人。而通知的义务主体分两种情形：

（1）知道被继承人死亡的继承人。继承开始后，知道被继承人死亡的继承人应当及时通知其他继承人和遗嘱执行人。一般而言，继承人之间、继承人与遗嘱执行人之间应该比较熟悉，而且知道被继承人死讯的继承人通知其他继承人也有助于包括其自己在内的继承人早日开始继承。故此时通知的义务主体为“知道被继承人死亡的继承人”。

上文案例中，假如何一莲知道了隋时春的死讯，她有义务通知隋时春的父母。同理，假如隋时春的父母知道了隋时春的死讯，也有义务通知何一莲。

（2）被继承人生前所在单位或者住所地的居民委员会、村民委员会。此种情形的前提是“继承人中无人知道被继承人死亡或者知道被继承人死亡而不能通知的”。被继承人生前所在单位或者住所地的居民委员会、村民委员会应该留存、掌握死亡的被继承人的身份信息、亲属状况、住址、联系方式等，故由这些单位、组织来进行通知为宜。本条是《民法典》唯一保留了“所在单位”这个词语的条文。

上文案例中，何一莲、隋时春的父母等都不知道隋时春的死讯，无法履行通知义务。隋时春在广州的租赁房屋也不是《民法典》规定的住所地（自然人以户籍登记或者其他有效身份登记记载的居所为住所；经常居所与住所不一致的，经常居所视为住所），该房屋所在地的居民委员会或村民委员会无法定通知义务。

所以，依照《民法典》的规定，隋时春的所在单位有义务将隋时春死亡的消息通知何一莲及隋时春的父母。

## 律师提示

1. 关于继承开始通知的具体时限和方式，法律没有明确规定。一般情况下，负有通知义务的继承人或单位、组织，应当尽快、及时发出通知。通知可采取口头通知、书面通知、公告等方式，有条件的，应书面通知。毕竟事涉生死及遗产继承，采用更郑重的通知方式为宜。

2. 负有通知义务的继承人或者单位、组织，如有隐瞒、故意拖延继承开始的行为，造成其他继承人损失的，应当承担相应的民事责任。

3. 法院在审理继承案件时，如果知道有继承人而无法通知的，分割遗产时，要保留其应继承的遗产，并确定该遗产的保管人或者保管单位。

## 问题 93：什么是转继承？

石阿婆身患重病，她想写一份遗嘱，安排好自己的身后事。碰巧石阿婆的邻居童某是一名民事审判庭的法官，石阿婆遂上门请教。

"童法官，我家的情况您也清楚，我父母去世早，老头子前年也走了，我的大儿子和女儿都结婚生子了，小儿子还没结婚。如果我不写遗嘱，我去世后的财产他们怎么分呢？"

"如果您没写遗嘱，您去世后您的财产就由您的三名子女均分。"

"那如果我写份遗嘱，把一半财产都留给大儿子，剩下的让女儿和小儿子均分，可以吗？"

"当然可以，您自己的财产，您可以自由处分，想给谁就给谁。"

"我也不是偏心，我家老大得了白血病，我想多留给他一些保命的钱。"没等童法官接话，石阿婆想起来什么，追问道，"我大儿子的病也很重，万一我走了后，他还没分到我的遗产，也走了，我的遗产怎么办？"

"您大儿子有几名子女？"

"就一个儿子。"

"您去世后，只要您大儿子没有放弃继承，如果他不幸于遗产分割前死亡，本来该他继承的遗产就转给了他的继承人，也就是他的妻子和儿子来法定继承，两人一人一半。这在法律上叫'转继承'"。

"这样啊。给我孙子我愿意，给大儿媳妇我可不愿意！能不能不给呢？"

童法官有点尴尬，但还是回答："可以的，您可以在遗嘱里注明如果出现这种情况该怎么处理，这样就可以不让他的继承人来进行法定继承了。”

“那比如，我想把本来给大儿子的钱，一半给我孙子，万一他妈改嫁了，我孙子也能有点钱。另一半就让我小儿子和女儿均分，该怎么写呢？”

“那您可以这样写：本人去世后，若本人大儿子不幸于遗产分割前死亡，原应由其继承的遗产份额的一半转由本人孙子某某继承；剩余一半份额由本人小儿子与女儿各半继承。”

请问：石阿婆去世后，如果她的大儿子不幸于遗产分割前死亡，石阿婆给他的遗产应怎么处置？

## 律师解答

**石阿婆去世后，如果她的大儿子不幸于遗产分割前死亡，应优先适用石阿婆的遗嘱安排。如果石阿婆没有立遗嘱，则石阿婆大儿子应当继承的遗产转给其法定继承人，即大儿子的配偶、儿子。**

**《民法典》第一千一百五十二条** 继承开始后，继承人于遗产分割前死亡，并没有放弃继承的，该继承人应当继承的遗产转给其继承人，但是遗嘱另有安排的除外。

## 律师评析

《民法典》第 1152 条为【转继承】条款。所谓转继承，是指继承人在继承开始后、实际接受遗产前死亡，且该继承人没有放弃继承的，该继承人的法定继承人代其实际接受其有权继承的遗产。转继承人就是实际接受遗产的死亡继承人的继承人。

转继承制度既适用于遗嘱继承，也适用于法定继承。但转继承必须同时具备两个限定前提：

（1）时间限定。转继承仅发生在“继承开始后”“遗产分割前”。换言之，继承开始前及遗产分割后，都不会发生转继承的情形。

（2）继承人死亡且没有放弃继承。继承开始后，遗产分割前，继承人死亡且没有放弃继承的，才会触发转继承。如果继承人仍健在，或者继承人虽已死亡但其生前放弃了继承权的话，也不会发生转继承。

“该继承人应当继承的遗产转给其继承人”表明在转继承的情况下，只能由继承人的法定继承人（转继承人）直接分割被继承人的遗产；转继承人只能继承死亡继承人应得的遗产份额。转继承人可以是被继承人的直系血亲，也可以是被继承人的其他法定继承人。

《民法典》还规定了一项对转继承的限制，即“遗嘱另有安排的除外”。如有遗嘱，应按照遗嘱来办理。

## 律师提示

1. 理论上，转继承没有次数限制，即继承人死亡由转继承人继续继承，转继承人死亡的，由转继承人的继承人再继续继承。

2. 转继承与代位继承容易混淆，其实两者有很多不同：（1）转继承可以发生在法定继承中，也可以发生在遗嘱继承中；代位继承只发生在法定继承中。（2）转继承发生在继承开始后，遗产分割前；代位继承只能是因被继承人的子女或兄弟姐妹先于被继承人死亡而发生。（3）转继承人可以是被转继承人的配偶、子女、父母、兄弟姐妹、祖父母、外祖父母；代位继承人只能是被代位继承人的晚辈直系血亲，包括子女、孙子女、外孙子女、曾孙子女、外曾孙子女。

# 问题94：被继承人的遗产是共有财产时如何处理？

时流光和季桓一共生育了三名子女：长子季有思、次子季有想、女儿时溢彩。妈妈时流光格外偏爱小女儿，所以早早就写好了遗嘱，称："本人时流光去世之后，本人所有的财产均由本人女儿时溢彩一人继承，他人不得干涉、夺取。"

遗嘱写好后，时流光就偷偷地把遗嘱用信封封好，郑重其事地交给了时溢彩，叮嘱时溢彩一定要好好保管这封"信"，等自己去世后才能打开看。那时的时溢彩才十六七岁，两个哥哥也还没结婚，一大家子住在父母结婚后购得的小房子里，虽然比较拥挤，但热闹又融洽。

后来，两个哥哥和时溢彩都陆续结婚生子，搬了出去。没几年，这套小房子也动拆迁了，一共分得两套房屋。季桓和时流光商议后决定：两套房子的房产证一套写时流光的名字，一套写季桓和两个儿子的名字。

又过了几年，时流光因病去世。时溢彩拆开了妈妈留给她的那封"信"，读罢泪流满面。

时溢彩提出，房屋产权人为时流光一人的那套房屋，按遗嘱由她一人继承，应该直接将该房屋的产权人更名为她一个人。

请问：房屋产权人为时流光的那套房屋应否将产权人更名为时溢彩一人？

## 律师解答

该套房屋虽然登记在时流光一人名下，但应属于时流光和季桓的夫妻共同财产。应当先将该房屋的一半分出为季桓所有，剩下的一半为时流光的遗产，由时溢彩继承。

**《民法典》第一千一百五十三条** 夫妻共同所有的财产，除有约定的外，遗产分割时，应当先将共同所有的财产的一半分出为配偶所有，其余的为被继承人的遗产。

遗产在家庭共有财产之中的，遗产分割时，应当先分出他人的财产。

## 律师评析

《民法典》第 1153 条为【共有财产中遗产的认定】条款。此条是关于遗产分割中涉及共有财产时如何处理的规定。被继承人死亡遗留的财产，一般是被继承人个人的财产，但有时是被继承人和他人共有的财产，最常见的便是房屋。

此时，应先厘清该共有财产中的哪些份额属于被继承人的遗产，哪些份额属于他人的财产。之后才能进行继承。

夫妻共同所有的财产，除有约定的外，遗产分割时，应当先将共同所有的财产的一半分出为配偶所有，其余的为被继承人的遗产。婚姻关系存续期间所得的按《民法典》规定为归夫妻共同所有的财产为夫妻共同财产，夫或妻对共同财产有平等的处理权。

《民法典》第 1062 条规定，夫妻在婚姻关系存续期间所得的下列财产，为夫妻的共同财产，归夫妻共同所有：(1) 工资、奖金、劳务报酬；(2) 生产、经营、投资的收益；(3) 知识产权的收益；(4) 继承或者受赠的财产，但是本法第 1063 条第 3 项规定的除外；(5) 其他应当归共同所有的财产。

如果夫妻之间没有约定，依照法定的夫妻共同财产制的规定对夫妻共同财产进行分割，即一人一半。该夫妻共同财产中，先分出被继承人配偶的一半，剩下的一半就是被继承人的遗产。

遗产在家庭共有财产之中的，遗产分割时，应当先分出他人的财产。家庭共有财产，是指家庭中全部或部分家庭成员共同所有的财产。换言之，就是家庭成员在家庭共同生活关系存续期间共同创造、共同所得的财产。比如农村宅基地房屋如果是一家人共同翻建的，就是家庭共有财产。家庭共有财产中被继承拥有的份额才是遗产，才可以继承。

上文案例中，时流光与季桓为夫妻关系，动拆迁安置房由原为夫妻共同财产的房屋拆迁而来，因此，即便该套动拆迁安置房产权证上只有时流光一人的名字，也是夫妻共同财产。既然是夫妻共同财产，又无其他约定，则该房屋只有一半为时流光的遗产。

## 律师提示

1. 如果被继承人拥有的共有财产既不是夫妻共同所有的财产，也不是家庭共有的财产，也可参照本条规定予以处理。

2. 如果没有约定按份共有，家庭共有财产即为共同共有财产，共有人不分份额，共同享有所有权。因继承而需要明确家庭共有财产中被继承人拥有的份额时，一般最简单的算法就是，有几名共有人，则被继承人就拥有共有财产“几分之一”的份额。

3. 法院在分割遗产中的房屋、生产资料和特定职业所需要的财产时，应当依据有利于发挥其使用效益和继承人的实际需要，兼顾各继承人利益的原则进行处理。

# 问题 95：有遗嘱时还可能适用法定继承吗？

元解放父母早亡，他和妻子窦梅育有一子元来，一女元去。他是一名搞“空气循环发动机”的民间科学家，为了搞科研方便，他一个人租住在远郊农村。

现在，元解放不幸遇害了，大家来到他的租住地，处理他的身后事。

现场找到元解放的一份自书遗嘱，大意为：名为“光明种子”的研究手稿、图纸由元来继承，希望他子承父业，将这项研究发扬光大，造福人类；名为“盘古系统”的科研器材和原材料由窦梅和元去各继承一半，希望一家人齐心协力，共创辉煌；空气循环发动机的半成品“新纪元 1 号”遗赠给同道丁二、“新纪元 2 号”捐赠给中华宇宙科研开发有限公司，希望科研之火越烧越旺。

众人读完遗嘱后唏嘘不已。原来，丁二就是杀害元解放的凶手。他听元解放说其马上要成功了，想夺取元解放的“科研成果”，遂谋杀了元解放，目前丁二已经落网，被关押。而中华宇宙科研开发有限公司在元解放去世前三个月就倒闭了，注销了。

元来和元去商议后表示两人放弃继承“光明种子”“盘古系统”。

窦梅看完遗嘱后不解地问：“奇怪，老元的遗嘱里怎么没提到我们俩的房子和存款啊？”在场的几位元解放的同道，都轻轻地摇了摇头，其中一人说：“弟妹啊，你是不了解这些东西到底有多宝贵。房子、存款在老元心里根本无足轻重，不能比的。我们都是一心搞科研，为人类进步而努力奋斗的平凡却又不凡的人！”

请问：元解放的遗产到底应根据遗嘱继承，还是适用法定继承？

## 律师解答

元解放的遗产中，一半的“盘古系统”根据遗嘱由窦梅继承；其余遗产均按照法定继承办理。

**《民法典》第一千一百五十四条** 有下列情形之一的，遗产中的有关部分按照法定继承办理：

（一）遗嘱继承人放弃继承或者受遗赠人放弃受遗赠；

（二）遗嘱继承人丧失继承权或者受遗赠人丧失受遗赠权；

（三）遗嘱继承人、受遗赠人先于遗嘱人死亡或者终止；

（四）遗嘱无效部分所涉及的遗产；

（五）遗嘱未处分的遗产。

## 律师评析

《民法典》第 1154 条为【法定继承的适用范围】条款。有遗嘱处分的财产的，优先适用遗嘱继承。但有下列情形之一的，遗产中的有关部分按照法定继承办理：

（1）遗嘱继承人放弃继承或者受遗赠人放弃受遗赠。继承权、受遗赠权既然是权利，遗嘱继承人或者受遗赠人自然也可以放弃这种权利。现实生活中，常有因顾念亲情、不愿履行遗嘱所附的义务、不愿承担被继承人的债务等原因，自愿放弃继承、放弃受遗赠的情形。

（2）遗嘱继承人丧失继承权或者受遗赠人丧失受遗赠权。具体情形有：故意杀害被继承人；为争夺遗产而杀害其他继承人；遗弃被继承人，或者虐待被继承人情节严重；伪造、篡改、隐匿或者销毁遗嘱，情节严重；以欺诈、胁迫手段迫使或者妨碍被继承人设立、变更或者撤回遗嘱，情节严重。

“受遗赠人丧失受遗赠权”是《民法典》新增的规定，内容与遗嘱继承人丧失继承权的规定基本一致。但遗嘱继承人丧失继承权后可因被继承人表示宽恕或者事后在遗嘱中将其列为继承人的，该继承人不丧失继承权；受遗赠人丧失受遗赠权的，则没有类似规定。

（3）遗嘱继承人、受遗赠人先于遗嘱人死亡或者终止。遗嘱继承人、受遗赠人主体消亡会导致客观上的遗嘱继承不能。遗嘱继承人只能是自然人，其主体消亡的情形只有死亡这一种。受遗赠人可以是继承人以外的组织、个人，所以可能有个人死亡、组织终止的情形。

（4）遗嘱无效部分所涉及的遗产。遗嘱无效，自然适用法定继承。

（5）遗嘱未处分的遗产。遗嘱未处分，自然也应适用法定继承。

同一件遗产上只可能适用遗嘱继承或法定继承中的某一种。有遗嘱的依照遗嘱继承。但如遗嘱继承中出现了前述五种情形，则相关遗产按照法定继承办理。

上文案例中，元来和元去放弃继承的“光明种子”和“盘古系统”，丁二因杀害元解放丧失受遗赠权的“新纪元1号”，中华宇宙科研开发有限公司因先于元解放终止无法继承的“新纪元2号”，元解放遗嘱中未提及的房屋、存款，均按照法定继承办理。

## 律师提示

1. 法定继承，是指按法律规定的继承人范围、继承顺序和遗产分配原则进行的继承。法定继承人的继承份额是根据所有继承人的情况和赡养扶养情况来确定的。遗嘱继承，是指按被继承人生前所立遗嘱中指定的继承人继承其遗产所进行的继承。遗嘱继承人的继承份额是财产所有人在遗嘱中确定的。

2. 遗嘱继承人是属于法定继承人范围的自然人。受遗赠人可以为国家、集体或者法定继承人以外的组织、个人，但绝不可能是法定继承人。

# 问题 96：遗产中的胎儿预留份额如何处理？

孟娇蕊和老公文振保本结婚后一直没要孩子。熬不过“七年之痒”的文振保出轨了，要强的孟娇蕊主动提出了离婚。

文振保提出，自己是孤儿，无依无靠，而孟娇蕊有娘家，还有去处，所以这套登记了两人名字的婚后购买的房子希望能归自己。孟娇蕊冷笑了一声，说：“都归你。”两人去民政局办了手续，离婚协议载明，房子归文振保，各人名下存款归各人，孟娇蕊约等于净身出户。

离婚半个月后孟娇蕊才发现，自己居然已经怀孕一个多月了。胎儿16周左右，文振保和胎儿做了亲子鉴定。鉴定结果显示，胎儿确实是他的骨血。文振保喜出望外，让孟娇蕊生下胎儿。孟娇蕊虽然厌恶文振保的嘴脸，但孩子是无辜的，她也想留下这个小生命。

人生无常。胎儿32周时，文振保突然发生了车祸，当场死亡。

孟娇蕊咨询律师，律师告诉她，按照法律规定，文振保的遗产应当保留胎儿的继承份额，鉴于该还没出生的胎儿成了文振保唯一的法定继承人、准继承人，胎儿出生后，文振保的遗产将全部由其继承。孟娇蕊问：“为什么不是现在就继承呢？”“因为胎儿还没出生，不算法律意义上的‘人’，不具备民事主体资格。”律师回答。

快到临产期了，孟娇蕊住院观察。医生检查发现胎儿胎位不正，还有脐带绕颈，决定实施剖宫产手术。胎儿被顺利取出，但很遗憾，胎儿出生时已经没有了心跳、呼吸。

请问：胎儿娩出时是死体，文振保留下的包括房产在内的遗产该如何处理呢？

## 律师解答

**文振保留下的包括房产在内的遗产因无人继承，归国家所有。**

**《民法典》第一千一百五十五条** 遗产分割时，应当保留胎儿的继承份额。胎儿娩出时是死体的，保留的份额按照法定继承办理。

**《民法典》第一千一百六十条** 无人继承又无人受遗赠的遗产，归国家所有，用于公益事业；死者生前是集体所有制组织成员的，归所在集体所有制组织所有。

## 律师评析

《民法典》第1155条为【胎儿预留份额】条款、第1160条为【无人继承财产的归属】条款。

《民法典》规定，遗产分割时，应当保留胎儿的继承份额。这里的胎儿，是指被继承人死亡时尚未出生的胎儿，即遗腹子。胎儿尚未出生，不属于《民法典》规定的“自然人”，不是民事主体。但胎儿终会出生，会成为一名自然人，其生存需要一定的物质资料，且在相当长时间内不具有劳动能力，故法律为未出生的胎儿保留遗产份额，称为“胎儿预留份”。遗腹子属于弱者，这是法律对弱势群体的保护。

胎儿娩出时是死体的，保留的份额按照法定继承办理。因为胎儿死体不算“自然人”，不具备民事主体资格。此处法定继承中的被继承人并非胎儿，而是指原来的被继承人。因为该胎儿不是民事主体，也不可能有遗产。

遗产是自然人死亡时遗留的个人合法财产，但对于一些鳏寡孤独之人，却可能因为既无继承人，也没有受遗赠人，导致其遗产成了无主财产。无主财产不存在继承问题，归国家所有。如果死者生前是集体所有制组织成员，该财产归其所在集体所有制组织所有。“集体所有制组织”，是指部分劳动群众集体拥有生产资料的所有权，共同劳动并实行按劳分配的经济组织，如农业合作社、集体所有制企业等。

《民法典》第 1160 条限定了归国家所有遗产的用途为“用于公益事业”。这是《民法典》的一大亮点，体现了“国不与民争利”的思想，实现了遗产的物尽其用。有利于维护法律权威，培育民众良好的国家认同感，促进社会安定团结。

上文案例中，孟娇蕊所怀的胎儿是文振保的遗腹子，依法应为该胎儿保留遗产份额。文振保是孤儿，没有父母；他和孟娇蕊离婚了，也没有配偶；他唯一的子女就是这个还是胎儿状态的遗腹子。所以，如果胎儿正常出生且存活，就会成为文振保唯一的法定继承人，继承他的全部遗产。但因为胎儿娩出时是死体，所以文振保的财产就成了无人继承的遗产，归国家所有。

## 律师提示

1. 为胎儿保留其继承份额，并不是说胎儿有继承权。为胎儿保留其继承份额是继承中的特殊规定，被继承人不能用遗嘱的方式剥夺为胎儿保留的继承份额。有多名胎儿的，每名胎儿都应保留相应的继承份额。应当为胎儿保留的遗产份额没有保留的，应从继承人所继承的遗产中扣回。

2. 为胎儿保留的遗产份额，如胎儿出生后死亡的，由胎儿的继承人继承；如胎儿娩出时是死体的，由被继承人的继承人继承。判定胎儿娩出时情况的时间节点，就是胎儿呱呱坠地的时间。胎儿出生时为活体，就是婴儿。即使婴儿存活不久就死亡了，哪怕只有一两分钟，该婴儿就是被继承人，婴儿刚刚继承的“保留的继承份额”就是婴儿的遗产。

3. 遗产因无人继承又无人受遗赠而归国家或集体所有制组织所有时，按照《民法典》第 1131 条的规定可以分给适当遗产的人提出取得遗产的诉讼请求，法院应当视情况适当分给其遗产。

# 问题 97：付出与所得不对等的遗赠抚养协议有效吗？

老太太虞家茵退休金不高，身体又不太好，唯一值钱的就是一套位于中环边上，两室一厅的房子，市价 300 多万元。邻居劝她把房子租出去，拿租金去住养老院，她不肯，舍不得熟悉的环境和老邻居们。

后来，她经人介绍和一家家庭服务有限公司签订了一份遗赠抚养协议，并进行了公证。该遗赠抚养协议约定，家庭服务公司给虞家茵雇请住家保姆照顾她的日常生活，每月给付她生活费 2000 元，承担她的医药费，帮她买墓地，负责处理她的丧葬事宜。她去世后，这套两室一厅的房子遗赠给家庭服务公司。协议签订后，家庭服务公司依约履行了约定的义务。

十几年后，虞家茵病重，分外思念自己唯一的亲人——生活在外地的弟弟虞家奇。虞家奇为了陪伴姐姐最后的时光，遂搬来与虞家茵同住，并和家庭服务公司请的保姆一起照料虞家茵。半年后，虞家茵与世长辞。

此时，该房屋市价已经有 600 余万元。

虞家茵去世后，虞家奇一直居住在姐姐的房屋内，家庭服务公司多次要求他腾房，他均拒绝搬出。

家庭服务公司向虞家奇出示了遗赠抚养协议，虞家奇不认可。他认为家庭服务公司不是集体所有制组织，是牟利的商业公司，该公司为自己姐姐支付的所有成本最多也就 100 万元，却获得了市价 600 余万元的房子，显失公平。他认为自己是法定继承人且尽到了扶养义务，应该由自己来继承这套房屋，家庭服务公司为虞家茵支付的所有成本他都愿意承担。

多次交涉无果后，家庭服务公司起诉到法院，要求依照遗赠扶养协议受遗赠该房屋。

请问：这份遗赠扶养协议有效吗？

## 律师解答

**这份遗赠扶养协议是有效的，家庭服务公司享有受遗赠的权利。**

**《民法典》第一千一百五十八条**　自然人可以与继承人以外的组织或者个人签订遗赠扶养协议。按照协议，该组织或者个人承担该自然人生养死葬的义务，享有受遗赠的权利。

## 律师评析

《民法典》第 1158 条为【遗赠扶养协议】条款。遗赠扶养协议，是遗赠人与扶养人签订的，由扶养人承担遗赠人生养死葬的义务，遗赠人将自己的合法财产的一部分或全部于其死后转移给扶养人所有的协议。

遗赠扶养协议的效力优先于遗嘱或遗赠，如果遗赠扶养协议与遗嘱有抵触，按协议处理，与协议抵触的遗嘱全部或部分无效。遗嘱或遗赠又优先于法定继承。

根据《民法典》第 1158 条的规定，遗赠扶养协议中的遗赠人只能是自然人。而扶养人必须是继承人以外的组织或个人。言外之意，即禁止自然人与继承人签订遗赠扶养协议，因为继承人一般都对该需要扶养的自然人有赡养、扶养或抚养的法定义务，其不应再以遗赠扶养协议的名义额外受益。此外，与《继承法》（已失效）相比，《民法典》将扶养人的范围进行了扩充，扶养人可为继承人以外的组织，并不限定组织的性质。

此举有利于遗赠扶养协议制度的发展。

遗赠扶养协议中的扶养人要履行义务，才享有权利。扶养人的义务就是按照协议在受扶养人生前扶养受扶养人，在受扶养人死后安葬受扶养人。司法实践中，扶养人不认真履行扶养义务的，受扶养人有权请求解除遗赠扶养协议。受扶养人未解除协议的，对不尽扶养义务、不认真履行扶养义务的扶养人，经受扶养人的亲属或者有关单位的请求，法院可以剥夺、限制扶养人的受遗赠权。

上文案例中，家庭服务公司是继承人之外的组织，并无法定义务扶养虞家茵。但在双方签订遗赠扶养协议，家庭服务公司按约履行对虞家茵的生养死葬义务后，家庭服务公司有权享有约定的受遗赠的权利。因虞家茵与家庭服务公司签订有遗赠扶养协议，故不发生法定继承；基于遗赠扶养协议的特殊性，家庭服务公司在完全履约的情形下，可以付出钱款少，得到价值较高的受遗赠物。因此，虞家奇无权阻止家庭服务公司依照遗赠扶养协议取得相应的财产。

## 律师提示

1. 遗赠扶养协议必须是书面形式，不能为口头形式，以便明确双方的权利义务，有利于协议的履行。

2. 遗赠扶养协议是双方的法律行为，只有在遗赠方和扶养方双方自愿协商一致的基础上才能成立。凡不违反国家法律规定、不损害公共利益的遗赠扶养协议即具有法律约束力，双方均必须遵守，切实履行。任何一方都不能随意变更或解除。如果一方要变更或解除，必须取得另一方的同意。

3. 继承人以外的组织或者个人与自然人签订遗赠扶养协议后，无正当理由不履行，导致协议解除的，不能享有受遗赠的权利，其支付的供养费用一般不予补偿；遗赠人无正当理由不履行，导致协议解除的，则应当偿还继承人以外的组织或者个人已支付的供养费用。

# 问题 98：遗产分割时要先履行哪些义务？

郑强去世时留有遗嘱，遗嘱里指定了夏律师做遗嘱执行人。

这天，郑强的继承人聚在了一起，等着夏律师来分割遗产。

夏律师看人到齐了，开始宣读遗嘱：本人郑强，有本市风筝小区 9 号 806 室房屋一套，为夫妻共同财产，其中一半份额属于本人的遗产，由儿子郑千里继承；属于本人应得的存款合计 50 万元，由妻子张丽萍得 20 万元，女儿郑曼丽得 20 万元，儿子郑千里得 5 万元，父亲郑国泰得 5 万元。

众人分别查看了郑强的遗嘱，对遗嘱的真实性均无异议。

夏律师又拿出一些资料，称 806 室房屋市价约 360 万元，一半价值约 180 万元，问大家有无异议。

郑千里不解地问："反正我爸的份额都归我，算这个房价有意义吗？"

夏律师答："有意义。分割遗产，应当清偿被继承人依法应当缴纳的税款。"

夏律师拿出一些材料，说："截至郑强去世时，他共欠各项税款合计 7 万余元，这里是相关单据。"

众人查看时，张丽萍问道："这里有些税是他几年前欠的，不是死的时候产生的，这也要从遗产里扣？"

"要的，只要是郑强欠的税，都应该从遗产里扣除。"夏律师解释道。

接着，夏律师又拿出一份判决书、一份调解书，说："这是郑强欠别人的债务，一笔 27 万元，一笔 13 万元，这些也要清偿的。"

众人面面相觑。

郑曼丽问："那这些债务是从房屋里扣，还是从存款里扣？"

夏律师说："一般同比例扣除。"

"那我们先把遗产分好，再让我们各自按各自应承担的数额去缴税、偿还债务，好不好？"

夏律师说："按照规定，应该是'分割遗产'时清偿，而不是分割遗产后清偿。"

众人商议了一会儿，勉强同意了。

"哦，还有最后一件事，郑强是独子，郑国泰老先生年老又有残疾，也没有生活来源，分割遗产时依法要为老先生保留必要的遗产。所以，清偿税款和债务时，老先生那 5 万元应该不扣或少扣。"

郑千里不干了，他腾地站起来，说："哪有这么多事情啊？怎么分个遗产还要左扣右扣的，别是你杜撰的吧？"

请问：遗产分割时的义务到底有哪些？

## 律师解答

**分割遗产时有两方面义务：(1) 应当清偿被继承人依法应当缴纳的税款；(2) 应当清偿被继承人的债务。但是，也应当为缺乏劳动能力又没有生活来源的继承人保留必要的遗产。**

**《民法典》第一千一百五十九条** 分割遗产，应当清偿被继承人依法应当缴纳的税款和债务；但是，应当为缺乏劳动能力又没有生活来源的继承人保留必要的遗产。

## 律师评析

《民法典》第 1159 条为【遗产分割时的义务】条款。继承遗产是一项权利，但在享受这种权利的同时，继承人必须履行相应的义务：

首先，应当清偿被继承人依法应当缴纳的税款。纳税是公民应尽的基本义务，即便被继承人死亡，如果其留有遗产，则本应由被继承人缴纳的税款也不能免除，应在“遗产分割”时依法缴纳税款。

其次，应当清偿被继承人的债务。债务人死亡，将会直接影响债权人债权的实现。虽然俗语有云“人死债灭”，但俗语又说“父债子还”。其实，法律层面准确的说法是——被继承人的债由继承人来还，而且要看被继承人有无遗产，继承人是否放弃继承遗产。无遗产，就是“人死债灭”；有遗产，就是“父债子还”。继承人放弃继承遗产，就不用清偿被继承人的债务；继承人继承遗产，就要在继承遗产范围内清偿被继承人的债务。

最后，分割遗产清偿税款和债务时，应当为缺乏劳动能力又没有生活来源的继承人保留必要的遗产。继承人需要同时满足“缺乏劳动能力”和“没有生活来源”两个条件。

上文案例中，郑强仅给予缺乏劳动能力又没有生活来源的继承人郑国泰 5 万元，是否属于为郑国泰“保留必要的遗产份额”值得商榷。但需要注意的是，遗嘱中没有为缺乏劳动能力又没有生活来源的继承人保留必要的遗产份额时，遗嘱并非全部无效，而仅是涉及处分应保留份额遗产的遗嘱内容无效，其余内容仍可有效。

同理，遗产分割中，清偿税款和债务时也不能影响缺乏劳动能力又没有生活来源的继承人的生存权，应当为其保留必要的遗产。

## 律师提示

1. 只有在被继承人死亡时尚未清偿的、依法应由其清偿的税款、债务，才是被继承人的税款、债务。被继承人的债务既包括被继承人个人负担的债务，也包括被继承人在共同债务中应负担的债务额。

2. 如果继承人明确表态放弃继承遗产，则放弃继承权的继承人不用负担被继承人需要清偿的税款、债务。

3. 为缺乏劳动能力又没有生活来源的继承人保留必要的遗产份额，一般不等于该继承人应得份额，确定保留必要份额时需要综合考虑各项因素。继承人如果是老人，需要考虑老人基本的生活费用、疾病的治疗费用及后续可能生存时间等因素；如果是未成年人，则需考虑其 18 周岁前的生活费、教育费和可能发生的医疗费及其他合理费用。

# 问题 99：放弃继承遗产还要清偿被继承人债务吗？

开了家小公司的苏达顺看到了疫情中的商机，决定上马一套生产口罩原料熔喷布的生产线，为此，苏达顺倾尽所有流动资金，又以公司为贷款人，自己为担保人，向银行贷款 300 万元，还向几位做生意的好友以月息 1.5%~2% 的成本借得 400 多万元，终于订到了一套定制的熔喷布生产线。

然而，就在这条价格昂贵的熔喷布生产线费尽周折送到，准备安装调试的时候，熔喷布行情跳水了。这条熔喷布生产线让苏达顺进退两难。上马吧，成本太高，不划算；退货吧，厂家称定制设备不能退货。

苏达顺四处奔走，想化解危局。可折腾了大半年也没有什么结果。在一次出差途中，疲劳驾驶的他连人带车掉进了路边的池塘里，溺水身亡。

苏达顺一走，公司也群龙无首，停止经营了，员工遣散的费用还是苏达顺的妻子唐奕朵自掏腰包支付的。贷款银行、几位债主知晓了苏达顺的死讯后，纷纷上门要债。

苏达顺的继承人有三位：苏达顺的父母、苏达顺的妻子唐奕朵。苏达顺的所有遗产合计价值 500 余万元，但苏达顺背负的债务至少有 700 万元。

苏达顺的父母表示放弃继承。

唐奕朵表态愿意继承，但对于苏达顺背负的债务，自己最多清偿一半，因为自己并未实际使用这些贷款、借款，况且这些贷款、借款并非为家庭日常生活所需而产生的，依法不属于夫妻共同债务，自己没有义务偿还。自己愿意偿还一半，已经是仁至义尽了。

贷款银行及各位债主均不认可唐奕朵的讲法，纷纷诉至法院，要求唐奕朵清偿债务。

请问：唐奕朵是否有义务清偿苏达顺所负债务呢？

## 律师解答

唐奕朵应以所得遗产价值为限来清偿债务。超出遗产实际价值部分的债务，除非唐奕朵自愿偿还，否则她不用偿还。

**《民法典》第一千一百六十一条** 继承人以所得遗产实际价值为限清偿被继承人依法应当缴纳的税款和债务。超过遗产实际价值部分，继承人自愿偿还的不在此限。

继承人放弃继承的，对被继承人依法应当缴纳的税款和债务可以不负清偿责任。

## 律师评析

《民法典》第 1161 条为【被继承人税款、债务清偿原则】条款。债务人去世之后，由于主体消亡，税务机关、债权人没有办法再让已经死亡的债务人缴纳税款、清偿债务。被继承人的债务属于遗产中的消极财产，又称为遗产债务。因此，继承人从死亡的缴税义务人、债务人（被继承人）处得到了遗产，就有义务清偿被继承人依法应当缴纳的税款和债务。此处的债务为“合法之债”，不包括赌债、承诺给第三者的分手费等“非法之债”。

继承人清偿被继承人依法应当缴纳的税款和债务“以所得遗产实际价值为限”，这被称为“限定继承”原则。即继承人对被继承人的遗产欠缴税款和债务的清偿只以遗产的实际价值为限，除继承人自愿清偿外，继承人对于超过遗产实际价值的部分不负清偿责任。限定继承原则决定了继承人对遗产债务仅负有限的清偿责任，这是对“父债子还”“夫债妻还”等原则的否定，也是公平原则的体现。

简单来说，继承人得到多少好处，就承担多少责任。规定“实际价值为限”是因为有些遗产的表面价值未必等于实际价值，如一份债券的面额价值为100元，但实际价值可能是95元或105元，此时就应该按遗产的实际价值为限承担清偿责任。

“超过遗产实际价值部分，继承人自愿偿还的不在此限”。也就是说，法律规定了限定继承原则，但是继承人以诚信为本，自愿清偿超过遗产实际价值部分的欠缴税款、债务的，法律也不禁止，也予以认可。

了解了限定继承原则，自然也就了解了“继承人放弃继承的，对被继承人依法应当缴纳的税款和债务可以不负清偿责任”的道理。继承人放弃继承，就没有得到任何遗产，也可以说实际所得遗产价值为零，当然就不用清偿被继承人依法应当缴纳的税款和债务了。

上文案例中，苏达顺的父母表态放弃继承，所以他们没义务清偿苏达顺所欠的债务。因为苏达顺的父母放弃了继承，所以唐奕朵就成了苏达顺的唯一继承人。她继承了苏达顺合计价值500余万元的所有遗产，所以她承担债务的上限就是500余万元。至于她辩称的夫妻共同债务、个人债务等，是偷换概念，是违背法律逻辑的诡辩。

## 律师提示

1. 继承人放弃继承，应当以书面形式向遗产管理人或者其他继承人表示。继承人放弃继承应当在继承开始后、遗产分割前作出。遗产分割后表示放弃的便不再是继承权，而是所有权。

2. 前述放弃继承权的例外：继承人因放弃继承权，致其不能履行法定义务的，放弃继承权的行为无效。比如，继承人有需要依法抚养的未成年子女，但因为其放弃继承权导致无力抚养其未成年子女的，其放弃继承权的行为应为无效。

3. 司法实践中，如果所有的继承人都放弃继承，继承人也应妥善保管遗产，不得损坏、转移或隐匿遗产。债权人可以提起诉讼，胜诉后强制执行被继承人的遗产。

# 问题100：既有法定继承又有遗嘱遗赠，债务该怎样清偿？

麦川娥有三名子女，分别是大女儿娄大乔、二女儿娄二乔和小儿子娄三官。麦川娥对娄三官格外偏心，什么好东西都要先给娄三官。娄三官婚后生养了一子娄耀希，麦传娥对这个孙子自然也是十分疼爱。

一天，娄三官无意间看了一个介绍遗嘱的普法节目，担心麦川娥去世后财产被两个姐姐分走。麦川娥得知后，马上写了一份遗嘱，大意为：自己去世以后，名下两套房子一套归儿子娄三官，一套归孙子娄耀希；所有存款也是娄三官和娄耀希一人一半。麦川娥炒股多年，是散户里少有的赚了钱的人。但她的遗嘱里没有提及股票，因为麦川娥想着股票的数额是变动的，而且自己在去世之前肯定会把股票卖掉，换成存款。遗嘱写好后，娄三官如获至宝地把遗嘱收藏了起来。

几年后，麦川娥看中一只股票，准备增仓，但是她的存款大都是大额死期存单，其余的钱也买了短期理财产品，尚未到期。为此，麦川娥找到自己的哥哥，借了150万元，约定利息为每月1%。结果，股票买好后没几个月，麦川娥突发心梗去世了。

依照遗嘱，麦川娥遗留的两套房子，娄三官与娄耀希各一套；960余万元的存款，娄三官与娄耀希各一半。麦川娥去世时其持有股票市价为280余万元，但因为她走得突然，无人操作，等到过了两个月，娄三官等人走完程序拿到股票账户的账号与密码时，市价已经跌到了120余万元。股票变现后得款120万元，尽管娄三官不情愿，但因母亲遗嘱没有涉及这部分遗产，最后还是由娄大乔、娄二乔、娄三官按照每人40万元法定继承了。

几个月后，麦川娥的哥哥，也就是三人的舅舅，拿着借条和打款记录，要求三人归还本金150万元和利息10万元。娄三官认为，娄大乔、娄二乔两个人本来在分遗产中是没份的，现在两人这80万元是“白捡的钱”，应该由她们来还舅舅的这笔借款。

娄大乔、娄二乔则认为，娄三官与娄耀希得到的遗产占遗产总额的八成以上；而且娄耀希连继承人都不算，他才是“白捡的钱”，应该由他们父子来还舅舅的这笔借款。

请问：到底谁该来还舅舅的这笔借款呢？

## 律师解答

**应该先由法定继承人娄大乔、娄二乔、娄三官用各自继承的40万元（总计120万元）来归还舅舅这笔借款。剩下的40万元，由遗嘱继承人娄三官和受遗赠人娄耀希按比例（每人20万元）以所得遗产清偿。**

**《民法典》第一千一百六十三条** 既有法定继承又有遗嘱继承、遗赠的，由法定继承人清偿被继承人依法应当缴纳的税款和债务；超过法定继承遗产实际价值部分，由遗嘱继承人和受遗赠人按比例以所得遗产清偿。

## 律师评析

《民法典》第1163条为【既有法定继承又有遗嘱继承、遗赠时税款和债务的清偿】条款。为什么《民法典》规定，既有法定继承又有遗嘱继承、遗赠时，先由法定继承人清偿被继承人依法应当缴纳的税款和债务呢？这是因为我国法律确认了遗嘱继承的效力优于法定继承的效力。

意思自治原则是民事法律关系的一项基本原则，意思自治原则在继承领域的体现就是尊重被继承人自己对于遗产处置的真实意思表示。对自然人个人遗产的继承，如果自然人生前立有遗嘱，只要该遗嘱是合法有效的，就必须按遗嘱继承，而不能适用法定继承。

如果被继承人依法应当缴纳的税款和债务的数额大于法定继承遗产实际价值，《民法典》又规定，超过法定继承遗产实际价值部分，由遗嘱继承人和受遗赠人按比例以所得遗产清偿。遗嘱继承人和受遗赠人清偿的义务是均等的，不分先后。按比例清偿也符合权利义务相适应的法律原则。

上文案例中，先由法定继承人娄大乔、娄二乔、娄三官用各自法定继承的 40 万元（总计 120 万元）来归还舅舅这笔借款。剩下的 40 万元债务，由遗嘱继承人娄三官和受遗赠人娄耀希按比例（每人 20 万元）以所得的遗产清偿。虽然这个结果看上去不那么公平，但这个不公平其实是由于被继承人麦川娥重男轻女造成的，与法律规定没关系。

## 律师提示

1. 有多个法定继承人的，各法定继承人应按其继承份额比例分担有关税款和债务的清偿责任。同理，有多个遗嘱继承人（受遗赠人）的，各遗嘱继承人（受遗赠人）内部也应按其继承份额比例分担有关税款和债务的清偿责任。

2. 司法实践中，常见的债务清偿方式有两种：（1）先行清算与清偿，然后分割遗产。在分割剩余遗产时把偿还债务的份额一并计算在内，从而实现各个继承份额中权利与义务的均衡。（2）先行分割遗产，然后由各继承人分别清偿按比例分担的债务。但各继承人应对债权人负连带责任，以保护债权人的利益不受损害。按照《民法典》的规定，笔者提倡、鼓励采取第一种债务清偿方式。